교의신학자가 쉽게 강의한 YouTube 가톨릭교회 교리서
알고, 믿고, 사랑하라!

믿음으로 오르는 천국의 계단

곽승룡 지음

믿음으로 오르는 천국의 계단

프.롤.로.그

1. 야곱이 "꿈을 꾸었다. 그가 보니 땅에 층계가 세워져 있고 그 꼭대기는 하늘에 닿아 있는데, 하느님의 천사들이 그 층계를 오르내리고 있었다."… 야곱은 잠에서 깨어나, "진정 주님께서 이곳에 계시는 데도 나는 그것을 모르고 있었구나." 하면서 두려움에 싸여 말하였다. "이 얼마나 두려운 곳인가! 이곳은 다름 아닌 하느님의 집이다. 여기가 바로 하늘의 문이로구나."(창세 28,12.16-17)

이 책 『믿음으로 오르는 천국의 계단』은 야곱의 꿈에서 천사들이 오르내리는 하늘의 문에서 영감을 받았습니다. 믿는 이들에게 이 책이 하늘로 오르는 신앙을 든든히 하는데 도움이 되기를 바랍니다. 믿음으로 천국의 계단을 오르면 분명 하늘의 문이 열립니다. 야곱은 하느님과 씨름을 합니다. 야곱은 "저에게 축복해 주시지 않으면 놓아드리지 않겠습니다." 하고 대답하였습니다.(창세 32,27) 야곱이 청원한 하느님의 축복이 이 글을 읽는 모든 분에게 가득하기를 기도합니다.

2. 한 신학자가 공장에서 일하는 직원에게 물었습니다. "교회에 열심히 다니는 당신에게 하느님은 어떤 분이신가요?" 공장의 일꾼은 한참 신학자의 눈을 바라보면서 말했습니다. "하느님은 나의 머리에 담기에는 너무 크신 분이십니다. 그런데 내 마음속에 사시는 아주 작은 분이십니다."

가톨릭 신앙을 이야기하는 『유튜브 가톨릭교회 교리서』는 바로 위의 한 일꾼이 고백한 이야기처럼, 우리의 머리에 담기에 너무 큰 그리스도교 진리의 중심 가치를 단순하지만 의미 있게 풀어 쓰고자 한 책입니다. 곧 "사도로부터 이어 온 교회의 신앙을 어떻게 믿을 것인가?" 하는 관점에서 썼습니다. 하지만 논쟁의 대상으로서 "무엇을 믿는가"보다는 인간의 종교 심성을 토대로 "어떻게 믿을까"의 시선을 담고자 합니다.

가톨릭교회 신앙 교리의 주제는 다음과 같습니다.

하느님은 누구시고 그분의 뜻에 무슨 스토리텔링이 담겼는가? 믿는 이들 곧 하느님 백성이 모인 교회란 무엇이고 어떻게 움직이는가? 하느님의 은총을 보이는 표지로 체험하는 성사 생활 그리고 교회 생활과 규범의 가치는? 과연 인생과 세상의 끝은 있는가? 그렇다면 어떻게 그것이 이뤄지는가? 기도를 어떻게 드리고,

하느님의 신비를 만나려면 어떻게 할까? 인생과 종교란 어떤 관계인가?

3. 그리스도교는 2000년을 지나고 있습니다. 모든 것을 담을 수 없지만, 가톨릭 신앙의 진리 안에 담긴 영적 가치로서 식별의 길을 담아 보았습니다. 가톨릭 신앙 교리를 통해서 우리가 하느님과 자신 그리고 이웃을 만나는 데 도움이 되기를 기도합니다.

필자는 하느님을 만나고 공부하며 가르치는 데 사제 생활 대부분의 시간을 보냈습니다. 2019년부터는 새내기 본당신부로 사목을 하며, 가톨릭교회 교리를 예비신자들과 신자들에게 강의하였습니다. 1992년 바티칸에서 발행된 성 요한 바오로 2세 교황의 가톨릭교회 교리서(Cathechism of the Catholic Church)를 교재로 20번을 강의하고, 교리 수업을 유튜브(곽승룡 비오 신부의 가톨릭교회 교리)에 올렸습니다.

4. 많은 분이 유튜브 가톨릭 교리 강의를 사랑해 주십니다. 내용이 가톨릭교회의 정통 신앙 진리를 담고 있고, 예비자들에게 낯선 신학 용어로 어려울 수 있지만, 대부분 알아들을 수 있었다고 말씀하였습니다. 교우들도 가톨릭교회 신앙 강의를 단박에 소화하기는 힘든 일이었을 것입니다. 그래서 이 책의 도움으로 유

튜브 교리를 시청할 수 있도록 유튜브 가톨릭교회 교리서를 출판하였습니다. 하느님을 깊게 만나 천국의 계단을 오르는 데 도움이 되길 기도합니다. 모든 강의 마지막에 "묻고 나누고", 또한 그림에 색칠을 하면서 서로의 생각을 나눌 수 있습니다. 그리고 글에 언급된 사진들과 영상은 유튜브를 통해서 보실 수 있습니다.

2021. 1. 1. 천주의 성모 마리아 대축일, 세계 평화의 날
시드니 실버워터 한인성당에서
곽승룡 비오 신부

차례

프롤로그   4

1강   가톨릭은 계시종교입니다   11
2강   교회는 누구일까요?   31
3강   교회는 친교를 살아갑니다   53
4강   내 안에서 활동하시는 성령   73
5강   하느님의 아들, 우리 주님 예수 그리스도   103
6강   역사의 예수, 비움의 예수   129
7강   십자가와 부활 신앙의 그리스도   151
8강   오! 복된 죄여! 인간의 원죄란 무엇인가요?   177
9강   은총이 가득한 이여! 의화란 무엇일까요?   199
10강   참 행복과 덕행 생활: 그리스도교 개인윤리   221
11강   하느님 구원의 법과 은총: 그리스도교 공동체 윤리   239

| 12강 | 마음과 목숨 그리고 뜻을 다하여 하느님을 사랑하라! | 255 |
| | (십계명의 1~3계명) | |

| 13강 | 부모에게 효도하라! 네 이웃을 네 몸같이 사랑하라! | 277 |
| | (십계명의 4~10계명) | |

| 14강 | 7성사 개론 및 세례성사 | 297 |

| 15강 | 7성사의 견진, 성체, 고해, 병자, 혼인, 신품 | 315 |

| 16강 | 성인들의 통공과 종말 신앙 | 337 |

| 17강 | 사말(죽음, 심판, 천국, 지옥)과 종말 신앙 | 361 |
| | – 죄의 용서, 육신의 부활, 영생의 믿음 | |

| 18강 | 자비하신 아빠, 아버지 하느님 | 381 |

| 19강 | 기도 생활 | 409 |

| 20강 | 초기 한국 천주교회사(1770~1875년) | 425 |

1강

가톨릭은 계시종교입니다

부르심을 받은 사람들!

이 사진은 몽골에 사는 어린아이의 엄마 아빠인 젊은 부부가 저와 함께 찍은 사진입니다. 저는 일 년에 한 번, 몽골에서 선교하시는 신부님들을 방문합니다. 이 가족은 성당에 나오실 예비신자 가족입니다. 어려운 환경 속에서 살지만 믿음을 가지고자 하는 젊은 부부와 해맑은 아이의 모습이 사랑스럽게 느껴집니다. 이처럼 주님 안에서 이루어지는 만남은 행복합니다.

그다음은 수녀님 네 분이 나란히 의자에 앉으셔서 바다를 바라보고 있는 사진입니다. 수도 생활을 바다와 같이 넓고 깊은 마음으로 해야겠다는 다짐을 하는 수도자들의 모습이 느껴지는 사진입니다. 함께 공동체를 이루며 수도 생활을 하시는 수녀님들이 같은 곳을 바라보는 모습 또한 만남입니다.

그다음 사진은 아이티에서 선교하시는 꽃동네 수사 신부님과 수녀님이 길에서 걸인을 우연히 만난 사진입니다. 참고로 이 수사 신부님들은 대전가톨릭대학교에서 공부하고 수사 사제로 서품을 받은 후 이곳 아이티로 선교 파견을 오셨습니다. 오른쪽 사진은 수많은 빌딩이 가득한 풍경 속의 도시에서 두 사람이 술을 나누어 마시는 모습입니다. 우연치 않은 만남과 풍요로움 속에 사는 외로운 사람들이 우리 현실의 모습입니다.

그다음 사진에서 저와 함께 있는 분은 25년 전 제가 본당신부로 사목을 하던 시절에 함께했던 용인 수녀원에 계신 수녀님입니다. 제가 그분을 만나고 싶어서 찾아가 찍은 사진입니다. 가운데 사진은 여러분이 잘 아시는 고 김수환 추기경님이시고 그리고 오른쪽은 몽골에서 선교하시는 신부님의 사제관 앞 정원에 핀 아름다운 꽃들입니다. 제가 보여 드린 이 사진들 모두가 하느님께서 초대해 주시는 우리의 만남입니다.

여러분이 어떤 이유로 성당에 찾아오셨든 이것은 먼저 하느님께서 여러분을 불러서 오신 것입니다. "그럼 아이티의 걸인들도 하느님께서 불러서 걸인이 된 것이냐?" 하고 질문을 하시면, "그건 아닙니다" 하고 대답을 드립니다. 모두 존엄하게 불렀지만 여러 이유들로 이런 어려움을 겪고 있는 분들도 많다는 세상의 모습입니다. 여러분은 지인이나 누군가를 통해서 성당에 오셨지만 사실 하느님의 부르심으로 여기에 오신 것입니다. 이것이 성소(vocation)이며 하느님의 부르심입니다.

칠레에 발파라이소(Valparaiso)라는 항구도시가 있습니다. 도시

전체가 아름다운 그림들로 가득합니다. 이 그림은 두 아이가 놀고 있는 모습인데 다리에는 쇠사슬이 묶여 있고 하늘에는 전투기가 날아다니는 전쟁의 모습입니다. 아이티의 걸인들, 몽골의 가난한 젊은 가족, 어려움에 있는 사람들, 김수환 추기경님의 삶, 제가 그리워했던 수녀님과의 재회, 어린아이들이 어려운 환경 속에서도 웃으며 뛰어노는 모습, 하느님께서 만드신 아름다운 세상은 이렇게 희로애락이 공존하며 한데 어우러지고 있습니다. 이 모든 것들 또한 새로운 만남입니다.

사람들이 하는 이야기의 주제는 주로 두 가지입니다. 자기 자랑 아니면 남의 욕입니다. 농담이지만 이 사진은 제 자랑입니다. 제가 대전가톨릭대학교에 총장으로 봉직하던 2014년도에 프란치스코 교황님께서 신학교에 방문하신 것을 담은 사진입니다. 교황님이 신학교를 방문하셨을 때 있었던 일화입니다. 제가 교황님께 신학생들에게 해 주실 말씀을 써 주시길 부탁드렸습니다. 그런데 교황님은 쓰시기 전에 제게 스페인어로 써도 되냐고 물어보셨습니다. 본인이 쓰고 싶은 대로 쓰지 않으시고 질문을 통해 상대를 배려하려는 소통의 모습에 놀랐고, 또 감동을 받았습니다. 교황님은 글을 쓰시는 중에도, 학교 이름이며, 많은 질문을 하시면서 정성껏 써 주셨습니다. 교황님의 말씀 한마디 한마디는 배려와 사랑이 가득했고, 이것이 그리스도교 정신의 중요한 가치임을 느겼습니다.

  신앙은 질문이고 자기 생각을 나누는 것입니다. 강요가 아닙니다. 많은 경우에 우리는 아무리 좋은 가치가 있어도 강요되는 느낌을 갖기도 합니다. 자유롭게 대화하고 선택할 수 있는 것이 필요하며 그런 것들이 교황님이 우리에게 보여 주신 메시지라고 생각합니다. 이것은 신앙에서 오는 것이고 예수님에게서 오는 것입니다.

  또 다른 일화를 말씀드리면 꽃동네를 방문하셨을 때, 교황님께서 화동 어린이에게 꽃다발을 받으셨는데, 그 꽃다발을 성모님께 봉헌하고 싶으셨던지, 교황님은 먼저 어린이에게 다가가셔서 "이 꽃을 성모님께 봉헌해도 되겠습니까?" 하고 물으셨습니다. '내가 받은 꽃다발이니 나의 마음대로 한다.'라고 생각하지 않으시고, 항상 상대를 배려하시고 자신의 뜻을 물어보고 행동하셨습니다.

  이 사진은 브라질 성모 성당에 있는 그림인데 얼마 전에 사망한 파스트로(Pastro)라는 유명 화가의 작품입니다. 이 화가는 성당을 디자인하고 성당에 색을 입혔습니다. 이 그림을 바라보는 것만으로도 가슴이 울렁거리고 벅참이 느껴집니다. 성령이 비둘기의 모양으로 가운데에 있고, 세상 창조 때에 하느님이 이 대자연을 아름답게 만드신 모습을 담고 있습니다. 이것도 만남입니다. 여러분도 신앙의 만남을 통해 성령께서 이 아름다움을 이끌어 주시길 기대합니다.

하느님께서 먼저 자신을 소개합니다.

가톨릭은 하느님이 먼저 자신을 소개한 종교입니다. 여러분이 먼저 하느님을 만난 것이 아니기에, 먼저 하느님을 만나려고 노력하지 않아도 됩니다. 하느님이 먼저 우리를 사랑하셨고, 하느님이 먼저 우리에게 당신을 드러내셨고, 먼저 우리를 초대하셨습니다. '하느님께서 나를 부르신다. God calls me!' 의미는 하느님께서 당신을 나에게 소개하고자 부르십니다. 이처럼 자기소개가 계시라고 하는 그리스도교 종교의 핵심입니다. 천주교는 어떤 종교인가 하면 계시종교, 즉 하느님께서 자신을 소개한다는 의미를 가지고 있습니다.

계시는 자기소개(Self Introduction)입니다. 계시는 초대하고 배려하며 경청합니다(Invitation, Consideration, Listening). 계시종교의 모습을 성경에서 만나는데, 성경이란 하느님을 소개하는 책입니다. 하느님을 만나기 위해서 성경책을 읽어 갑니다. 그런데 하느님과 이야기하면 바로 대답을 해 주십니까? 하느님은 말씀이 없으신데 그 이유는 이미 성경에서 모든 말씀을 다해 주셨기 때문입니다. 사실 지금도 하느님께서 모든 말씀을 해 주신다고 하면 힘들지도 모릅니다. 부모님의 잔소리 듣기도 힘든데 말이지요. 농담입니다.

계시종교가 아닌 불교는 자연종교입니다. 계시종교는 질문이 많고 상대를 알고 싶어 합니다. 만난 상대가 좋으면 질문이 많아지고 사사로운 많은 것들을 묻게 됩니다. 좋아하지 않는 상대라면 대답하지 않겠지만, 맘에 들면 대화는 끝없이 계속됩니다.

불교나 아시아 종교는 대부분 자연종교인데 핵심은 알려 주는 사람이 없다는 것입니다. 자기가 스스로 알아 가야 합니다. 그래서 불교나 아시아 종교는 굉장히 심오합니다. 천주교는 아주 간단하고 복잡하지 않습니다. 다만 오래되어서 쌓인 전통들이 어렵게 느껴지지만 사실 아주 간단합니다. 천주교는 하느님이 먼저 우리를 사랑하셨고, 하느님이 먼저 계시하셨기 때문에 우리는 그분만 만나고 불러 주시는 그분께 응답하면 됩니다.

계시는 영어로 Revelation, 라틴어로 Revelatio에서 유래되었습니다. Re는 '제거하다'라는 뜻이고 Velatio는 커튼(Velum), '장막을 연다'라는 뜻입니다. 나를 소개하려면 내 마음을 활짝 열듯이, 마음의 문고리는 내가 스스로 열어야 합니다. 하느님의 자기 계시, 자기소개, 자기 전달은 '당신을 우리에게 소개한다'라는 뜻입니다. 오늘 여러분이 여기에 처음 오셔서 서로를 소개했습니다. 그것은 서로를 모르기 때문입니다. 하느님 자신이 스스로 소개하셨고 자신을 개방하신 게 계시이고 그것을 소개한 것이 성경입니다. 그리고 그 성경대로 오랜 시간을 살아왔던 것이 전통인데, 교회는 이것을 전승(Traditio)이라고 고백합니다.

    계시(Revelation)와 전승(Tradition), 이 두 기둥이 가톨릭교회의 중심입니다. 바로 계시의 내용은 초대이고 배려이며 경청입니다. 우리는 대화를 할 때 "아니, 그건 됐고!" 하면서 상대의 말을 자르기 일쑤입니다. 그래서 다툼이 벌어지고 대화하기가 힘들 때가 있습니다. 요즘 한국에서는 상담 공부에 많은 관심을 가지고 있는데 상담의 원조는 사실 예수님입니다. 말을 잘하면 치유를 받습니다. 말 때문에 상처를 받고 스트레스를 받는 것도 말로 치유할 수 있습니다. 잘 들어만 주어도 치유는 가능하니 듣는 게 힘들어도, 한 박자 쉬고 잘 들어주면 좋은 상담가가 될 수 있습니다. 아무리 좋은 이론이 있어도 "됐고!" 하면서 자기 말만 하게 되면 공격형 이론만 될 뿐입니다. 그래서 초대, 배려, 경청은 매우 중요합니다.

    어느 젊은이가 신학교에 가려고 고등학교 때에 고민을 하다가 성당으로 가서 주님 앞에서 기도하면서 "주님, 제가 이 결정을 해야 하는데 징표를 보여 주십시오. 성체에 있는 등이 깜박거리기만 해도 좋습니다."라고 기도하는데 성체의 등이 아예 나가 버렸답니다. 청년은 흥분하여 밖으로 나가서 "주님, 이제 저는 당신 부르심에 따르겠습니다!" 하고 사방을 둘러보니, 그 지역 전체가 정전이었다고 합니다. 이렇게 하느님은 우리의 호기심 때문에 징표를 보여 주지 않으십니다. 성당에 나온다고 나의 문제가 금방 해결되지 않습니다. 결국 신앙은 소통과 서로서로에 대한 이해, 그리고 나 자신에 대한 이해이기 때문에 신학은 인간학입니다. 이 시간들을 통해서 내가 나를 이해하고 그래서 상대방도 이해할 수 있습니다.

테니스 경기는 서로 공을 주고받는 경기로서 서비스로 시작하지만 그 공을 받아쳐야 합니다. 서비스와 리시브를 반복하는 공격과 방어가 반복되는 운동이 테니스입니다. 그런데 테니스의 서브는 두 번 할 수 있습니다. 하지만 우리의 신앙은 여러 번 시작할 수 있습니다. 성경(Bible)은 하느님께서 인간의 언어로 '자기 낮춤'을 보여주십니다. God speaks in human language through 'self lowness'. 그리고 자기의 바깥을 향하는 하느님의 구원 계획이십니다. "Out toward", "God's salvation plan."

어느 식당의 직원들은 손님의 주문을 받을 때 무릎을 꿇고 받습니다. 손님의 눈높이에 맞추는 낮춤의 자세입니다. 낮춤의 자세로 운영하는 이 식당은 찾는 손님이 많은 유명 식당이 되었습니다. 이처럼 낮춤이라는 하느님의 방식만 취해도 어떤 일이든 성공할 수 있음을 보여 준 것입니다. Lowness는 그리스어로 kenosis로 "자기 비움", "self emptying"입니다. 하느님만 잘 만나면 이뤄질 수 있는 덕목입니다.

성경에서 하느님께서는 자기소개를 위해 자신을 가두어 놓지 않으시고 세상 곧 당신 밖을 향해 움직이십니다. 자기 계획을 가지고만 계시지 않고 밖으로 나가시는 하느님처럼 여러분도 평소에 신앙을 듣고 배우고 싶어서 밖으로 나와 여기에 오신 것입니다.

하느님의 뜻을 알려면 성경을 읽으면 됩니다. 성경의 분량은 많지만 그 중요 주제들은 제가 이 시간을 통해 알려 드립니다. 단순한 내용들이지만 그 안에 인생의 모든 가치들이 담겨 있습니다. 한마디로 말하자면 구약은 싸움의 역사이고, 신약은 사랑의 역사입니다. 싸움의 책인 구약은 구원의 주제들이 외적으로 표현되는데 그 구원을 성취하기 위해 필요한 믿음을 소개한 책입니다. 시작부터 믿음을 돈독히 하려면 구약부터 읽으시고, 사랑을 하려면 신약부터 읽으시면 좋겠습니다.

하느님은 공동체를 통해서 당신을 소개합니다.

전승(Tradition)은 오늘날까지 교회 공동체가 전해 받은 신앙을 제공합니다. It provides faith for the community to this day. 가족들이 가문 안에서 지키는 족보와 가훈이 있는 것처럼 가훈은 성경이고 족보는 전승입니다.

이처럼 집안의 가훈을 가지고 살았던 세대가 교회에서도 세대를 거치면서 형성된 전승을 가훈처럼 여겨 성경 말씀과 함께 유산으로 넘겨준 것입니다.

  계시는 인간에게 전하는 하느님의 자기소개이며, 나도 하느님께 소개를 해야 하는 응답이 바로 신앙입니다. 신앙과 계시는 동전의 양면입니다. 하느님이 먼저 사람을 사랑하신 것에 대해서 좋거나 싫다는 반응을 보이는 것도 신앙입니다. 하느님이 아무리 계시를 이야기하신다 해도 내가 반응하지 않으면 하느님은 무기력하십니다. 하느님은 인간을 통해 움직이시기 때문입니다.

  성당, 가톨릭 하면 먼저 무엇이 떠오르나요? 하느님, 성모상, 신부님, 수녀님 등 떠오르는 이미지가 있습니다. 사람들에게 종교가 필요한 이유가 무엇일까요? 종교는 무엇이며 목적과 기대감은 무엇입니까? 한국에서는 많은 분들이 마음의 평화를 얻고자 종교를 갖는다고 합니다. 하지만 본래 인간은 종교를 추구합니다. 종교적인 관점에서 인간은 유희하는 존재이고 기도하는 존재입니다. 그래서인지 인간에게 유익하고 장점인 놀이 문화가 발달하여, 건강하게 잘 놀면 우리에게 더욱 힘이 됩니다. 그러므로 기도를 배우고 싶은 분들은 성당에 모시고 오시면 됩니다. 기도는 바로 거룩한 공간을 향해 찾아가는 인간의 여정입니다. 이것을 우리는 순례라고 합니다.

  자, 그러면 어떻게 하면 신앙심을 갖게 될까요? 그리고 신앙을 표현한다는 것은 무엇일까요? 처음에는 어렵게 보이지만 몇 개월 후면 표현이 가능합니다. 인간은 표현하는 존재입니다. 내가 느꼈던 마음, 생각에 대한 표현, 눈으로 보았던 것에 대해 표현을 할 수 있는 그런 시간이 되길 기대하겠습니다.

2018년 10월 로마의 성 베드로 대성전에서 "젊은이, 신앙과 성소 식별"이라는 주제로 주교 시노드가 열렸습니다. 시노드의 주제는 바로 청년, 젊은이이었습니다. 이것은 지금 이 시기에 매우 중요한 이슈입니다. 아니, 어쩌면 청년, 그들은 언제나 중요한 존재였는지도 모릅니다. 교회는 특히 가장 어린 친구들에게 더욱 주목해야 합니다. 왜냐하면 그 친구들도 그리스도의 말씀을 전달하고 그리스도의 말씀을 증언할 수 있는 사람들이기 때문입니다. 개인적으로 젊은이들이 가진 힘에는 무언가 특별한 것이 있다고 생각합니다. 우리는 당연히 모든 것을 알 수 없지만 젊은이들의 힘을 느낄 수는 있지요. 그리고 그 특별한 힘은, 그리스도 안에서 빛을 발합니다. 젊은이들과 함께 들어주고 함께하면 모든 것이 가능합니다. 우리 인간은 말의 힘보다 눈의 힘이 훨씬 강합니다. 말의 힘은 그 자체로 힘이 있지만, 눈으로 보는 힘은 상상할 수 없습니다. 눈은 하느님이 우리에게 주신 영적인 안테나입니다. 젊은이들이 교회나 사회 안에서 힘들어하는 이유는 어른들의 눈으로, 어른들의 방법으로 한다는 것에 있습니다. 어른들은 그들에게 "젊은이들은 교회의 미래다. 사회의 미래다." 하고 말합니다. 하지만 젊은이들은 미래보다는 현재이고 싶은데 현재를 빼놓고 미래만을 이야기하기에 부담스럽기만 합니다. 어느 어머니가 방을 깨끗이 치우지 않은 딸에게 "이거 치우면 좋겠다."라는 말만 하면 되는데 "넌 왜 안 치우고 이게 뭐니? 나중에 시집가서 어떻게 살래?"라는 말을 한다면, 듣는 딸은 부모와 대화하기 힘들어지고 사이만 멀어지게 됩니다.

사제인 저는 젊은이들을 만나고 그들에게 희망이 되는 가치를 대화를 통해 나누고 싶습니다. 그런 점에서 중요한 것은 젊은이와 함께할 때는 그들의 이야기를 듣고, 동반하고, 식별해야 합니다. 어른들은 자신의 이야기만 합니다. 맞는 말이기에 더 짜증나게 들릴 수밖에 없습니다. 자녀가 꼼짝없이 부모의 말을 들어야 하는 장소는 운전하는 부모 옆자리라고 합니다. 그렇게 하면 안 됩니다. 자녀들과 소통하며 함께하면서 들어주어야 하는데 우리 어른들은 자신의 이야기만 늘어놓고 함께하는 시간도 보내고 있지 않습니다. 젊은이들이 힘들 때는 예수님의 방법으로 이야기를 들어주고 함께하며 식별을 잘하도록 도와준다면 서로 동반하며 갈 수 있습니다.

성호경과 사도신경

가톨릭의 기본 교리뿐만 아니라 모든 예식을 성호경(Sign of the

cross), "성부와 성자와 성령의 이름으로. 아멘."으로 시작합니다. 성호경은 모든 기도의 시작이자 마침입니다. 왼손은 손가락을 모아 가슴에 대고 오른손을 다 모아 이마에 대고 "성부와" 이어서 가슴에 "성자와" 그리고 왼쪽 어깨에 "성" 그리고 오른쪽 어깨에 "령의 이름으로" 그리고 합장하면서 "아멘"으로 마치며 고개를 잠시 숙이면 됩니다.

성호경은 그리스도교 가톨릭 신앙의 표지입니다. 예수님이 돌아가시고 공동체가 형성되면서 박해 시대 때부터 성호를 그으며 시작했습니다. 2세기 박해 시대 때는 천주교 신자인 것을 드러내지 않기 위해서 이마에 십자가만 표시했습니다. 그래서 십자가는 천주교 신자의 표시가 되었습니다. 11세기부터는 성부, 성자, 성령이라고 표현하기 시작했습니다. 그리고 381년에 콘스탄티노플 공의회에서 성부와 성자와 성령이 한 하느님이시라고 선언하고 선포되었습니다.

성호경을 그을 때 왼쪽에서 오른쪽으로 긋지 않고, 오른쪽에서 왼쪽으로 긋는 걸 보신 적이 있나요? 서방 교회인 로마 가톨릭의 성호는 내가 긋는 것이고, 동방교회는 하느님이 그어 주신다는 뜻으로 오른쪽부터 성호를 그으며 기도합니다. 서방 교회는 나 중심의 성호경이고, 동방교회는 하느님 중심의 성호경인데 둘 다 가치가 있는 전통입니다.

사도신경(The Apostles' Creed)은 예수님의 제자인 사도들이 고백했던 신앙 기도문입니다. 사도신경은 천주 성부와 주 예수 그리스도님 그리고 성령에 대한 믿음을 고백하고, 동정 마리아는 믿음의 대상이 아니라 성모님의 신앙과 신심을 믿는 것을 표현한 것입니다. '보편된 교회'라는 말은 보이는 건물이 아니라 믿는 모든 사람의 공동체를 의미하고, 모든 성인의 통공을 믿고, 죄의 용서와 육신의 부활과 영생을 믿는 내용입니다. 이 모든 것은 신앙의 보물입니다. 사도신경은 예수님 때부터 381년에 다 완성된 것입니다. 거의 4세기 동안 신앙의 형성이 있었고 지금까지 전해 내려온 것입니다.

사도신경은 하느님과 예수님에 대한 믿음의 내용으로 구성되어 있으며 '저승에 가시어'의 저승은 죽은 이들이 있는 장소인데, 예수님께서 저승에 가셨으니 더 이상 죽은 이들의 장소가 아니라 산 이들의 장소로 부활한다는 뜻입니다. 그리스도교의 신앙은 죽은 사람도 살았고 산 사람도 살아 있는 부활의 신앙입니다. 서로 통해서 기도할 수 있습니다. 그래서 기도하고 미사를 하는 것입니다.

'성인들의 통공을 믿으며'는 성인들이 서로 통한다는 뜻입니다. 2017년 겨울에 개봉된 '죄의 용서'를 다룬 영화를 소개하려 합니다. '신과 함께'라는 제목의 흥행한 영화입니다. 주인공이 죽어서 염라대왕에게 갔고 마지막 관문에서 그의 죄가 드러났습니다. 그 중심 내용은 주인공의 어머니가 벙어리였는데 아들인 주인공은 장애자의 자식이라는 삶이 힘들어서 주무시는 어머니를 베개로 눌러 죽이려 했던 것입니다. 그런데 염라대왕은 그를 용서해 주었습니다. 그 이유는 잠을 자는 줄 알았던 주인공의 어머니는 깨어 있었고 아들의 행동을 알았지만 모른 척 용서해 준 것입니다. 염라대왕은 "이승에서 완전히 해결된 용서는 저승에서 문제 삼지 않겠다."라는 선고문을 외칩니다. 이 영화에서 염라대왕의 말은 하느님이 우리에게 해 주시는 말씀과 같다고 느꼈던 장면이었습니다.

심판(Judge)은 구원을 위한 심판입니다. 하느님께서 오시는 종교가 천주교입니다. 하느님이 사람이 되시어 오신 예수께서 부활하시고 우리 안에 오셨고, 세상을 구원하러 다시 오십니다. 인간이 하느님을 만나러 어딘가로 가는 종교는 사이비 종교와 유사하다고 말할 수 있습니다. 하느님이 우리에게 오시기에 내 마음의 문만 열면 됩니다. 마음의 문은 내 안에 있기에 나 스스로 열어야만 합니다. 포화상태가 아닌 마음 안이 분노로 차 있으면 다른 것이 들어오지 못합니다. 빈 공간이 있어야 자유롭게 들어올 것이 들어옵니다. 그래서일까 마음의 문은 스스로 열어야 합니다.

가톨릭교회 교리의 구성

계시란 하느님의 자기소개인데 이 소개의 내용은 사랑입니다. 구원을 위한 하느님의 선물이 사랑입니다. 천주교는 사랑의 종교입니다. 사랑이 있어야 평화와 정의도 옵니다. 평화와 정의도 사랑 안에 있으니 사랑을 만나고 싶은 분들은 성당으로 오십시오.

가톨릭교회 교리의 기본 원리와 개관은 신앙, 성사, 계명, 기도 4가지 주제입니다. 신앙은 믿음이고, 성사는 은총 체험이며, 계명은 사랑 실천이고, 기도는 대화입니다. 믿음을 바탕으로 축복을 받는 7성사가 있으며, 사랑을 실천하는 것이 계명 편입니다. 하느님의 축복을 받기 위해서 그리고 사랑을 제대로 실천하기 위해서 기도를 합니다. 믿음, 성사, 계명을 잘 살아가는 중심에 기도가 있습니다. 믿음이 견고해지기 위해서 기도하는 것입니다.

이처럼 가톨릭교회의 교리서가 이뤄진 구성은 믿을 교리 편, 성사 편, 계명 편입니다. 믿을 교리는 사도신경이고, 성사는 은총을 받는 축복으로서, 하느님의 복을 받는 것인데 이것은 눈에 보이지 않는 축복을 보이도록 하는 것입니다. 성사는 하느님의 축복이 눈에 보이게 체험한다는 것을 표현해 줍니다. 계명은 사랑 실천입니다. 그래서 사랑 실천의 시작인 말 표현, 미사 때 취하는 장궤, 절 등 제스처도 중요합니다.

교리 구성의 3요소는 다음과 같습니다. 믿음은 사랑의 응답이고, 성사는 하느님의 축복, 체험 도구이며, 계명은 믿음과 성사의 구체적 실천 규범입니다. 사랑은 안 보이지만 사랑의 행위는 보입니다. 사랑하는 연인들이 밸런타인데이에 초콜릿을 주고받듯이 성사를 통하여 하느님의 축복이 우리 안에 보이게 하는 것입니다.

성사(Sacrament)의 핵심은 성체성사입니다. 성체성사는 주님과 만나는 것입니다. 주님의 살과 피를 먹고 마시며 기억하고 행하는 것입니다. 2천 년 전 십자가의 죽음과 부활을 지금도 지속하는 것입니다. 미사는 그리스도의 파스카입니다. 파스카는 해방을 뜻합니다. 개신교는 제사를 지내지 않습니다. 개신교는 십자가 제사를 완료형으로 보아서 예수님께서 봉헌하신 한 번의 완전한 희생 제사로 구원이 이루어졌다고 믿기 때문에 다시 제사를 지내지 않지만, 천주교는 종말 때 구원이 완성되니 예수님의 십자가상 희생 제사는 계속 지금도 진행합니다.

믿음은 두 존재를 결합시켜 주는 힘입니다. Credere는 라틴어로 믿음인데 cor는 인간의 '마음'이고 dare는 '주는 것'이라는 뜻입니다. 마음을 주는 것이 믿음입니다. 계시는 하느님 당신의 품격을 인간에게 충만히 드러내는 것이고 신앙은 인간이 하느님께 마음을 다하여 온전히 응답하는 것입니다.

Question & Sharing
묻고 나누고

1. 그리스도교 계시의 뜻을 알아보고, 각자 자기소개를 간략하게 합니다.
2. 계시와 전승이 무엇인가요?
   자기 집안의 가훈과 족보에 대해서 간단히 나눕니다.
3. 성호경을 그으며 기도합니다. 기도할 때의 느낌을 나누어 보세요.
4. 가톨릭교회 교리의 구성 4가지는 무엇인지 복습합니다.

2강

교회는 누구일까요?

교회는 하느님의 백성, 믿는이들의 모임

주님의 기도

시작 기도로 주님의 기도를 바칩니다. 지난 시간에는 사도신경을 중요한 신앙고백의 기도문으로 나누었고, 오늘은 시작 기도로 주님의 기도를 했는데, 이 두 기도문은 꼭 외우시길 바랍니다. 사도신경에는 우리의 믿음에 대한 고백들이 다 들어 있습니다.

주님의 기도는 예수님이 직접 제자들에게 가르쳐 준 기도이기 때문에 내용적으로도 매우 중요합니다. 예수님이 말씀하신 복음의 내용들이 요약되어 주님의 기도 안에 다 들어 있기 때문입니다.

신약성경을 읽을 시간이 부족한 분들은 주님의 기도를 계속해 드리시길 바랍니다. 그러면 예수님의 가르침이 주님의 기도 안에 들어 있다는 걸 알게 되고, 이 기도가 바로 예수님 말씀의 요약인 것을 알 수 있습니다. 주님의 기도는 7가지 청원 기도입니다. 우리가 사회생활을 하면서 문제가 발생해 이를 해결하려면 공공 기관에 민원을 청구합니다. 이처럼 하느님의 백성이 하느님께 드리는 청원이 주님의 기도입니다. 3가지는 하느님에 대한 청원 내용이고 나머지 4가지는 사람들에 대한 청원 내용들입니다.

먼저 3가지는 하느님의 이름, 나라, 뜻이 이뤄지길 바라는 청원 기도인데, 사실 많은 이들은 하느님이 아닌 내 이름, 내 나라, 내 뜻이 이뤄지기를 추구하는 경향이 있습니다. 이런 청원은 나를 위해 추구하는 것이지만, 신앙이 성숙해진다면 하느님의 뜻을 만나면 됩니다. 세례를 받은 신자들이 내 이름, 내 뜻, 내 나라를 추구하는 것을 넘어, 먼저 하느님의 이름과 나라, 그리고 뜻이 이뤄지기를 바라고 노력한다면, 내 이름, 내 나라, 내 뜻은 저절로 이뤄질 것입니다.

또한 후반부 4가지의 기도는 인간에 대한 청원인데, 양식, 용서, 유혹, 악에 대한 것입니다. 양식 중에 가장 영적인 것은 믿는 이들의 일용할 양식인 성체성사입니다. 여러분도 6개월 동안 교리를 배우면서 영성체를 준비하시는 것입니다. 사실 성체가 밀떡으로서 별 맛은 없습니다. 궁극적으로 예수님이 제정하신 성체성사는 서로에게 양식이 되어 주는 은총의 삶입니다.

다시 한 번 나누고 싶은 영화 '신과 함께' 이야기인데요. 용서는 피해자가 가해자에게 줄 수 있는 선물입니다. 하지만 가해자가 피해자에게 용서를 구할 때 선물을 받을 수 있는데, 이것이 용서의 순서입니다.

십여 년 전 인기를 모았던 또 다른 영화 '밀양'에서도 주인공은 아들을 살해한 범인을 찾아가 면회를 합니다. 그런데 살인범은 그녀에게 용서를 구하기는커녕 평화로운 얼굴로 자신은 하느님을 만나 용서를 받았다며, 자신은 행복하게 지내고 있다고 말했습니다. 피해자인 주인공은 아직 가해자를 용서하지도 않았는데 말입니다.

흥행에 성공한 영화들 중에는 그리스도교의 가치가 토대로 된 작품들이 많습니다. 특히 한국인들은 그리스도교적 가치의 심성을 기본적으로 가지고 있어서 이런 영화에 큰 관심을 보이고, 열광을 합니다. 용서의 문제는 피해자가 가해자를 용서하고, 가해자는 속죄하고 회개를 하는 데 있습니다. 우선 피해자가 용서하면 하느님도 용서한다는 것입니다. 그런 논리로 볼 때, 영화 '신과 함께'에서 염라대왕의 판결문이 명문입니다. 곧 "이승에서 해결된 용서는 저승에서 문제 삼지 않겠다."는 것입니다. 염라대왕의 판결은 하느님의 판결과 비슷하다고 보면 좋겠습니다. 잘못한 이는 회개하고, 피해를 입은 이는 정확한 그 가치에 대해서 용서를 해 주는 것입니다. 그럼에도 오늘날 현실에서는 용서의 문제가 복잡하고 쉽지 않습니다.

우리가 살아가는 세상 속에는 많은 유혹들이 도사리고 있습니다. 알코올중독, 도박, 도벽 등 우리의 몸과 마음을 해치는 유혹들이 있습니다. 그러면 악은 무엇입니까? 여기서 악은 추상적이지 않습니다. '악에서 구하소서.'를 바로 '악행자에게서 구하소서.' 하고 기도하시면 됩니다.

주님의 기도는 중요한 복음의 요약이고, 그리스도교의 가치를 담고 있습니다. 다른 기도문은 모르셔도, 주님의 기도만은 늘 드리고, 그 가르침을 마음에 품고 사시길 바랍니다. 예수님의 가르침은 그 기도 안에 다 들어 있기 때문에 주님의 기도를 마음에 담아 생활을 하시면 좋겠습니다. 사도신경과 주님의 기도를 계속 외워서 의미를 새기시길 바랍니다. 제가 다른 기도문은 안 물어봐도 이 두 기도문은 자주 물어볼 것입니다. 이것은 인생의 문제이고 추상적인 의미가 아니기 때문입니다.

교리의 3가지 구성원리

믿음살이에서 기본이 되는 가톨릭교회의 교리는 '믿음', '축복', '실천'에 대한 내용으로 구성됩니다. 믿음은 신앙고백에 있고, 축복은 성사를 통해서 이뤄지며, 실천은 계명 곧 사랑의 계명입니다. 성당에서 믿음과 사랑이 없다면 이것은 소외된 이들을 돕는 비정부 기구인 NGO보다 못한 곳이 됩니다. 바오로의 고백처럼 교회에서 "예언하는 능력이 있고, 모든 신비와 모든 지식을 깨닫고, 산을 옮길 수 있는 큰 믿음이 있다 하여도 나에게 사랑 없으면 나는 아무것도 아닙니다"(1코린 13,2).

가톨릭교회의 핵심 교리 셋째 원리는 그리스도 신자의 생활입니다. 신자 생활은 계명, 즉 사람을 사랑하는 계명(Caritas, Charity) 생활로서 법적인 차원이 아닌 성소(聖召)를 받은 하느님 닮은 삶입니다. 성소(聖召, Vocation, calling)는 우리의 환경 안에서 잃거나 발견할 수 있습니다. 사랑할 수 있는 마음의 씨앗은 성소를 통해 우리 안에서 자랍니다. 십계명은 하느님과 이웃에 대한 사랑을 말합니다. 나눔과 사랑의 삶이 구체적으로 드러나는 것이 십계명이고, 신약성경에서는 사랑의 계명이 드러나는데, '하지 마라'는 구약의 외적 실천을 넘어서 신약성경은 '해라' 하는 긍정적인 내적 실천을 알리는 성경책입니다.

기원전 동굴벽화에도 "요즘 애들은 싸가지가 없어!"라는 표현이 있다고 합니다. 어른들이 보기에는 아이들이 걱정되어서 하는 말이지만, 사실 요즘 젊은이들이 듣는다면 "너나 잘하세요!"라고 할 것입니다. 어른들이 사랑의 차원에서 꼰대처럼 이래라저래라 한다면 진정한 사랑의 모습일까 하는 의문이 생깁니다.

가톨릭교회의 3가지 교리 내용인 믿음과 축복과 실천을 다 아울러서 유기적으로 서로 통하게 하는 것이 기도입니다. 그러면 기도가 모든 것을 가능하게 하나요? 가톨릭교회 핵심 교리의 마지막 원리가 기도인데 핵심은 하느님과 마음으로 하는 대화입니다. 기도를 잘하는 사람은 다른 이들과의 대화도 잘해야 하는데 그러기 위해서 안아 주는 마음의 대화 훈련을 해야 합니다. 어느 시어머니가 하루의 반나절은 기도만 하는데, 밥 타는 냄새가 나기 시작하니 큰 소리로 "애미야, 밥 탄다!" 하고 기도 중에 큰 소리만을 외친다면 그녀에게 정말 기도란 무엇일까요? 기도를 멈추고 밥을 보러 가서 밥이 잘 지어지도록 도와주는 것이 진정한 기도일 수 있습니다. 모든 기도는 일을 위한 것이 아니라 사람을 위한 가치입니다. 기도를 열심히 하지만 타인과의 대화가 힘들다고 한다면 자신이 정말 기도를 잘하고 있는지 바라보아야 합니다.

기도는 하느님을 믿고(신앙고백), 하느님을 체험(성사)하며, 신자 생활(계명)을 잘하도록 도와줍니다. 신앙 최고의 모습, 영적 풍요는 기도 생활에서 나옵니다. 그래서 훌륭한 신학자는 말을 잘하는 이라기보다는 기도를 잘하는 이입니다.

신앙입문, 믿음이란 무엇인가?

믿음이란 마음을 주는 것이고, 그것이 신앙고백(사도신경)입니다. 아시아적 가치로는 사람과 말이 서로 만나고, 인격이 언어로 드러납니다. 이 언어는 '안아 주는 말'로써 생각과 마음에 뿌리를 두고 있는데, 생각과 마음은 좋지만, 그것들이 입으로 나올 때는 언어로 인해 문제가 될 때가 있습니다. 예를 들면 명절에 반가운 친지들을 만났는데, 걱정하는 마음으로 "취직은 했니?" "시집, 장가는 언제 가니?" 하면서 대답하기 불편한 질문들을 쏟아 내는 집안 어른들을 만난다면, 대화는 힘들기만 할 뿐입니다. 사람의 말이 진실해서 거짓되지 않는 것이 믿음입니다. 상대방을 배려하는 말을 하며, 말의 진실을 통해 인간들이 서로 결합하고, 연결되는 고리가 되는 것이 믿음입니다.

믿음은 두 존재를 결합시켜 주는 힘이고, 인간들은 서로 믿음의 말을 주고받으며 연결됩니다. 신앙은 믿음인데, 그 믿음 안에 '계시'라고 하는 하느님의 품격이 충만히 드러납니다. 하느님의 자기소개는 사랑입니다. 신앙은 인간이 하느님께 온전히 마음을 다하여 드리는 응답입니다. 신앙은 계시라는 택배를 받으면 설레는 마음으로 열어 볼 때 기분이 좋습니다. 택배의 발신은 하느님이고, 인간이 하느님께서 보내신 택배를 열어 보면서 깜짝 놀라 응답하는 것이 신앙입니다. 인간이 택배로 받은 하느님의 사랑을 마음을 다하여 온전히 응답하는 것이 우리의 믿음입니다.

믿는다는 것은 인격과 진리 이 두 가지와 관련되어 있습니다. 아무리 훌륭한 진리라도 그것이 인격 안에서 드러나야 합니다. 지식으로만 머물러 있으면 안 됩니다. 믿음은 인격과 진리가 동전의 양면과 같이 조화를 이루어야 합니다. 그리스도 신앙에서 누구를 믿느냐 할 때, 우리는 성부와 성자와 성령, 삼위일체의 하느님을 믿습니다. 이 믿음이 그리스도교 신앙의 본질, 그리스도교의 정체성을 드러내는 교리입니다. 지혜가 없는 지식으로만 신앙 안에서 성공할 수 없습니다. 지식으로 가득한 책들이 있는 도서관이 성공을 이루지는 않는 것처럼, 그 지식을 가지고 살아가는 지혜가 사람을 살리고 성공으로 인도합니다.

신앙 교리가 우리에게 필요할까요? 교리는 그리스도교 교회에서 2천 년을 내려온 크리스천 삶의 가치입니다. 서양 문화의 토대가 그리스도교 신앙입니다. 그래서 저는 예비자 교리라고 표현하지 않습니다. 가톨릭교회의 교리는 예비신자만이 아니고 믿는 모든 이를 위한 삶의 기준이 되기 때문입니다. 신자가 아닌 분들도 인문학적 토대로 교리를 들을 수는 있습니다. 이것이 이민 생활을 하는 호주의 문화를 깊이 이해할 수 있는 바탕이 되고, 특히 한국, 아시아인들은 잘 받아들이는 심성이 있기에 보자기같이 잘 담고, 포용하는 신앙을 가지게 됩니다. 한국 분들은 보자기 같은 심성을 가졌고, 서양인들은 007가방 같은 심성을 가졌다고 말할 수 있습니다. 007가방은 필요한 물건만 넣고 다니지만, 보자기는 007가방을 잘 싸서 넣을 수 있습니다. 이 가치가 중요합니다. 차별을 이야기하는 것이 아니라 차이를 보자는 것입니다. 서양에서는 하나의 그리스도교가 서로 갈라져 나가 많은 그리스도교파들로 탄생했고, 아시아에서는 본디 많은 종교들이 어울려 살고 있습니다. 이것이 보자기 문화로 이해될 수 있는데 지금은 서양과 동양의 가치를 모두 존중합니다.

　신앙 교리가 우리에게 필요한가요? 신앙으로 시작하여 교리를 통해 더 성숙한 신앙을 목표로 합니다. 교리는 신앙을 바탕으로 이해하는 체계라는 것을 알 수 있습니다. 우리는 신앙을 배우기 위해서 여기에 있습니다. 그냥 믿으면 됐지, 교회 생활을 시작하는데 교리를 왜 배울까요? 그것은 내 신앙을 바라보며 조상들부터 전해 내려오는 신앙을 만나기 위해서입니다. 교리를 배우면 내 신앙이 더 성장할 수 있습니다. 그 신앙이 바로 교리입니다. 교리를 배우는 목표는 신앙이고 이때에 시작하는 신앙과 교리를 배운 후의 신앙은 한 차원 다릅니다. 더 성장하고 이해된 신앙이 되는 것입니다.

　그래서인지 이해가 되는지 안 되는지 모르고 믿을 수도 있습니다. 사실 믿음의 최고 목표는 안 보이는 것을 믿는 것입니다. 가끔은 너무 알아서 병이라는 말처럼 신앙이 미꾸라지처럼 빠져나갈 수도 있습니다. 이것은 빗나간 신앙입니다. 믿는 이들은 신앙으로 시작해서 교리를 통해서 성숙한 신앙을 목표로 합니다. 믿음의 무게라는 신앙으로 시작하여 교리를 체계적으로 배우고 믿음을 만나서 신앙으로 살아가는 것입니다.

　그렇다면 교리와 신앙과의 관계는 무엇입니까? 신앙을 교회 안에서 배운다면 어둠, 고통들이 공격합니다. 신앙은 처음부터 하느님이 주신 것이 아닙니다. 다시 말해서 성경은 우리에게 하느님의 말씀을 그대로 전달해 주었지만, 교리는 지금까지 오랜 시간 수많은 발전을 하고 있습니다. 시대의 분쟁과 어려움을 대적하면서 근본 교리는 안 바뀌고 해석이 발전하고 있습니다. 최근에 많은 이가 정신분석, 심리 상담에 관심을 갖고 있는데 이런 상황에 직면한다는 것은 이해하고 해석한다는 뜻입니다. 그래서 꿈보다 해몽이라는 말처럼 신앙의 해석이 중요합니다.

개인주의, 물질 만능주의, 경쟁 사회, 과학의 남용 등 여러 가지 어려움들이 있는데 이런 것들의 괴로움들을 공격하는데 방어책이 신앙이고 체계적인 교리입니다. 성당을 그저 다닌다는 차원을 넘어서 여러분의 인생관과 가치를 발전시키는 것입니다.

신앙은 예수님을 믿는 확신을 갖고 가르침을 지키며 이를 따르는 일입니다. 확신은 내용 안에서 내가 접촉하고 만나야 합니다. 음식점에 가서 보는 것으로 맛을 알 수 없고 먹어야 맛의 확신을 가질 수 있는 것처럼 말입니다. 우리 신앙의 기준은 예수 그리스도입니다. 천주교의 믿음살이는 어려운 것이 아니고 간단합니다. 오로지 기준은 예수 그리스도입니다. 세상에는 많은 그리스도인들이 있습니다. 간디는 "그리스도는 좋아하지만 그리스도인들은 좋아하지 않는다."라고 했습니다. 왜 이런 말을 했을까요? 우리는 기도, 기부, 봉사도 많이 하고 신앙생활을 한다고 하지만 '참으로 예수님을 닮은 사람들이 많을까?' 하는 고민도 해 보아야 합니다.

여러분은 사랑하는 사람에 대해 더 많은 것을 자세히 알고 싶지 않나요? 사랑을 하게 되면 상대를 잘 알고 싶습니다. 성 아우구스티노는 "우리는 잘 믿기 위해서 이해해야 하며 또한 잘 이해하기 위해서 믿어야 한다."라고 했습니다. 믿음과 이해가 서로 소통해야 합니다. 수학 문제가 어려운 건 잘 이해하면 문제가 풀리지만 어떤 문제는 공식을 외워야만 풀 수 있기 때문입니다. 인생이란 것도 다 이해한다고 믿게 되는 것도 아니고, 그저 믿을 때 이해되는 것도 있습니다. 신앙과 이해는 서로 교차합니다. 잘 믿고자 교리를 배우러 왔으니 교리의 이해를 통해서 가능하게 됩니다. 믿음은 좋은데 이해를 더 심화해야 합니다.

신앙에 있어서 교리란 올바른 길잡이, 성찰의 중심입니다. 우리의 신앙이란 도로 위의 교통 표지판, 항공 노선을 알려 주는 관제탑, 배를 밝혀 주는 등대, 별자리 같은 존재입니다. 합리적인 설명도 필요하지만, 단지 옳고 그름을 판단하는 것이 신앙은 아닙니다.

우리는 제대로 알고 믿고 사랑해야 합니다. 안다는 것은 그리스 사상에서 온 완전함의 핵심입니다. 소크라테스의 "너 자신을 알라."는 자신의 무지를 아는 것이 진리를 깨달을 수 있는 출발점이었고 철학의 발전으로 이어졌습니다. 고대 그리스에서 '완전하다는 것'이 '아는 것'이었습니다. 그러나 아는 것이 병이 될 수도 있으니 앎의 주체, 인격이 중요합니다.

　히브리 사상은 믿는 게 중요합니다. 유다인의 신앙은 믿음이 중심입니다. 탈무드, 구약성경에 잘 나와 있습니다. 우리 속담에 "믿는 도끼에 발등 찍힌다."라는 말처럼 믿는 것도 잘 믿어야 사이비 종교로 가지 않습니다. 그래서 예수 그리스도, 그리스도교(Christianity)의 신약은 아는 것도 믿는 것도 중요합니다. 알고 믿는 것의 목표는 사랑하기입니다. 한국 신자들은 하느님께서 믿음과 사랑의 은총을 많이 주셨습니다. 내가 도와줄 상대방, 믿어야 할 종교들이 검증이 안 되어도 잘 믿고 따르고 어려운 사람들을 지나치지 않으며 타인을 돕는 것을 주저하지 않는 민족입니다. 그래서 제대로 알아야 하는 이유는, 잘 믿고 사랑하기 위해서입니다. 잘못하면 사기꾼과 사이비가 종교 안에서 발생하는 일도 생기기 때문입니다. 우리는 끊임없이 '알고', '믿고', '사랑'해야 합니다. 이것은 우리 모두가 신앙생활을 하면서 함께 가기 위해서입니다.

　2018년 바티칸의 주교 시노드 영상 중…

"내가 먼저 교회를 찾아 나서지 않아도 된다는 것을 느낀 것은 처음이었어요. 교회가 우리에게, 여기 이곳으로 먼저 다가오고 있기 때문이에요. 제 생각에 젊은이들이 바라는 건 우리의 이야기를 들어줄 사람, 그리고 우리와 함께할 사람입니다. 그렇지만, 단지 '내가 너보다 나이가 많아. 그러니 내 말이 맞아.'라고 이야기하면서 우리를 억지로 끌고 가려는 사람을 원하는 것이 아닙니다. 오히려 그 반대인 거죠. '나는 그리스도를 체험한 적이 있단다. 너도 그렇지?', '너의 삶과 나의 삶은 달라.', '함께 걸어가자.', '함께 고민해 보자.'라고 이야기하는 사람을 찾고 있는 거예요. 가만히 앉아서 기다리고 있을 수만은 없습니다. 우리의 눈앞에 온 이 기회를 잡아야 해요. 행동으로 옮겨야 합니다. 기회가 왔는데 잡지 않을 이유가 없잖아요?!"

교회란 무엇인가?

우리는 서로가 다르지만 함께 간다는 것이 교회입니다. 그러면 교회는 어떻게 신앙을 표현하나요? 오늘의 주제는 '교회는 무엇이고 누구입니까?'입니다. 제2차 바티칸공의회 전까지는 교회는 건물을 상징했습니다. 하지만 교회는 사람들의 모임입니다. 사람들이 함께하니 서로 어려움에 부딪히기도 합니다. 우리는 가정을 아파트라고 부르지 않습니다. 가족이라고 부릅니다. 가족은 관계 속에서 형성됩니다. 이것은 장애인 테니스 경기의 장면입니다. 많은 관중이 경기를 관람하고 있습니다. 낯설고 이상하게 바라보는 관중은 없는 듯 보입니다. 우리 교회도 어려운 이웃들이 함께 어우러지고 장애인들이 편하게 올 수 있는 시설이 되어 있어야 합니다. 모두 건강한 이들만 교회에 나온다면 그것은 친목 단체일 뿐입니다.

교회 하면 어떤 이미지가 떠오르나요? 신부님, 수녀님, 성모님, 예수님 등 많은 이미지가 떠오르는데 이처럼 교회는 높은 첨탑에 십자가만 있는 것이 아닙니다. 제2차 바티칸공의회 이후로 교회는 공동체를 강조합니다. 같은 사람들로 구성된 집단이 아니라 다양한 이웃이 함께하는 공동체입니다. 공동체(Community)는 남녀노소, 한 부모 가정, 장애인도 함께하는 곳이어야 합니다. 함께 미사도 참례하지만 봉사와 운동이나 다른 활동도 함께하는 공동체의 모습이어야 합니다.

교회는 그리스어로 에클레시아(Ekklesia), 그리고 영어로는 Church라고 부릅니다. 에클레시아의 에크(Ek)는 밖으로(from, out of)이고 클레시아(Klesia)는 부르신다(to call)는 뜻으로 '밖으로부터 불러 모음'이라는 뜻입니다. 교회는 믿는 사람들이 밖으로부터 모여 와 백성을 이룬다는 것이고 공동체를 이루는 믿는 이들의 모임을 말합니다. 건물로만 교회를 보는 것이 아니고, 같은 믿음을 고백하는 이들의 모임이 교회입니다. 또한 교회를 독일어로 키르케(Kirche)라고 합니다. 이 말은 주님께 속한 사람이란 뜻입니다. 주님께 속한 사람이란 '함께하는 전례, 미사'를 통해서 우리가 속해 있으므로 성체성사에 속한 사람들입니다. 그러므로 축복 중의 중심은 성체성사입니다.

제도 교회의 상징은 Ekklesia와 Church로 드러납니다. 구약은 하느님의 백성이 교회의 상징이고 신약은 그리스도의 몸이 교회의 상징입니다. 제도 교회가 어려움을 주고 있는 것은 성직자와 신자의 확실한 구분입니다. 하지만 제2차 바티칸공의회 (1962~1965년)에서 선포한 교회론은 성직자, 평신도, 축성 생활자 (수도자, 선교사)가 구분은 되지만 갈라지지 않는 모두 하느님의 백성이라고 강조하였습니다.

성경에서 교회

구약에서 하느님의 백성은 유목민이었기에 유목 생활의 상징들이 많습니다. 농사, 건축, 가정, 혼례의 표상이 많고, 코린토 1서 3장에서 교회는 농토, 밭, 건물이라고 하고, 갈라티아서 4장 26절에서 교회는 높이 솟은 예루살렘이고 교회는 우리의 어머니라고 합니다. 모두 교회의 상징들의 표현입니다.

교회의 기원은 구약성경에서 하느님의 창조 때부터 예시된 교회의 모습입니다. 기원은 하느님의 계획에 있었고, 하느님의 목적이 교회입니다. 구약성경에서는 이미 준비된 교회가 있었습니다. 그것이 바로 아브라함부터 이스라엘의 시작인 민족의 조상으로 주시겠다는 하느님의 부르심이었습니다. 이것이 교회의 기원이고 구약에 준비된 교회의 모습입니다. 아브라함으로부터 기원된 교회의 모습이 이스라엘, 하느님의 백성으로 발전된 것입니다. 선민, 즉 하느님께서 선택한 민족이라는 것입니다. 하지만 우월 의식을 가지는 착각은 하지 말아야 합니다.

　어떤 신자는 왜 하느님은 우리나라를 안 부르시고 이스라엘을 부르셨냐고 불만을 드러내기도 합니다. 하느님은 통해서 부르십니다. 이스라엘은 도구입니다. 우리를 불러 주신 하느님의 계획도 누구를 통해서 불러 주신 것입니다. 이스라엘이 세상의 기원 때 교회의 모습으로서 선택된 하느님의 백성의 모습이고, 그것을 예수님이 교회의 토대로 놓아 새로운 계약을 맺었습니다. 그래서 그리스도께서 교회를 세웠다고 고백합니다. 하지만 교회가 시작된 날은 다릅니다. 교회는 성령강림 날 시작되었습니다. 성령께서 사도들 위에 내려오신 날부터 제자들이 스스로 교회를 시작하였고 출발이 되었습니다. '스스로 시작한 것'이 아주 중요한데, 여기에 교회 창립의 의미가 담겨 있고, 그래서 교회 창립 날은 바로 성령강림 날이 됩니다.

　교회는 하느님의 창조 때 예시되어 출발해서 구약을 거쳐 예수 그리스도가 세우셔서 사도들에 의해 시작한 교회가 지금도 내려오고 있으며 그 완성은 예수님이 다시 오시는 종말에 이루어집니다. 우리는 이미 시작한 교회와 완성될 교회 사이에 살고 있습니다. 그래서 여러분 모두는 교회의 구성원이 됩니다. 이것이 제도 교회의 모습이고 기원입니다.

영적인 교회

　교회의 신비란 건물만이 아닙니다. 교회는 보이는 건물인 동시에 보이지 않는 영적 교회입니다. 건물이 없어도 백성들이 모이면 교회입니다. 하느님 백성의 신자들이 돈을 모아 교회 건물을 지은 것입니다. 믿는 사람이 모여야 교회가 유지됩니다. 가시적인 것과 영적인 것이 늘 가까이 있어야 하는데, 많은 경우에 우리는 보이는 것만 믿는 한계에 부딪치게 됩니다. 안 보이는 것을 믿는 것에 노력해야 합니다. 그래서 하느님의 백성 모두 영적인 소통을 잘 해야 합니다.

　믿음의 목표는 안 보이는 것을 믿는 것입니다. 하지만 현실에서 우리는 보이는 것도 믿지 않으려 합니다. 사람들 사이에서 어떤 친구가 며칠 안 보이면 처음에는 걱정하다가 한동안 안 보이면 이상한 의심부터 할 수 있습니다. 상상하며 의심하지 말고 먼저 연락하면 되는데 말입니다.

　교회의 신비는 가시적이지만 보이지 않는 하느님을 믿고 있는 영적 교회입니다. 믿는 이들은 기본적으로 하느님과 하나 되기 위해 교회에 옵니다. 항상 하느님이 먼저입니다. 하지만 하느님과 하나가 되는 결합된 모습이 중요합니다. 그래서 내가 기도와 믿음을 배우고 결국 "이웃을 네 몸처럼 사랑하라!"는 주님의 말씀처럼 내 옆에 있는 사람을 하느님으로 섬길 수 있습니다. 또한 하느님이 사람이 되신 육화의 사랑을 내가 상대방이 되어 주는 신앙으로 성장할 수 있습니다.

교회는 구원의 성사이고 우리 모두는 성사로 축복을 받습니다. 교회는 하느님의 백성, 그리스도의 몸, 성령의 궁전입니다. 제도 교회는 19세기 혼란 상태였던 세상에서 제1차 바티칸공의회 때 교회의 모습이었습니다. 곧 교회는 정체성이 문제였고 교회가 무엇이냐에 대해 진지하게 탐구하였는데, 그래서인지 교회는 완전사회(Perfect Society)라고 선포하며 교황, 주교, 사제, 평신도로 구분하는 서열로 보았습니다. 그러나 제2차 바티칸공의회 이후로 교회는 '무엇'이 아닌 '누구'인가로 성찰하며, 피라미드 구조가 아닌 우리 모두가 하느님 백성이고 다 함께하는 친교의 공동체로 선포되었습니다.

프란치스코 교황에 따르면, 교회는 야전병원이고 시노드 성격의 대화입니다. 특별히 시노드 성격의 대화로서 교회란 교회 안에서 많은 사안들에 대해 '통합'보다는 복음적인 '공동 합의'[1] 정신이 더욱 요청됩니다. 그렇다면 현재 그리스도교 믿음의 근거인 예수님이 지금의 교회의 모습일까요? 천국은 예수님이 전하는

....
1) 공동 합의성(synodality)은 2차 바티칸 공의회의 정신으로서 공동체 구성원들 각자의 생각과 의견을 나누시만 공동체가 바른 방향을 향해 가는데 의견들을 모아 합의해서 앞으로 나아가는 정신을 말합니다.

교회의 모습입니다. 주님은 하느님의 나라가 다가왔다고 선포하셨지만, 우리가 사는 이곳은 천국이고 동시에 우리는 지옥을 체험합니다. 그런데 천국은 예수님이 오시면서 완성될 것입니다. 하지만 제도적인 교회는 성직자와 신자가 엄격하게 분리되었던 교회의 모습이 문제였는데, 사실 지금도 남아 있는 문제입니다. 성경이 완벽하다고 그리스도인이 완벽하지도 않고, 사회의 법이 완벽하다고 범죄가 없지도 않습니다. 그러기에 교회도 거룩한 이와 죄인들이 함께 있는 곳입니다. 공동체에서 상처를 주고받지 않도록 든든한 믿음을 길러야 합니다.

교회가 제도 교회든, 하느님 백성의 교회든 사랑이 빠지면 교회가 아닙니다. 사랑 안에 머무르지 못하면 교회의 품 안에 마음과 정신도 아닌 몸만 남는 것이고 구원받지 못하는 모습이 됩니다. 이것이 공의회의 정신이고 가치입니다.

보이는 교회(가시적인 교회)는 제도로서의 교회입니다. 친교로서의 교회는 영성적인 실재로서, 교회는 더더욱 비가시적입니다. 그래서 내가 믿음대로 탐구하는 교회는 삼위일체의 친교[2](Communio) 공동체이고, 성체성사, 말씀과 성사, 참여와 책임 그리고 공감, 교

---

[2] 아우구스티노 성인은 삼위일체 신비를 다음과 같이 사랑으로 설명합니다. 하느님은 사랑이시고 아들 예수 그리스도께서도 사랑이시며 그리고 그들 사이에서 친교를 이루는 성령 역시 사랑이십니다. 그래서 삼위일체 신비는 사랑이신 한 분 하느님과 아버지, 아들, 성령의 세 위격의 친교입니다.

회 일치, 한 몸을 이루는 신학을 살아갑니다. 이 교회의 모습은 모범적인 프란치스코 교황이 우리에게 잘 보여 주고 계십니다.

**Question & Sharing
묻고 나누고**

1. 교리는 나의 신앙을 바르게 잡아주는 길잡이입니다. 교리를 알고, 아는 것을 믿고, 알고 믿는 것을 사랑하기 위해서입니다.
   혹시 누군가를 믿어본 경험이 있나요? 나누어 보세요.
2. 사도신경을 함께 소리 내서 기도해 봅니다.
3. 교회는 믿는 사람들의 모임입니다.
   교회를 다녀본 경험이 있다면 나누어 보세요.
4. 교회는 무엇인가요? 복습합니다.
   각자 한 가지씩 교회에 대해 설명합니다.

3강

교회는 친교를 살아갑니다

성모송과 연도

시작 기도로 성모송을 바치겠습니다. "은총이 가득하신 마리아님, 기뻐하소서! 주님께서 함께 계시니 여인 중에 복되시며 태중의 아들 예수님 또한 복되시나이다. 천주의 성모 마리아님, 이제와 저희 죽을 때에 저희 죄인을 위하여 빌어 주소서. 아멘."

사도신경, 주님의 기도, 성모송, 영광송은 가톨릭교회의 주요기도문 중 신앙의 핵심이 되는 기도들입니다. 특별히 성모님은 다음에 나눌 주제인데, 성모송의 구성을 살펴보면, 전반부는 루카복음(루카 1,28.42)에 나와 있는 기도문입니다. "은총이 가득하신 마리아님…"(루카 1,28)에서 은총(charis, 아름다움)은 성령의 선물입니다.

성령은 무엇일까요? 여러분은 '영혼'이라는 말은 들어 보셨지요? 성령은 영혼과 관련된 하느님의 선물이고, '가득하다'의 뜻은 '충만하다'는 것인데, 마리아가 은총으로 가득해서 기뻐하고 여인 중에 '복되다'라는 것입니다. 이 복됨은 마리아의 믿음으로 축복된 것입니다. 우리는 성모송을 통해서 마리아의 축복이 늘 우리와 함께하는 것을 믿습니다.

성모송 후반부의 기도문은 역사 안에서 이뤄졌던 기도로, 교회의 역사 곧 유럽에서 전쟁이 많이 일어났을 때 전쟁의 죽음 앞에서 또 고통과 여러 죄로 인해 힘들 때, 신앙인들은 성모송을 바치며 자신을 위해 빌어 달라는 청원 기도를 바쳤습니다.

유럽과 호주 및 미국 등 다른 나라의 가톨릭 신자들에게는 '연도'(연옥에 있는 영혼을 위한 기도, 곧 돌아가신 분을 위해 드리는 기도)가 없습니다. 우리나라에서 가톨릭의 연도는 토착화가 되어 돌아가신 영혼을 위해서 기도를 바칩니다.

연도는 돌아가신 연옥 영혼을 위해서 바치는 기도인데, 연옥은 라틴어로 푸르가토리움(purgatorium)이라고 합니다. 천국과 지옥의 중간이 연옥이라고 이해되겠지만 사실 신학적으로 연옥은 하느님과 얼굴을 마주하기 직전에 정화하는 장소입니다. 단테의 『신곡』에서도 연옥을 소개합니다. 그러므로 성모송은 죽음이 임박했을 때 늘 하던 기도입니다. 미국, 이탈리아, 유럽 나라들은 돌아가신 영혼들을 위해서 성모송을 계속 바칩니다. 성모송은 믿음으로 복을 청하는 동시에 죽음에서 구해 달라는 기도이고, 이런 경험이 자연스럽게 형성되면서 묵주기도가 생겼고, 계속 반복해서 드리는 이 기도가 가톨릭 기도 중에 중요한 기도가 되었습니다.

여러분이 어려움을 겪을 때 성모님께 청하면서 성모송을 바치면 기분이 편해짐을 느끼실 것입니다. 기분이 좋아지고 편하면 하는 일도 잘되지만 안 되는 일도 후에 다 풀릴 것이라 믿어 봅니다. 이런 점들을 마음에 새기시고 오늘 이 시간도 마침 기도로 성모송을 바칠 것입니다. 혹시 여러분이나 주변에 사면초가와 같은 고통에 처한 분들이 계시다면 기도 중에 기억하시고 그분들을 위해서 성모송을 바치면 좋겠습니다.

교회는 친교의 공동체

우리는 지난 시간에 교회의 뜻을 배웠습니다. 에클레시아(ekklesia), 키르케(kirche)라는 명칭과 기원에 대해서 배웠습니다. 교회는 창조 때부터 구약의 역사를 통해서 하느님의 백성이라는 차원으로 유목민의 배경과 함께 농사, 밭으로 표현되며, 신비에 대해서는 보이는 것도 교회이지만 안 보이는 것도 교회의 본질에 속해 있다고 말했습니다. 제2차 바티칸공의회는 신약성경과 교회의 전통을 바탕으로 1962년에 시작해서 1965년에 마쳤는데, 여전히 이 공의회의 정신이 우리 사이에서 실천될 필요가 있습니다. 제2차 바티칸 공의회는 복음서의 가르침을 토대로 하면서 교회의 성격을 "친교로서의 교회"라고 선포합니다.

친교로서의 교회는 영성적인 실재로서 더더욱 비가시적입니다. 친교(communio)는 삼위일체, 성체성사, 말씀과 성사, 참여와 책임 그리고 공감, 교회 일치 등 한 몸의 신학을 말합니다. 그러므로 '교회는 무엇이냐?'가 아니라 '교회는 누구냐?' 하고 이해하는 것이 매우 중요합니다. 교회의 건물도 중요하지만 그 안에 사람들이 없다면 소용이 없듯이 교회의 내용은 사람입니다. 그래서 사람들이 모여 친교를 이루는 것입니다. 생일잔치나 결혼식에는 많은 사람들이 와서 축하를 하고 먹고 마시고 여흥을 즐깁니다. 이것들은 도구이고 우리는 사람들을 만나기 위해서 잔치에 갑니다. 마찬가지로 교회도 사람을 만나러 가는 친교의 교회입니다. 물론 내가 미워하거나 불편한 사람들도 있습니다. 하지만 걱정 마십시오. 주님께서 회개의 은총을 베풀어 주시므로 하나로 이끌어 주실 것입니다.

여러분은 신앙생활을 하고 싶어서 성당의 문을 두드렸습니다. 나의 신앙생활이 하느님과의 관계를 돈독히 하고 내 길을 잘 가고 싶은데 성당에 나의 원수가 있을 수 있습니다. 그러나 예수님은 "원수를 사랑하라."고 말씀하셨습니다. 이는 우리의 신앙도 인간관계를 통해서 하느님을 만나는 것이고, 친교로서의 교회로 살아가도록 초대받았다는 의미입니다.

구약과 제2차 바티칸공의회의 결정문도 '교회가 누구냐?' 하는 관점에서 '교회는 하느님의 백성이다.'라고 표현합니다. 그 백성 안에는 교황, 주교, 사제, 수도자, 평신도가 다 함께 친교를 이룹니다. 각자의 직무에만 차이가 있을 뿐이지 다 같은 하느님의 백성입니다. 이것이 친교의 가장 중심이 되는 가치입니다.

  많은 것에서 정작 보이지 않는 것이 중요할 때가 있습니다. 우리의 표정이나 건강은 내 속에 있는 건강이 밖으로 드러나서 보이는 것입니다. 비교하자면 한국인은 자신의 속이 잘 드러납니다. 표정으로 읽을 수 있다는 것입니다. 하지만 일본인은 속이 썩어 문드러져도 웃고 있다고 합니다. 그들의 정서는 자신의 속을 남에게 보이지 않습니다. 그래서 일본의 전통적인 접대부 게이샤들이 하얀 분칠한 얼굴로 공연을 하는 것은 자신의 속을 드러내지 않는 그들의 문화를 표현한 것 같습니다. 남에게 불편함을 주지 않는다는 의미이지만 거짓된 모습으로 느낄 수도 있고, 또 한국인들의 표정 관리가 안 되는 것도 다 좋을 수는 없으니 장단점이 있습니다.

  신앙이란 무엇일까요? 안 보이는 것을 믿는 게 신앙의 목표입니다. 지금의 우리는 보이는 것도 믿으려 하지 않는 경우도 많이 있습니다. 그래서 친교는 중요합니다. 친교는 친목과 관계가 있지만 친목은 행위로 식사, 취미 생활, 여행 등을 통하여 서로가 끈끈해지는 정입니다. 사람 냄새나는 인간답게 사는 사람 중심의 교회 용어가 친교 곧 친밀감입니다. 친교의 근본적인 것은 잘 보이지 않기에 서로 이해하고 노력해야 합니다.

친교는 삼위일체 하느님의 본질

친교의 원형으로 오는 뿌리는 communion입니다. Cum은 with이고 union은 to unite란 뜻으로 함께 하나가 된다는 것입니다. 영성체할 때 예수님의 몸을 받아 모시는 것을 Communion이라고 합니다. 이것은 그리스도와 내가 하나가 된다는 것입니다. 때로는 영성체할 때 엄마와 함께 줄을 서서 나온 어린 자녀가 궁금해서 엄마에게 성체를 달라고 떼쓰는 경우도 있습니다. 그러면 저는 "이건 아주 맛이 없단다. 다음에 줄게." 하고 달래어 보내기도 합니다.

Communion은 '함께 하나가 된다'는 것인데 우선 삼위일체 신앙에서 친교는 성삼위의 성부, 성자, 성령이 하나 되시는 하느님에 대한 표현입니다. 그리스도교는 유일신만 믿는 종교가 아닙니다. 유다교, 이슬람교 등 유일신을 믿는 종교는 절대자 하느님이 하나밖에 없어서 또 다른 힘의 권력자가 나타나면 서로 싸우는 상황에 빠지지만, 그리스도교는 한 분이신 하느님을 믿으면서 일치와 협력 곧 친교로서 삼위의 주님을 믿습니다. 성부, 성자, 성령을 믿는 삼위일체 신앙은 그리스도교의 삶에서 핵심을 기도합니다. 하느님과 아들 예수 그리스도, 아버지와 아들 사이의 사랑이신 성령, 이 세 위가 하느님이십니다. 아버지 하느님, 아들 하느님, 성령(사랑)의 하느님입니다. 성령은 아버지와 아들 사이에 흐르는 사랑입니다.

  사랑이 눈에 보이지는 않지만 느껴지는 것과 같이 또 부모와 자식의 사랑, 부부의 사랑이 마음으로 느껴지는 사랑, 그렇게 느껴지는 기운이 성령입니다. 우리가 매 순간 숨 쉬는 것을 알아채지 못하지만 분명 들숨과 날숨으로 우리를 움직이게 하는 힘, 그 사랑의 힘이 성령입니다. 아버지와 아들 그리고 사랑인 성령이 바로 하나의 하느님이십니다.

  한국의 개신교는 하느님을 하나님이라고 합니다. 문법적으로는 오류이지만 우리나라 개신교의 독특한 특징으로 받아들이면 좋겠습니다. 한국의 개신교는 유일신인 하나의 하느님이라 해서 하나님으로 부르고, 가톨릭은 우리를 창조하신 하느님이 하늘에 계시기에 하느님이라고 고백합니다. 이것으로 옳고 그름을 따지고 다투기보다는 한국 개신교의 전통으로 존중하시면 좋겠습니다.

  삼위일체의 간단한 뜻은 셋이 하나라는 것입니다. 우리는 홀수 문화에 익숙합니다. 한국에서 길도 삼거리, 오거리가 많아서 셋이 하나라는 말이 낯설게 느껴지지는 않습니다. 그리스도교는 유럽에서 발전됐지만 뿌리는 아시아입니다. 예수님도 아시아인이고 복음도 아시아적 사고방식에 가깝습니다. 복음의 내용을 읽어 보면 우리의 옛날 전통 방식들의 관점하고 많이 유사합니다. 그래서인지 한국의 가톨릭은 선교사 없이도 신앙을 받아들이고 믿었습니다.

삼위일체 신비는 친교로서의 교회를 이해하는 데 매우 중요합니다. 같은 사람들끼리 함께하는 것은 친교라기보다는 획일주의에 가깝습니다. 일치라고 하는 Union은 부부가 서로 다르지만 하나가 되는 것처럼 교회의 친교도 남녀노소가 서로 다르지만 함께하는 것입니다. 친교적인 면에서 나와 다른 사람을 불편해하기도 합니다. 그러나 우리의 문화는 음식도 다양하고 색동저고리의 색도 다양하듯이 다양함의 일치가 우리 고유의 문화입니다.

성체성사로 나와 예수님이 한 몸이 되고 들은 말씀도 내가 받아먹습니다. 그래야 말씀이 나를 움직입니다. 말씀이 지식으로만 남는다면 균형을 못 이루고 ET처럼 머리만 커지는 꼴이 되고 맙니다. 성사도 친교로서의 교회를 체험하는 것이고 여러분도 세례식을 준비하기 위해서 지금 이 시간을 함께합니다.

부부가 둘이지만 하나가 되는 것과 성부, 성자, 성령이 셋이지만 하나가 되는 것은 같은 의미인데, 이것은 서로가 독립되어 있으면서 하나일 때 하나가 되고 둘일 때는 둘이라는 말입니다. 다시 말하면 육체적으로 단일체가 되어야만 하나가 아니라 둘을 인정하면서도 함께 하나가 되는 것을 인정해야 한다는 것입니다. 둘일 때 둘을 인정한다는 것은 서로를 받아들이는 자유를 말합니다. 자유를 인정하고 내가 자유롭고 싶으면 먼저 상대를 자유롭게 해 주어야 합니다. 상대를 내 뜻대로 조종하려 하지 말고 먼저 인정을 하면 상대는 바뀝니다.

  둘이라는 관점은 둘이 인정하면서 서로에게 자유를 주는 것과 같이, '둘이 하나가 된다'는 뜻은 하나가 되어야 할 때 서로 합의하여 존중하는 질서와 책임이 필요합니다. 이것은 정반대이기 때문에 같이 가야 합니다. 각각이 독립된 성부, 성자, 성령의 한 가지 목표는 자유로운 인간에 대한 구원입니다. 그러나 '삼위가 하나'라고 할 때 하느님은 각각의 독립된 구원에 대한 사랑이 하나로 일치되어 합의가 이루어지도록 하십니다. 세 위격이라는 삼위는 각각 독립된 자유로운 것을 통해 그 목표가 백성들을 구원하기 위해서 하나가 되는 것이 무엇보다 중요합니다.

  자녀에게 문제가 있다면 부모는 부부 사이를 돈독히 하며 더 사랑해야 합니다. 자녀의 문제는 부모에게서 오기 때문입니다. 부부의 관계와 소통이 힘들어지면 부모는 자식에게 자신의 배우자에 대한 불만을 투영하며 조종을 합니다. 그럴 때 어린 자녀는 부모의 말을 들을 수밖에 없습니다. 그래서인지 상처를 받은 자녀는 자신의 상처를 안고 성장하여 자녀에게도 자신이 받은 상처를 반복하는 경우가 생깁니다. 이것은 자신도 모르고 하는 행동이며, 신학적 관점으로 이것이 원죄[1]가 되는 것이라고 설명합니다.

---

[1] 원죄(original sin)는 문자적으로는 아담과 하와가 지은 죄를 뜻하고, 이는 인간이 지니고 있는 죄악으로 기우려지는 성향이며, 그 악한 성향의 전염성을 말하고 해석합니다.

친교의 교회는 성령과 성체성사가 토대

친교의 토대는 성령입니다. 성령은 아버지와 아들 사이의 사랑입니다. 성령은 사랑 중의 사랑입니다. 교회 헌장 1장 7절에서 "교회는 그리스도의 몸이다."라고 합니다. 성체성사 안에서 이해되는 친교 교회는 성만찬에 참여하는 공동체이고, 교회의 미사는 본질적으로 교회의 신심을 대변하는 것입니다. '교회는 누구인가?'라는 물음에 하느님의 백성 안에 친교의 내용이 들어갔고 중요한 친교로서의 교회에 대한 또 하나의 표현은 그리스도의 몸이라고 대답합니다. 다시 말하면 우리 교회는 그리스도의 신비체(mysterium)입니다. 우리 몸이 '신비롭다'는 뜻입니다.

우리 몸에서 가장 중요한 곳은 어디입니까? 심장인가요? 뇌가 중요한가요? 그리스도가 우리의 몸인데 그 가운데에서 그리스도는 우리의 머리입니다. 몸의 머리가 그리스도입니다. 그런데 내가 느끼는 몸의 중심은 현실적으로 어디일까요? 바로 '내가 가장 아픈 곳'이 몸의 중심입니다. 손가락에 가시만 찔려도 하루 종일 찔린 손가락이 신경 쓰입니다. 감기에만 걸려도 앓아누워 버립니다. 그래서 내가 가장 아픈 곳은 내 몸의 중심이라고 이해되어야 합니다.

그러면 가톨릭교회의 중심은 어디일까요? 물론 성전과 성찬 전례가 중심이지만 주님은 가장 아픈 이들에게 당신 사랑을 중심으로 드러내십니다. 교회는 가장 아픈 사람들을 중심으로 운영되고 이루어져야 합니다. 그렇지 않으면 교회는 단순한 건강 센터나 힐링 센터가 될 뿐입니다. 교회가 그리스도의 몸이라고 하는 것은 아픈 사람들이 중심으로 받아들여져서 이루어지기 때문입니다. 그래서 성체성사는 친교를 나눌 수 있고, 교회의 가장 중요한 부분이므로 미사 또한 친교의 의미가 중심에 있는 것입니다. 성만찬에 참여하는 공동체는 그리스도의 몸을 함께 나누는 공동체입니다. 그래서 초기 교회 때는 그리스도인들은 '식인종'이고 또 공동체의 신자들을 서로 형제, 자매라고 호칭을 하니 '근친상간'이라는 오해도 받아 로마 황제 당시에 많은 박해를 받았습니다.

　성체성사는 예수 그리스도께서 십자가의 제사를 통해서 그리스도 당신의 몸을 받아먹으라고 우리에게 주시는 양식입니다. 우리는 성체성사를 통해 죄에서 용서되고 치유되어 구원으로 이끌립니다. 그래서 미사는 교회의 신심을 대변하고 신자들은 주일을 지킵니다. 성체성사의 핵심은 주님께서 당신 몸을 우리에게 내어놓고, 예수님이 나의 몸이 되는 것입니다. 이것이 친교입니다. 내 몸을 내주어서 상대의 몸이 되는 것이 몸에 대한 이해입니다. 로마노 과르디니는 "교회는 영혼들 안에서 성장한다."라고 했습니다. 영혼은 안 보이지만 존재하는 것이고 여러분도 세례를 통하여 교회 안에서 친교의 삶을 살면서 영혼이 건강하게 성장하시길 바랍니다.

　교회의 공적인 신앙 표현은 미사 전례입니다. 2019년은 김수환 추기경님이 선종하신 지 10년이 되는 해였습니다. 이 사진은 미사를 집전하시는 추기경님의 모습이고 또 우리 본당의 혼배성사 장면입니다. 교회의 중요한 사건들과 기념은 모두 미사를 통해서 이루어집니다. 여러분의 세례식도 미사 중에 할 것입니다. 그래서 미사 전례의 핵심은 친교이며 그리스도의 몸을 나누는 영성체가 친교입니다.

교회는 하느님의 백성

　하느님 백성으로서의 교회는 프로테스탄트 신학을 통해서 영감을 받았습니다. 2차 바티칸공의회 전까지 교회는 완전사회(perfect society)라고 했지만 1965년 제2차 바티칸공의회에서 교회는 사람 중심의 교회이자 하느님의 백성이라고 천명하였습니다. 이것의 뿌리가 되는 내용은 성경입니다. 다양한 형태의 교회와 기능들과 직무들이 다르지만 세례를 통해 모인 '새로운 하느님의 백성'의 개념입니다. 그래서 가장 중요한 것은 세례성사입니다. 세례성사가 천국의 호적에 기록이 되는 필수 성사가 됩니다. 우리는 하느님의 모상이고 하느님의 백성이 됩니다. 이것이 창세기의 인간에 대한 개념이고 표현입니다.

성사(sacramentum)로서의 교회는 하느님의 축복을 체험하는 것입니다. 그래서 미사를 참례하고 세례성사, 견진성사를 통하여 나의 신앙이 성장하게 됩니다. 개신교는 성사를 인정하지 않고 말씀만 받아들이는 말씀의 교회입니다. 여러 이유들 때문에 루터의 종교개혁으로 교회에는 사제가 없고 목사(pastor)만 있습니다. 그 당시 가톨릭은 무분별하게 성사가 이루어지는 문제점들을 가지고 있었습니다. 교회 내의 쇄신은 결국 가톨릭교회의 회심 부족과 여러 가지 역사적 변수로 1517년 루터의 종교개혁에까지 이르게 되었습니다. 그 후 성사를 내려놓고 말씀만의 교회인 개신교(protestant)가 세워졌으며 지금까지 500년이 지났습니다. 가톨릭, 동방교회, 성공회는 성사를 교회의 모습으로 드러냅니다. 교회는 원성사(ursakrament)입니다. 거룩하면서도 동시에 축복이 우리에게 이루어집니다. 하느님이 축복을 주셨고 성경에 의해서 예수 그리스도가 교회를 설립하셨으며 그 창립일이 성령강림 날이 되는 것입니다. 그곳에 속한 사람들은 교회가 거룩한 부분이고 참여한 이들은 죄인들입니다. 예수님은 죄인을 부르러 왔다고 하셨습니다. 그런 점에서 교회는 죄 많은 은총의 공동체라고 할 수 있습니다. 그래서 회개하는 공동체, 사랑받는 죄인이 우리입니다. 그럼에도 불구하고 거룩하고 축복의 원형으로서 교회의 모습이 드러납니다.

교회의 징표, 표시는 콘스탄티노플 공의회(381년)의 선언으로서, 교회의 하나 됨, 거룩함, 보편됨, 사도성, 베드로 사도좌, 이해 및 선포 공동체로서의 교회, 실천 공동체로서의 교회, 전통 공동체의 교회로서 드러납니다. 하나 됨은 교회의 기원으로서 하나이고, 설립자는 예수 그리스도이며, 창립일은 성령강림 때, 성령이 제자들에게 내려왔을 때 말씀이 선포되었습니다.

아버지의 유언이 자식들에게 내려오는 것처럼, 예수님의 말씀은 하느님의 뜻입니다. 그래서 제자들은 하느님의 뜻을 선포하는 예수님의 말씀을 선포하는 것입니다. 교회는 예수님께서 설립하셨지만 성령의 이끌림으로 제자들이 스스로 선포한 것이기 때문에 교회가 시작된 날은 성령강림 날입니다. 한편 가톨릭교회가 하나라는 것은 같은 전례, 신앙, 제도적 실천이 모두 하나이기 때문입니다. 그리고 이 끈은 사랑입니다. 사랑이 없으면 분열만 있을 뿐입니다. 일치의 끈이 덕을 완전하게(완덕) 하는 사랑입니다. 완덕이 사랑이고 여러분은 사랑을 배우고 확인하기 위해서 예비자 교리를 통해서 체계적으로 듣는 것입니다. 그래서 우리 모두가 사랑의 달인으로 살고자 고백하는 것이 세례성사입니다.

거룩한 교회

교회의 거룩함은 하느님의 부르심을 받아서 거룩합니다. 거룩함이 거북하게 들릴 수 있지만 거룩함은 교회 일치의 신비입니다. 거룩하다는 것은 교회가 결함 없이 '거룩하다'라는 뜻인데. 성부와 성자가 함께 거룩한 것입니다. 우리는 부족하지만 아버지께서 거룩하기에 우리가 거룩하게 됩니다. 예수님께서 교회를 당신의 신부로 표현하듯이 교회는 거룩한 하느님의 백성입니다. 부모가 거룩하게 살면 자녀들도 거룩해 집니다. 성도인 우리는 거룩한 신자입니다. 그리스도와 결합한 교회는 그분에 의해서 거룩하게 성화됩니다. 그리스도에 의해서 그리스도 안에서 나 자신이 거룩하게 된다는 것을 믿는 것입니다.

제가 오래 있었던 거룩한 신학교에도 악마가 있었습니다. 남에게 상처 주는 말을 쉽게 하는 악마의 짓을 하는 사람도 있었습니다. 하지만 우리는 주님의 부르심으로 완전해질 수 있습니다. 이것이 믿음으로 살아가는 것입니다. 혼자서 너무 애쓰며 해내려 하지 말고 함께 도와주고 이끌어 줌으로써 거룩해질 수 있습니다. 우리 모두가 하느님의 부르심을 받은 거룩한 백성이고 그 거룩함의 토대는 사랑입니다.

기도는 하루 종일 하는데 사랑이 없다면, 그리고 봉사는 열심히 하는데 사랑이 없다면 정말 안타까운 마음입니다. 공번(보편)된 교회는 그리스도께서 현존하시고 그리스도에 의해서 파견됐기 때문이며, 우리 모두는 그리스도를 통해서 불러 주신 것이기에 보편적입니다. 제가 이곳 시드니 성당에 부임한 것도 그리스도의 이름으로 주교님으로부터 파견된 것입니다. 그리고 가톨릭은 세계 어디에서나 같은 미사를 하는 합리적이고 보편적인 교회입니다.

우리는 비종교인이든 타 종교인에게든 우월 의식을 갖지 말고 대화하고 서로의 종교를 인정해야 합니다. 공번된 교회의 선교 사명은 우리 모두가 하느님의 자녀라는 믿음에 있습니다. 그 보편적인 사명의 방법 역시 복음적이어야 합니다. 교회의 사도성은 사도로부터 이어 온 교회이고 그들은 예수님의 제자들입니다. 12명의 제자로부터 시작한 교회를 제자단이라고 부르고, 그 사도들의 후계자들이 주교들입니다. 주교단들이 교회이고 사제는 주교들의 협조자입니다. 그래서 교회는 주교님의 가르침을 따르며 신앙생활을 해 나갑니다.

그러면 교회 밖에 구원이 있나요? 초기 교회인 2, 3세기 때는 박해 시대이고 교회는 하나밖에 없고 구원은 교회 안에 있다고 교부 치프리아노 주교님이 말씀했습니다. 그런데 2차 바티칸공의회 때 교회 밖에도 구원은 있다고 하였습니다. 교회는 현대에 와서 포괄주의적 입장과 합리적인 이해를 통해서 비그리스도인도 구원받을 수 있다고 말합니다. 자기 탓이 아닌 이유로 그리스도를 받아들이지 않고 하느님의 뜻에 따라서 열심히 살아가는 사람은 구원을 받을 수 있다는 전제가 있습니다.

2차 바티칸공의회의 설계자들 가운데 하나인 신학자 카를 라너는 기존의 신앙 공동체를 넘어 좀 더 확장된 의미의 교회를 생각했고, 기존의 신앙 공동체가 성직자와 신자들의 구분이 확실하고 종속적인 관계였음을 깊이 반성했습니다. 친교의 공동체는 기존의 사고방식, 이기심, 배타심, 사랑 없는 공동체가 아닌 확장된 의미의 교회로서 경계를 없애는 것이 아니라 복음적으로 확장됨을 말합니다. 우리는 하느님의 모상이고 하느님의 백성입니다. 모두가 하느님을 닮았기 때문에 친교의 교회입니다. 교회는 장애인도 고통 속에 있는 이도 모두 환영하고 용서할 때는 두세 번도 더 용서하는 그런 친교의 교회입니다. 마침 기도는 성모송으로 합니다.

**Question & Sharing
묻고 나누고**

1. 성경 말씀대로 교회는 하느님 백성, 친교의 교회입니다.
   누군가와 친하게 지냈던 개인의 경험을 나누어 보세요.
2. 친교의 토대는 삼위일체의 신비와 성령입니다.
   서로 다르지만 함께 일치합니다.
   나와 다르지만 함께 했던 경험이 있으면 나누어 보세요.
3. 교회의 미사 전례 중심은 그리스도의 몸을 나누는 친교인 영성체입니다.
   영성체의 경험이 있는 봉사자 또는 선배 신앙인이 첫 영성체 때의 느낌을 나누어 주세요.
4. 죄인을 부르러 오신 주님께서 축복을 주시는 거룩한 온총의 공동체가 교회입니다. 그 점에서 우리는 사랑받는 죄인입니다.
   주님 앞에 내가 채워야 할 것이 있다면 무엇인지를 나누어 보세요.

4강

내 안에서 활동하시는 성령

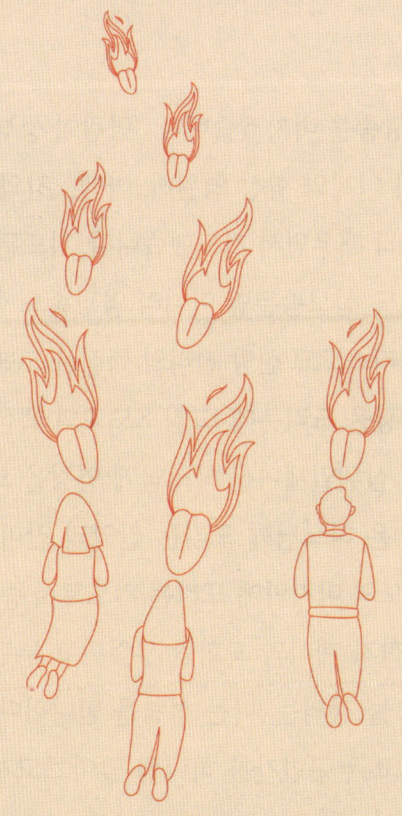

불혀, 영의 불과 말씀의 혀가 더불어 움직이는 성령

영광송

시작 기도로 영광송을 바치겠습니다. "영광이 성부와 성자와 성령께, 처음과 같이 이제와 항상 영원히. 아멘." 강의를 시작할 때에 기도문을 하나씩 배우면서 기도했습니다. 기도문 중에서는 사도신경, 주님의 기도, 성모송뿐만 아니라 영광송도 중요한 기도입니다. 영광송은 그리스도교 신앙 진리의 핵심을 고백합니다. 영광송은 하느님께 영광을 드리는데, 그리스도교의 핵심 신비인 성부와 성자와 성령인 삼위일체이신 하느님께 영광을 드리는 기도입니다. 영광송(Glory)은 하느님께 드리는 찬양과 찬미의 최대의 표현이기에 모든 기도의 마지막에 드리는 기도로서 중요합니다.

지난 교리 시간까지 계시와 교회란 무엇이고 누구인가에 대해서 알아보았고, 오늘 강의는 '나는 성령을 믿나이다'라는 제목으로 성령은 무엇이고 누구인가를 하나씩 알아보고자 합니다. "나는 성령을 믿나이다(I believe in Holy Spirit)."는 사도신경에서 나는 하느님을 믿고 예수님을 믿는다는 고백처럼 나는 성령을 믿는다는 고백입니다.

　이 사진들은 제가 몽골에서 찍은 사진들입니다. 맑고 청정한 나라인 몽골은 밤하늘이 맑고 별빛이 찬란합니다. 이런 별과 구름은 성령의 상징이 됩니다. 오른쪽 위에는 브라질의 고산지대에 사는 새, 아래 사진은 아름다운 꽃입니다. 이렇게 아름다움 안에 성령의 모습을 담고 있습니다. 이 사진은—제가 오랜 세월 동안 대전가톨릭대학교 신학생들과 함께 지냈는데—2018년, 10월 말에 찍은 단풍나무입니다. 이렇게 불과 같이 빨갛게 물든 나뭇잎들을 빨간 색채가 드러내는 성령의 의미로 말할 수 있는데, 이것이 성령께서 우리 안에 활동하신다는 것을 고백하는 것입니다.

성령의 어원

　성령은 히브리어로 루아흐(Ruach), 그리스어로는 프네우마(Pneuma)라고 합니다. 프네우마는 영(靈)이라는 뜻입니다. 구약성경에는 '성령'이라는 말은 안 나오지만 '하느님의 영'이라는 말로 성령을 이해할 수 있습니다. 신약에서 프네우마도 영(Spirit)이라는 뜻이지만 '거룩한 영', 즉 성령이라는 뜻으로 만날 수 있습니다. 프네우마 하기아(pneuma haghia)에서 프네우마는 '영(Spirit)'이고 하기아는 성(Holy), '거룩하다'라는 뜻입니다.

　여러분! 돈 벌듯이 성령을 벌어들이세요! 성령은 우리가 벌면

벌수록 우리를 살리시는 주님이십니다. 하느님은 아버지이시고 예수 그리스도는 아들이시며 성령은 아버지와 아들 사이의 사랑, 사랑 중의 사랑이 성령이십니다. 그리스도교인으로 산다는 것은 그 목적이 성령을 획득하는 믿음의 삶입니다. 그러면 성령을 어떻게 볼 수 있습니까? 그리고 내 안에 있는지 없는지 어떻게 알 수 있습니까? 우리가 바람은 안 보이지만 느낄 수 있듯이 이제 보이지 않는 성령에 대한 이해를 하나씩 알아보겠습니다.

"성령에 힘입어 말하지 않으면 아무도 '예수는 주님이시다.'라고 말할 수 없습니다."라고 코린토 1서 12장 3절에서 말하고 있습니다. 구약성경은 아버지 하느님을 명확히 선포하고 신약성경은 아들 예수 그리스도를 분명히 드러내고 성령의 천주성을 엿볼 수 있게 합니다. 성령을 믿는 것은 삼위일체의 한 위격(Person)으로서 성부와 성자와 본질이 같은 분이시며, "성부와 성자와 더불어 같은 흠숭과 영광을 받으신 분"이라는 것을 고백합니다. 성령은 우리에게 말을 해 주는 대변인이고 에너지입니다.

우리는 성령을 하느님의 힘으로 믿으며 살아가는데, 여러분은 '기(氣)'를 아시죠? 몸이 아파서 한방병원에 가서 검진과 검사를 받아도 아무런 이상이 없다는데 아프고 기운이 없을 때에 '기'가 빠졌다고 말합니다. 그러면 에너지인 성령은 '기'인가요? 기라고 말하기에는 석연치 않은 부분이 있는데, 중화민국 대만에는 성령을 기(氣)라고 말하는 신학자도 있습니다. 대만의 저명한 신학자인 장춘신 박사는 성령은 기라고 말했습니다. 우리나라에서는 기라는 것에 여러 의미가 있습니다. 유교의 이기이원론(理氣二元論)과 무속의 기(氣)는 흐름을 말하고 있습니다. 저는 이것이 맞다, 틀리다를 떠나서 성령은 하느님의 기운이고 힘이라고 표현하고 싶습니다.

성령강림 대축일 독서복음에서 성령

제 이름이 승룡인데 잘못 들으면 성령으로 들린다고 합니다. 이제 성령강림 대축일의 독서와 복음을 통해서 성령을 만나 볼까 합니다. 먼저 요한이 전한 거룩한 복음을 들어 봅니다(요한 20, 19~23).

> 그날 곧 주간 첫날 저녁이 되자, 제자들은 유다인들이 두려워 문을 모두 잠가 놓고 있었다. 그런데 예수님께서 오시어 가운데에 서시며, "평화가 너희와 함께!" 하고 그들에게 말씀하셨다. 이렇게 말씀하시고 나서 당신의 두 손과 옆구리를 그들에게 보여 주셨다. 제자들은 주님을 뵙고 기뻐하였다. 예수님께서 다시 그들에게 이르셨다. "평화가 너희와 함께! 아버지께서 나를 보내신 것처럼 나도 너희를 보낸다." 이렇게 이르시

고 나서 그들에게 숨을 불어넣으며 말씀하셨다. "성령을 받아라. 너희가 누구의 죄든지 용서해 주면 그가 용서를 받을 것이고, 그대로 두면 그대로 남아 있을 것이다."

　삼위일체를 떠올리면 성부와 성자처럼 성령에 대해서도 확실하게 다가오나요? 구약은 아버지의 시대이고, 신약은 예수님의 시대라면, 오늘날은 성령의 시대라고 말할 수 있습니다. 성경을 중심으로 성령의 모습을 말씀드리면, 신약성경은 예수님이 세례 받으실 때, 성령께서 비둘기 모양으로 내리시어 하늘에서 소리가 들려왔는데 "너는 내가 사랑하는 아들, 내 마음에 드는 아들이다." 하였다고 합니다. 구약성경에서 노아가 홍수로 심판받는 상황에서 홍수가 그치고 물이 땅에서 빠졌는지 보려고 비둘기를 보내는데 싱싱한 올리브 잎을 입에 물고 있는 비둘기를 보고 땅에서 물이 빠진 것을 노아는 알게 되었습니다. 구약에서 노아의 비둘기와 신약에서 예수님 세례 때의 비둘기 모습은 새로운 구원의 시대라는 의미입니다.

　그리고 예수님이 변모하실 때 구름이 일어 그들을 덮더니 그 구름 속에서, "이는 내가 사랑하는 아들이니 너희는 그의 말을 들어라." 하는 소리가 들렸습니다. 구름은 성령을 상징하고 탈출기의 모세가 십계판을 받으러 시나이산에 갔을 때도 구름이 산을 덮고 주님의 영광이 시나이산에 자리 잡고, 구름이 엿새 동안 산을 덮었습니다. 구름은 성령의 현존을 의미합니다. 따라서 구약의 구원인 율법과 신약의 예수님의 변모라는 말씀과 예언의 중심에는 성령께서 함께하십니다.

사도행전에서 오순절이 되었을 때 그들이 모두 한자리에 모여 있었는데 거센 바람이 불더니 불꽃 모양의 혀들이 나타나 갈라지면서 각 사람 위에 내려앉았습니다. 불꽃은 성령을 의미하며 또한 열정이라고 볼 수 있습니다. 그리고 예수님은 부활하신 후에 제자들에게 나타나시어 숯불에 구운 물고기를 제자들과 드셨습니다. 불꽃의 불은 성숙함을 혀는 말씀을 의미합니다. 부활하신 예수님께서 제자들에게 불로 생선을 구워주시듯, 불은 숙성하는 의미를 가집니다. 여러분도 성령을 받아서 말씀을 선포할 수 있습니다. 그래서 성령은 우리를 말씀으로 인도해 주시고 성숙하게 열정을 가지고 선교하도록 도와주시는 분입니다.

오늘 제1독서에서 그들은 모두 성령으로 가득 차, 성령께서 표현의 능력을 주시는 대로 다른 언어들로 말하기 시작하였습니다. 유다인들은 여러 나라에 흩어져 살다가 오순절에 모여서 집회를 했는데 사도들의 말을 자기가 태어난 지방 말로 알아들었습니다. 이것이 성령의 역할입니다. 그렇지만 바벨탑 사건은 같은 유다인이고 같은 말을 사용하지만 하느님께 영광을 드린다고 탑을 쌓기 시작하면서 오해와 갈등으로 소통에 장애가 되었습니다. 같은 말을 사용하지만 서로 이해하지 못하고 분열하는 모습을 바벨탑 사건에서 보여 주지만, 다른 말을 사용해도 자기들의 말로 서로 이해하고 일치하는 모습은 성령의 은사입니다. 성령의 은사 중의 은사는 서로가 '하나'가 되는 것입니다.

제2독서는 "하느님께서 각 사람에게 공동선을 위하여 성령을 드러내 보여 주십니다." 우리 각자는 자신만의 능력을 가지고 있는데 그 능력들을 공동체를 위해서 쓴다면 그것이 바로 성령께서 우리에게 주시는 은사입니다. 그리고 오늘 복음에서 성령은 '숨'으로 드러내고, 하느님은 아담을 창조하실 때 아담의 코에 숨을 불어넣어 주셨습니다. 숨은 창조하시는 하느님의 영입니다.

오늘 복음에서 그리스도께서 영과 함께 제자들에게 숨을 불어넣으며 성령을 받으라고 하십니다. 창세기에서 하느님의 숨은 생명으로 사람을 만들었지만, 예수 그리스도는 실망해 있고 자신의 죄로 힘들어하는 제자들에게 그리스도의 영을 불어넣으시면서 영적인 생명을 다시 주셨습니다. 따라서 성령 안에 사는 사람들은 용서하는 삶을 사는 사람들입니다. 그것은 성령의 가치를 드러내고 용서하는 삶은 평화를 이루게 합니다. 평화는 싸워서 이루는 것이 아닙니다. 마음의 평화와 외적인 평화도 모두 용서하는 삶이며 그래서인지 성령의 역할은 일치에 있습니다.

바오로 사도의 성령의 이해는 코린토 1서 12~14장에서 성령의 가치를 온전히 드러내는데 그것은 사랑입니다. 12장에서는 여러 은사들을, 14장에서는 신령한 언어와 예언을 말하고, 13장에서는 "내가 인간의 여러 언어와 천사의 언어로 말한다 하여도 나에게 사랑이 없으면 나는 요란한 징이나 소란한 꽹과리에 지나지 않습니다."라고 말합니다. 사랑은 참고 기다리고 친절하며 시기하지 않고 뽐내지 않으며 교만하지 않습니다. 무례하지 않고 자기 이익을 추구하지 않으며 성을 내지 않고 앙심을 품지 않습니다. 불의에 기뻐하지 않고 진실을 두고 함께 기뻐하며 모든 것을 덮어 주고 모든 것을 믿으며 모든 것을 바라고 모든 것을 견디어 냅니다. 성령은 모든 은사 중에 가장 크고 뛰어난 은사이고 선물입니다. 성령을 받은 우리는 서로 사랑하여야 합니다.

성령은 우리 눈에 보이지 않아도 느낄 수 있는 것이고, 우리가 숨을 쉬어도 느끼지 않고 호흡하는 것처럼 성령은 우리 안에 머물고 계시지만 느끼지 못할 정도로 우리와 함께하시는 분이십니다. 여러분은 언제 자신의 숨소리를 느끼시나요? 자신이 아플 때, 신음 소리를 내면서 호흡을 할 때 숨 쉬는 것을 느끼고, 숨을 잘 쉬면서 치유되고 살아 있는 나 자신을 느낄 수 있습니다. 성령의 은사도 똑같이 주시는데 우리는 그렇게 느끼지 못하고 누구는 받고 누구는 못 받는다고 말을 합니다. 하지만 자신의 마음 상태와 영혼의 상태에 따라서 성령을 느끼기 때문에 성령을 온전히 느끼지 못하는 것입니다. 성령을 받아들이는 나 자신의 마음공부와 영혼 돌봄이 성령 안에서 살아가는 중요한 가치이고, 초대교회 때부터 성령은 그리스도인들의 영성 생활에 중요한 가치를 주고 있습니다.

보존과 결합의 성령

성령께서 우리에게 주시는 구원론적 기능은 세 가지로 드러납니다. 성령은 보존하는 삶을 살게 하고, 결합하는 삶을 살게 하며, 형성과 성장하는 삶을 살게 합니다. 그래서 성령께서 우리에게 주신 구원론적 기능은 치유적인 기능을 말합니다. 보존은 내가 나답게 사는 것을 뜻하는 것이고, 공동체가 공동체답게 살 수 있도록 보존하시는 분이 성령이십니다.

요한복음 16장에서 예수님은 "내가 떠나지 않으면 보호자께서 너희에게 오지 않으신다. 그러나 내가 가면 그분을 너희에게 보내겠다." 하시며 파라클리토스(Paralitus), 우리의 변호자이고 위로자이신 성령을 보내신다고 하셨습니다. 성령은 우리에게 힘든 문제가 생기면 자신을 나답게 보존해 주는 일을 하시고, 그것을 토대로 결합하는 삶이 성령 안에서 사는 삶입니다. 결합은 서로 하나가 되는 것이고, 공동체가 하나가 되는 것을 말합니다. 하지만 분리하는 삶은 악령이 하는 일입니다. 악령은 우리를 분리하고 이 간시키는데, 공동체 안에서도 뒷담화와 분열은 악령이 하는 일입니다. 성령은 우리를 만나게 해 주고, 결합하게 해 주며, 이러한 보존과 결합하는 삶을 토대로 해서 이루어 가는 공동선의 형성을 이룹니다. 보존이 필요한 이는 보존하고, 결합이 필요한 이는 결합하여, 함께 성장하는 삶을 살아갈 때 우리는 성령 안에 살 수 있는 은총을 받았다고 말할 수 있습니다. 예수님은 "평화가 너희와 함께. 성령을 받아라!" 하십니다. 우리 모두는 성령을 받고 나 자신이 나답게 살며, 가정과 공동체는 결합하고, 나아가 한 민족과 인류 공동체가 평화스러운 삶을 사는 것이 성령께서 우리에게 주시는 은사이고 이런 성령의 가치를 우리는 사랑으로 드러내고 실천하며 사는 것입니다.

구약성경은 하느님을 아버지라고 명시하지는 않지만, 신약에서는 아버지 하느님을 명확히 선포합니다. 또한 '전능하신 창조주' 또는 '주님'이라고 표현합니다. 그러므로 구약성경의 주인공은 하느님이시고 신약성경의 주인공은 예수님이시며 오늘날 교회의 주인공은 성령이십니다. 하느님은 보이지 않으시고, 예수님은 하늘에 올라가 계시며, 예수님이 성령을 우리에게 보내 주셨기 때문에 성령께서 우리에게 하느님으로 나타나십니다. 위격(Parson)은 라틴어로 페르소나(Persona)라고 합니다. 서양 철학에서 인간의 존재론적 차원은 동양 사상과는 다른 부분이 있는데, 인간의 존재는 두 가지로 하나는 본질이고 다른 하나는 독립된 존재로서 인격을 말합니다.

인격은 사람이 지금 여기 현존하는 개별적 주체의 의미로서 '위격'이라고 합니다. 본성(nature)과 인격(person)이 한 인간존재의 구성 요소인데, 본성(Nature)은 라틴어로 나투라(natura)로 본질이라는 뜻입니다. 우리의 본성은 인간성인데, 우리 각자는 독립적인(individual) 하나의 개체로서의 소중한 존엄성을 지닙니다. 각각의 독립된 개체라는 의미인 페르소나(persona)는 영어로는 person입니다. 성령께서는 삼위일체의 한 위격(Person)으로서 성부와 성자와 본질(Nature)이 같은 분이시고, 성부와 성자가 더불어 같은 흠숭과 영광을 받으신 분이라는 고백이 381년 콘스탄티노플 공의회에서 선포된 신앙의 고백입니다. 이 신앙고백에 근거가 되는 많은 교부들이 있지만 그중에서 대표적인 교부는 카파도키아의 성 바실리오(Basilius)입니다.

성령쇄신운동의 시작

50~60년 전 서방 그리스도교가 성령에 흥미로워했습니다. 한국 가톨릭은 서방 그리스도교의 전통을 가지고 있는데 1970년대부터 성령 쇄신 운동이 시작되었습니다. 미국의 듀크(Duke)대학에

서 젊은이들이 모여서 성령 쇄신에 대한 자각을 했고, 찬미와 찬양을 성령 안에서 쇄신한다는 차원의 노래를 부르며 이 운동이 시작되었습니다. 성령 쇄신 운동은 많은 이들에게 영향을 주었고 한국의 개신교는 성령 부흥회가 1970년대부터 교회마다 활성화되고 발전했으며, 한국 가톨릭은 1980년대부터 성령과 관련한 기도 모임이 활발해졌습니다.

성령 기도 모임에서는 은총과 카리스마를 말합니다. 은총은 카리스(Charis)이고 카리스마(Charisma)는 복수형입니다. 은총은 하느님께서 모든 이에게 주시는 성령의 한 측면인데 카리스마는 한 개인, 한 단체의 독특한 능력을 말합니다. 어떤 이는 말하는 능력, 운동을 잘하는 능력, 표정과 눈매 그리고 품위 있는 카리스마가 있다는 표현을 합니다. 단수로서 은총의 뜻인 카리스는 모든 이에게 포함되는 것이라면 한 개인이나 한 수도 단체 등 하나의 집단 안에서 드러나는 특징적 능력을 카리스마라고 합니다. 이런 카리스마로 성령 쇄신 운동이 활성화된 것입니다.

성령 안에 생활한다는 것은 우리가 신앙생활을 하면서 회심의 삶을 살아가는 데 최초의 회심에서 아직 더 완성할 과정에 있다는 것을 제시합니다. 혀로 말하고 카리스마로 내적 치유를 통해서 은총을 충만히 구하기 위해서 세례 행위를 재현합니다. 혀로 말하는 것을 예전에는 '방언'이라고 하였는데 지금은 '심령 기도'

라고 부르고, 각 본당마다 성령 기도회에서 심령 기도, 예언, 예언을 해석하는 분들로 많은 은사들이 충만합니다. 이것은 성령의 한 가지 현상이기도 하지만 바오로 사도가 이야기했던 코린토 1서 12~14장에 있는 초기 교회 때 한동안 활발하게 체험했던 것들이 1970, 1980년대에 오면서 그러한 부분의 성령 체험이 지금 영향을 많이 준 것입니다.

치유가 많이 이뤄진 것도 사실이지만 성령을 이해하기 위해서는 이것은 빙산의 일각이라고 말씀드립니다. 성령은 느끼는 것이기에 눈으로는 보이지 않고 이것들은 상징과 체험으로서 보이지만 그 안에 있는 빙산처럼 더 많은 것들을 나누고자 합니다. 성령은 하느님의 모상인 우리의 참모습이 하느님 안에서 발견되고 실현되도록 돕습니다. 이것이 성령이 우리를 이끌어 주는 원동력입니다.

성령의 체험으로 말할 수 있는 치유, 일치의 모습을 우리는 2002년 월드컵 축구 대회 때에 경험했습니다. 모든 국민들이 개신교의 성령 대부흥회, 가톨릭의 성령 세미나, 불교의 야단법석, 유교의 대동놀이, 강강수월래를 한 달 동안 하는 모습이었습니다. 한국의 남녀노소는 구별 없이 모두가 붉은 셔츠를 입고 한마음으로 박수를 치며 '대한민국'을 외치고 응원했으며 운전 주행 중이나 주차 시에도 서로 양보하고 배려하는 모습으로 질서를 보여 주었고 대회 중에는 병원이 한가할 정도로 많은 이들의 몸이 치유됐다고 합니다. 그 당시 많은 국민에게 치유와 일치가 일어 났는데, 이는 성령의 은혜로 치유가 되었고, 서로 하나가 되었던 것입니다. 물론 대회를 마치고 사람들은 일상으로 돌아가서 그전의 모습으로 살아갔지만, 이것은 성령의 체험이 분명하고 일치, 치유, 양보의 모습은 본래 세상의 질서에서 인간의 참모습이 발견되는 것으로 성령을 체험했다고 말할 수 있습니다.

성령의 움직임: 사랑, 거룩함, 에너지

성령은 관계 안에서 사랑으로 움직입니다. 심령 기도, 은사 체험도 중요하지만 그것은 바오로 사도의 초기 교회 한때 아직 성령의 은사와 일치의 개념들이 교회에서 제도화되기 이전에 원초적 체험의 중요성을 가지고 있습니다. 그 중요한 원초적 성령의 가치가 관계 안에서 사랑으로 움직이고 삼위일체의 관계 안에서 성령은 사랑을 움직입니다. 따라서 겸손과 생명이 가득한 성령은 스스로를 비우고 사라지며 모든 이를 하느님의 충만한 고요와 거룩함으로 인도하고 결합하도록 돕습니다. 그분은 인간을 억압하거나 어떤 것을 요구하지 않고 사랑으로 오시기에 성령은 투명함 그 자체이십니다.

고요함과 거룩함은 성령의 상징입니다. 성령은 소란스러운 곳에서는 잘 느끼지 못하고 찬미와 찬양은 아름다운 것이지만 계속된 찬미와 찬양은 시끄럽게 들릴 수 있습니다. 그래서 찬미와 찬양이 의미가 있지만 성령을 더 느끼기 위해서는 충만한 고요함이 필요합니다. 고요하면 더 잘 들리고 느낄 수 있기에 하느님과 결합되게 해 주는 고요함 속에서 성령의 의미를 살펴보아야 합니다.

영은 보태거나, 대체하지 않으며, 교정하고, 수리하지도 않고 드러내지 않으며 억압하지 않습니다. 성령 안에서 하느님은 인간의 자유를 망가뜨리지 않으며 성령이 먼저 우리에게 오시고 우리를 위해 모든 것이 가능하게 해 주십니다. 또 성령은 내적인 불이기에 성령의 빛이 나를 비추고 신선하게 하며 사랑하도록 인도하게 하는 내적인 불입니다. 은총도 성령의 한 부분인데 나를 고무하고 지지하며 힘을 줍니다. 모든 영감은 성령의 차원입니다. 영감(inspiration)은 라틴어로 인스피라티오(inspiratio)로 영이 안으로 들어온다는 뜻입니다. 성령께서 들어오는 안테나는 우리의 생각인데 성령이 내 생각인 안테나로 들어와서 나를 감도합니다.

신의 힘이라는 은총은 하느님과 사람이 서로 협력하게 허락합니다. 예수 그리스도는 하느님이시고 인간이시기에 하느님과 인간이 협력하는 신인 그리스도의 가장 중요한 에너지는 성령입니다. 신약성경에서 성령이 늘 예수님을 준비했고 동행했으며 추종

했음을 볼 수 있고, 성령은 하느님을 온전히 닮고 실현하는 잠재력을 다시 일으키십니다. 우리가 자주 잊고 사는 나의 모습, 곧 하느님의 모상을 다시 회복시켜 주는 것도 성령이고, 거룩한 변모는 본래의 모습이 드러나는 것을 말합니다. 우리가 성령 안에 살아가고 성령이 내 안에 살면서 내가 성령에 이끌린다는 것은 본래의 내가 되기 위한 삶입니다. 하느님께서는 영으로 태초에 인간을 흙으로 창조하셨지만 이제 그리스도의 피로 우리를 다시 창조하고 하느님의 모습으로 이끌어 주십니다. 그래서 '신화'된다는 것은 내가 하느님이 된다는 것이 아니라 하느님이 나를 당신 모습으로 만들어 주셨기 때문에 본래의 내가 된다는 것입니다.

성령은 가능성을 제공하고 신과 함께하는 협동 능력을 줍니다. 성령 안에서 산다는 것은 단순히 심령 기도, 치유, 은사들도 중요하지만 이것들을 뛰어넘는 가능성을 이웃들과 나누고 교회 안에서는 레지오, 구역 공동체, 사목위원들이 신부님을 중심으로 서로 협력하는 능력들이 바로 성령 안에 살아가는 것입니다. 일과 희생의 한계를 극복하면서 스스로 침묵하고 비우는 성령에 의해서 우리는 움직이는 것입니다.

기름부음, 일치와 친교의 영

구약에서 하느님의 영께서 창조하시고 하느님이 세상을 창조하실 때에 말씀으로 창조하셨지만 성령과 함께, 즉 루아흐(ruah)인 하느님의 영으로 창조하셨기 때문에 하느님의 영이 말씀으로 창조했다고 말합니다. 그리고 인간 역사와 함께 하느님의 영은 이스라엘 백성과 함께 당신의 구원 사업에 동참하였습니다. 그 역사 안에서 영을 통하여 가나안 복지로 이끌어 주시는 광야의 탈출 기도는 하느님의 영께서 함께하신 것입니다. 그리고 하느님께서 왕, 예언자, 사제를 선택하시고 기름 부음(anointing)은 영께서 내려 주신 것이고 영은 일치를 위한 지혜로 드러납니다.

일치는 혼인성사에서 남편은 부모를 떠나 자기 아내와 하나가 된다는 것인데, 혼인성사는 둘이 하나가 되는 성사입니다. 둘의 가치는 자유를 보장하는 것이고, 둘이 하나가 되는 일치의 가치는 서로에게 책임을 지는 질서를 말합니다. 둘이라고 하는 서로의 자유 그리고 하나라고 하는 질서와 책임이 다른 것이지만 함께 가는 것이 지혜이고 일치입니다. 일치는 획일성이 아니고, 같은 색이 되는 것이 아니며, 다양한 색이지만 함께 한 걸음씩 나아가는 것입니다. 이것이 성령 안에서 이해되는 구약성경의 일치(union)의 개념입니다.

삼위일체의 성부, 성자, 성령도 각각 다른 위격을 지니고 있지만 하나의 하느님으로서 인간을 향해서 봉사하고 사랑하듯이 우리는 하느님과의 일치를 뜻하는 영을 맛보고 있는 것입니다. 또한 하느님의 영은 친교, 신적 친교(Communio)를 드러내고 하느님의 백성을 위해 봉사할 왕, 예언자, 사제를 뽑아 그들이 하느님의 영인 기름 부음을 받고, 하느님과 친교를 이루고 성령에 의해서 백성들과 친교를 이루어서 구원으로 이끄는 가치를 말합니다. 사제, 왕, 예언자들 안에서 하느님의 영이 움직이는 것이 바로 구약성경의 성령에 대한 이해를 말하고, 신약성경에서 성령은 예수님을 우선해서 준비했습니다.

주님을 준비하고 동행하며 따르는 영

예수님이 강생하시기 전, 즉 세상으로 육화하시기 전 구약을 통해서 하느님의 영은 예수님을 준비했습니다. 예수님이 이 세상에 독생자 예수 그리스도(the only begotten son of God)로 오셨습니다. 독생자는 인간처럼 혈육을 낳는 것이 아니라 하느님에 의해서 취해졌습니다. 이것이 탄생하셨다는 의미의 독생자를 말합니다. 예수님이 인간으로 세상에 태어나셔서 그때부터 성령께서는 예수님과 동행한 것이고, 광야의 유혹, 거룩한 변모, 세례, 십자가의 길 때에도 항상 성령께서는 비둘기의 모양으로 함께 동행하셨습니다. 그리고 부활하신 후에도 성령께서는 예수님을 따르고 추종하셨습니다.

예수님이 부활하신 후 다락방에 숨어 있던 제자들에게 나타나실 때 벽을 뚫고 나오셨습니다. 예수님은 부활하신 몸을 가지셨기 때문에 육체가 아닌 영체(Spiritual body)입니다. 상징적인 의미로 벽에서 나오신 예수님은 물질적인 증거가 아닌 부활하신 예수님의 영체는 모든 벽이 문이라는 의미입니다. 가로막혀 있는 것을 뚫어 왕래할 수 있도록 하는 것이 예수님의 부활입니다. 그리고 예수님은 제자들에게 용서를 받으라고 하시며 성령을 받으라고 말씀하셨습니다. 구약에서 성령은 예수님을 준비했고 강생 이후에는 예수님을 동행했으며 부활 다음에는 예수님을 따르는 칠면조, 삼면조(?)와 같은 다양한 모습을 가지고 있고, 물과 같이, 모양은 없어도 물을 주전자에 담거나 컵에 담으면 그 모습으로 그 모양이 되듯이, 성령도 그러합니다.

"그러나 영에 대한 모독은 용서받지 못할 것입니다"(마태 12,31).

"성령을 거슬러 말하는 사람은 이 세상에서도 오는 세상에서도 용서 받지 못할 것입니다"(마태 12,32).

"성령은 하느님한테서만 오시는 하느님이시다"(마태 12,18).

"아버지와 아들과 함께 스스로 하느님이시다"(마태 28,19).

"성령을 모독하는 것은 하느님을 모독하는 것이다. 그것은 분명히 항소할 수 없는 확정된 단죄이다"(마태 12,31).

"성령을 거슬러 말하는 자는 하느님을 거슬러 말하는 자다"(마태 12,32).

소통의 영과 성화의 영

바실리우스 성인이 중심 역할을 하는 카파도키아 교부들의 특징은 성령론인데 안티오키아 학파와 알렉산드리아 학파의 일치를 가져온 것이 카파도키아 교부의 바실리오 성인입니다. 안티오키아 학파는 유다교에서 개종한 그리스도교이기 때문에 유다교적 사상을 가지고 있어서 예수 그리스도가 사람이라는 측면이 강하게 나타나고, 알렉산드리아 학파는 이민족으로 내세 문화에 기초한 이집트, 그리스적인 관점이 나타나서 예수님이 하느님이시라는 신성을 강조합니다.

안티오키아 학파에서 예수님의 인성과 알렉산드리아 학파에서 예수님의 신성을 서로 일치하도록 한 것이 카파도키아 교부의 바실리오, 나지안조의 그레고리오, 니사의 그레고리오 성인인데, 공통적인 학파의 특징이 성령론입니다. 성령론에서 나온 것이 코무니카시오 이디오마툼(communicatio idiomatum)이라는 독특한 신조어이고 신성과 인성이 서로 교환될 수 있다는 것인데, 이것은 어느 한쪽에 흡수되거나 속하는 것이 아니라 신성과 인성이 함께 있으면서 속성이 교환된다는 것입니다. 이런 신조어를 만들어 가면서 성령의 속성에서 중요한 그리스도론적 요소를 해결했습니다.

성령론을 이해할 때 예수 그리스도를 온전히 이해할 수 있는데, 바실리오 성인이 말하는 성령의 속성은 첫째로 성화, 즉 우리를 거룩하게 해 주고, 둘째로 정화로 모든 얼룩에서 깨끗해지도록 비추어 주며, 셋째로 자신과 함께 일치하는 화해와 통교입니다. 그래서 일치는 화해와 통교를 통해서 가능한 것입니다. 이를 통해서 하느님처럼 영성적인 것(Deificatio)이 되도록 인도하고 신화와 영성화가 되는 것이 바로 성령의 속성에 대한 바실리오 성인의 생각입니다. 우리가 성령 안에 산다는 것은 거룩하게 되는 것이고 성령에 이끌려 산다는 것은 정화적인 삶을 산다는 것이기 때문에 모든 신앙인들은 화해하고 통교하며 일치하는 데 있습니다. 우리가 성령 안에 산다고 하면서 분열과 불일치와 불통으로 살아간다면 그것은 성령에 의한 삶이 아닙니다.

구원 경륜의 차원, 즉 하느님의 구원 계획 안에서의 성령을 살펴보면, 당신 계획에 처음부터 끝까지 함께하시는 하느님은 성부와 성자와 함께 일하시는 성령입니다. 구약은 아버지 하느님이 주인공이고, 신약은 예수 그리스도가 주인공이며, 초대교회부터 지금까지의 하느님은 성령이십니다. 성령께서 하느님의 계획 안에서 그리스도께 주어짐으로써 교회, 성인의 통공, 죄의 사함, 육신의 부활, 영원한 생명으로 인류 안에서 구체화될 것입니다. 창조의 맏이시고 머리이신 예수 그리스도 안에서 하느님의 계획이 성령의 이끌림으로 이루어집니다.

그리스도교는 세 개의 교회가 서로 통합니다. 천국 교회(천상교회), 지상교회, 연옥 교회가 그것인데 천국, 지상, 연옥의 교회가 서로 통한다는 것입니다. 서로 기도로 통하고 대사를 받아서 통하는데 대사는 면죄부로 오역된 것입니다. 함께 대사를 받아서 이웃들에게 양도할 수 있는데 연옥 영혼들을 위해서 내가 수여받은 대사를 양도하는 것입니다. 이것은 내가 하는 기도를 통해서 연옥에 있는 영혼들이 천국으로 갈 수 있는 기회를 주는 것이고 천국에 있는 성인들은 우리를 위해서 기도하는 것입니다. 육신의 부활, 영생이 우리 인류 안에 구체화되는 것은 성령께서 이끌어 주시고 성령이 주어짐으로써 가능합니다.

성령을 믿나이다.(1코린 2,11) 하느님의 생각은 하느님의 영이 아니고서는 아무도 깨닫지 못하고, 하느님께서는 성자 예수 그리스도와 성령을 함께 공동으로 파견하셨습니다. 구약에서 하느님께서 성령인 루아흐(Ruah)와 함께, 말씀인 다바르(Dabar)로 세상을 창조하셨습니다. 하느님께서 모든 이를 위한 구원역사 안에 성자와 성령과 함께 당신 사랑을 파견하신 것이고, 성부께서는 당신의 말씀을 보내실 때에 당신의 숨결도 보내셨습니다. 성자와 성령은 서로 구별(Distinction)되지만 분리(Separation)되지 않고, 함께 파견되시는데 여기서 구별은 분리가 아니고 함께 있지만 서로 돕고자 구별하는 것입니다. 예수님은 사도들도 둘씩 짝을 지어 파견했으며 이것은 성령론적인 의미로 이해되는 파견입니다.

성령의 호칭과 상징들

성령의 이름과 호칭, 그리고 상징들을 알아보겠습니다. 성령의 고유한 이름은 구약에서는 루아흐(Ruach)이고 그리스어로 프네우마(Pneuma), 영어로는 Spirit라고 하는데 이것의 어원은 숨결, 공기, 바람이라는 뜻입니다. 예수님이 하늘에 오르시면서 협조자(Paraclitus)를 보내신다고 하셨듯이 파라클리투스는 '곁으로 불러온 분(ad-vocatus)', 즉 변호자라는 뜻입니다. 그리고 협조자는 위로자입니다. 어린 아기들은 사랑하는 사람들과 함께 있으면, 위로받고 보호받는 협력을 받는 것이고, 그러므로 우리에게 첫 번째 위로자는 예수님이십니다.

주님께서는 친히 성령을 진리의 영이라고 부르십니다. 진리(Veritas)는 무게가 있는 말이고 생명이 담긴 말이며 바로 예수 그리스도의 영입니다. 성령의 상징들은 물, 기름 부음, 불, 구름과 빛, 인호(Spharagis)[1], 손, 손가락, 비둘기 등이 있습니다. 성령은 물이고 구약성경에 사제, 예언자, 왕을 선택하셔서 기름 부음을 주시는 것입니다. 불은 내적 외적인 불이 있고 세례를 받으면 머리에 인호(印號)가 새겨진다고 합니다. 인호는 보이는 것이 아니라 영적이기 때문에 성령께서 상징적으로 우리 안에 오시는 것을 드러냅

----
1) 세례, 견진, 신품 등의 성사로 받은, 보이지 않는 표징.

니다. 사진 속의 추기경님이 손을 드시는 모습도 성령의 상징이고 손가락도 그렇습니다. 그리고 구름과 빛 그리고 비둘기도 성령을 상징합니다.

약속의 시대에는 하느님의 영과 말씀이 함께 움직이는데 창조에서 하느님의 말씀과 그분의 숨결은 피조물의 존재와 생명의 기원입니다. 그리고 이레네오 성인께서는 사람은 하느님께서 당신의 손(성자와 성령)으로 만드셨다고 고백합니다. 이스라엘 왕국과 유배 시기에 약속의 영과 말씀인 율법이 하느님의 말씀, 율법, 계명으로 구분되는데, 하느님의 말씀에 의해서 율법이 나오고, 율법을 토대로 여러 계명이 나옵니다. 예수님의 시대에 계명이 많이 형식화되어서 613개의 율법 조항이 생겼습니다. 이는 십계명이 근본적으로 삐뚤어져서 빗나간 율법 613개 조항의 부분이었습니다. 약속의 영인 하느님의 영도 보이는 것만 추구하게 되면 많은 경우에 일치보다 분열을 일으키고 조화보다는 부조화가 일어날 수 있습니다.

때가 찼을 때 그리스도의 영께서 세례자 요한과 마리아를 통해서 예수님을 준비하십니다. 루카복음 1장 17절에서, 성령께서는 선구자인 세례자 요한을 통해서 주님을 맞아들일 백성을 마련하는 일을 마치시고, 성령의 불이 선구자 요한을 붙들어서 오시는 주님에 앞서 달려가게 합니다. 세례자 요한은 오시는 위로자의 목소리입니다. 소리는 나의 것이지만 내가 내고 있는 소리가 담고 있는 내용은 바로 하느님과 예수님의 말씀입니다. 곧 주님은 빛이시고 자신은 등불이라는 말인데, 예를 들면 초가 심지를 태우는 것은 그래야만 촛불이 빛나듯이 자신은 빛이 아니라 빛을 밝히는 촛불이라는 것입니다. 요한복음 1장 3~4절과 7~8절에서, 세례자 요한은 빛에 관해 증언하러 왔다고 하는데 이것은 그리스도의 영이 하시는 일입니다.

"은총을 가득히 받으신 이여, 기뻐하소서." 성령께서는 은총으로 마리아를 준비시키셨는데, 은총은 성령의 한 부분이고, 소녀 마리아는 성령과 신앙의 힘을 통해 특별한 출산의 힘을 얻습니다. 탈출기 3장 14절에서 불붙은 떨기나무에서 하느님께서 모세에게 "나는 있는 나다." 하신 것처럼 신약에서의 마리아의 모습은 하느님이 현현하시는 불붙은 덤불숲이며 은총을 가득히 받으신 것입니다. 이렇게 성령은 마리아를 통해서 겸손한 인간들에게 그리스도와 일치하게 합니다. 여기에서 겸손한 사람들이란 목자, 동방박사, 시메온, 안나, 카나의 신랑과 신부, 그리고 첫 제자들이었지만, 그리스도를 믿는 우리 신앙인들 또한 오늘날의 그들입니다. 우리도 성령을 받아 기뻐한 마리아처럼 기뻐하는 삶을 살아야 하겠습니다.

성령은 그리스도를 준비한 분이고 공동으로 사명을 수행한 분이십니다. 그리스도의 모든 업적은 성자와 성령의 공동 사명이고 예수님은 죽음으로 죽음을 이기는 그 순간에 당신의 영혼을 성부의 손에 맡기십니다(루카 23,46; 요한 19,30). 그 '때'부터 그리스도와 성령의 사명은 교회의 사명이 되고, "아버지께서 나를 파견하신 것처럼 나도 너희를 보낸다."(요한 20,21)라는 말씀으로 성령과 교회는 성령강림을 통해서 교회의 시대가 됩니다.

서방교회에서 성령

서방 교회는 50년 전부터 성령 쇄신에 흥미가 있었고, 혀로 말을 하고 은사를 받고 여러 예언과 심령 기도를 합니다. 코린토 1서 12장은 많은 은사를 이야기하고 14장은 은사의 열매와 예언들을 구체적으로 이야기하는데 13장은 은사와 예언 중에 최고는 사랑이라고 합니다. 사랑이 없으면 우리는 울리는 징과 같고 아무것도 아니라는 것입니다.

저는 15년 전 대전교구 사목기획국장으로 있을 때 성령 봉사 지도신부였는데, 심령 기도를 못하는 제가 어느 날 기도 중에 느꼈습니다. 평소에 강의를 많이 하는 저에게 심령 기도란 아예 말을 안 하는 것이라고 말씀하시는 것 같았습니다. 그리고 신학교에서 수십 년 동안 성령론을 강의하면서 성령은 눈에 보이는 빙산의 일각만을 가지고 바라볼 수 없다는 게 제가 느낀 것입니다.

성령의 에너지와 일치와 사랑의 모습이 이제는 교회 안에서 직무로써 그리고 교회의 체계적인 사목과 협력 속에서 성령론적 구조를 가져야 합니다.

성령께서는 끊임없는 당신의 내림을 통해서 세상을 '마지막 때', 즉 교회의 때로 이미 물려받았지만 아직 완성되지 않은 나라로 들어가게 하십니다. 영께서는 우리의 연약함을 떠받쳐 주십니다. 사실 우리는 무어라 기도해야 마땅할지 모르고 있으나 영께서는 말로 다할 수 없는 탄식으로 몸소 대신 빌어 주십니다(로마 8,26). 성령은 하느님의 선물이고 사랑은 우리에게 선사된 성령을 통하여 하느님께서 우리 마음속에 부어 주신 것이고 사랑의 선물인 첫 결과는 죄의 사함입니다. 이 사랑은 그리스도 안에 있는 새로운 생명의 원리이고, 우리가 성령의 능력을 받음으로써 가능해진 새로운 생명의 원리입니다.

성령과 교회의 관계를 보면, 그리스도께서 교회의 성사들을 통해서 당신 몸의 지체들에게 거룩하고 성화하는 영을 주십니다(성사 편의 주제). 미사 참례, 고해성사, 봉성체, 견진성사는 성사 생활을 하는 것인데 세례성사는 성령을 받는 가장 중요한 성사입니다. 세례성사는 성령을 받아서 하늘나라에 우리의 이름이 기록되는 첫 번째 중요한 성사입니다.

우리는 그리스도 안에서 성령을 따르는 새로운 삶에서 열매를 맺습니다(계명 편의 주제). 하느님 업적의 일꾼인 성령께서는 기도의 스승입니다(기도편의 주제). 그래서인지 신앙인은 믿을 교리와 성사 편에 토대를 두고 어떻게 살아가야 할까를 알게 됩니다. 그러므로 오늘, 물질화된 불확실한 시대를 살아가는 우리가 성령 안에 산다는 것이 무엇인지 성령론을 통해서 알아보았습니다. 성령을 바라보는 오늘의 시선은 여전히 요원합니다. 우리는 보이지 않으면 믿으려 하지 않기 때문에 낯설게 비추어집니다.

사순 5주간 요한복음 8장의 말씀에서 모세의 율법에 따르면 간음한 여인은 돌로 쳐서 죽여야 하는 것인데, 율법 학자와 바리사이들은 예수님을 함정에 빠뜨리려고 현행범으로 잡혀 온 간음한 여인에 대해 어떤 행동을 취할지를 물었고, 예수님은 그들에게 죄 없는 자는 간음한 여인에게 돌을 던지라고 하셨습니다. 돌을 던지면 평소 사랑을 이야기했던 예수님에게는 치명타가 되고, 또 돌을 던지지 않으면 율법을 어기는 상황이었습니다. 여러분이면 어떻게 하시겠습니까? 사실 우리가 살아가면서 애매한 상황에 놓일 때가 있습니다. 예수님은 어떻게 하셨을까요? 예수님은 더 나은 방법을 찾고자 하셨고, 그들에게 죄 없는 자부터 돌을 던지라 하시니 나이 많은 사람부터 그 자리를 떠났습니다. 우리는 죄 없이 살고 있는 것처럼 보이지만, 자신의 내면을 보라는 예수님의 말씀처럼 내면을 바라보는 것은 성령과 성령론적 차원에서 어떻게 구체적으로 살아야 할 것인지를 성찰해 보도록 주님은 우리를 초대하십니다. 마침 기도는 영광송을 바치겠습니다.

Question & Sharing
묻고 나누고

1. 성령은 우리를 보호하는 대변인입니다.
   내가 누군가를 변호한 경험이 있나요? 나누어 보세요.
2. 성령의 은사 가운데 은사는 서로 다르지만 '하나' 되는 것입니다.
   다양하지만 하나가 된 경험을 가지고 있나요? 나누어 보세요.
3. 성령은 사람을 위해 보존하는 삶, 결합하는 삶, 형성과 성장하는 삶에로 인도하십니다. 누군가 나를 성장하도록 도와준 경험을 가지고 있나요? 있다면 나누어 보세요.
4. 성령은 내 모습이 하느님 안에서 그분을 닮도록 돕습니다.
   내가 어떤 점에서 하느님의 모습을 닮았는지 나누어 보세요.
5. 성령의 이름과 호칭 그리고 상징들을 찾아보세요.
6. 그리스도와 성령의 사명은 교회의 사명이 됩니다. "아버지께서 나를 파견하신 것처럼 나도 너희를 보낸다."(요한 20,21) 제자파견에서 교회의 사명이 확인되는데, 바로 선교하는 교회입니다. 나는 성당에 어떻게 오셨나요?(누군가의 선교로, 스스로 찾아와, 가족 및 이웃의 권유로…)

5강

하느님의 아들, 우리 주님 예수 그리스도

사람이 되신 하느님

사도신경

시작 기도는 사도신경을 바치겠습니다. 오늘부터 3주 동안 예수 그리스도에 대해서 소개하는 시간을 갖겠습니다. 사도신경은 초기 교회의 사도들이 믿어 온 신앙고백으로서 첫 부분에 하느님에 대한 고백, 그 중간 부분에 예수 그리스도에 대한 고백, 그리고 마지막 부분에 성령과 교회, 성인들의 통공, 용서, 부활, 영생, 종말에 대한 신앙고백을 하는 기도입니다. 사도신경은 그리스도교 신앙에서 복잡하고 어려운 것이 아니고 교회가 성부, 성자, 성령을 토대로 신앙을 고백하는 기도입니다. 그래서 삼위일체 하느님의 부분들을 자세히 알고 만나면, 여러분이 스스로 교회에 대한 신앙의 확신을 가질 수 있습니다.

오늘 교리는 "하느님의 외아들이신 예수 그리스도"라는 주제를 나눌 것인데, 마르코복음 1장 1절은 "하느님의 아들 예수 그리스도에 대한 복음 말씀의 시작입니다." 하고 출발합니다. 예수님이 하느님의 아들이시고 그것이 바로 복음인데 이제 그 신앙고백을 시작하겠습니다. 우리는 상대방이 하는 말들을 글자로만 이해하면 오해가 생길 때가 있고, 완전하게 이해할 수 없는 경우가 있습니다. 요즘 '공감'이라는 주제로 많은 이야기를 합니다. 공감은 "아~" 하는 감탄사만이 아니라 상대방을 이해하고 아는 것 곧 "감정의 반영"을 말합니다. 상대방을 알아야 공감이 시작되고 잘 알지 못해도 '아~' 하는 것이 나쁘지는 않지만 이것은 자신의 호기심이지 공감은 아니라고 생각합니다. 공감은 내가 모르는 것에 대해서 궁금해하기는 하지만, 상대방의 입장을 이해할 수 없다면 오해할 수 있습니다. 궁금해하는 상대에 대해 잘 알고 또 아는 것을 잘 이해해야 온전한 공감이 될 수 있습니다. 대화 중에 "영혼이 없는 말이야!", "그건 됐고." 하고 패싱(!)한다면 상대방을 공감하는 대화라고 할 수 없으며, 이런 감정을 이미 상대는 말하지 않아도 다 알고 느낄 수 있습니다.

예수 그리스도의 호칭

복음은 기쁜 소식(Good News)입니다. 기쁜 소식의 복음은 말씀으로 시작하는데, 그러면 기쁜 소식은 무엇일까요? 기쁜 소식은 복음 선포를 말합니다. 복음을 해석하고 잘 이해하면 주님의 말씀은 어렵지 않으며, 이런 습관이 나와 함께 대화하는 상대방의 말도 이해하는데 어렵지 않도록 도움을 줍니다. 복음 말씀은 하느님의 아들이신 예수님에 대한 것입니다. 이점에서 내가 알고 있는 것에 대해서 스토리텔링을 잘하는 것, 즉 말을 잘 엮어 내는 것이 중요합니다. 그런 점에서 어린이들이 말로 삶을 이야기하며 엮어 내고, 우리가 삶을 통해서 말을 엮어 내는 것이 교육이며, 그리고 그렇게 엮어 낸 이야기를 내 인생과 견주어 볼 수 있습니다. 여러분이 그냥 복음 말씀을 읽는 것과 제가 설명을 한 후에 읽는 것은 느낌이 다르시죠? 이처럼 마르코복음의 시작에서 제목은 하느님의 아들이 예수 그리스도라는 것이 복음이고 그 예수님의 이야기를 시작한다는 것입니다.

여러분은 예수 그리스도를 생각하면 어떤 이미지나 호칭이 떠오르시나요? 십자가, 사랑, 성탄 등이 떠오르시나요? 또한 여러분은 구약성경의 아담을 아시죠? 그가 저처럼 키가 작고 아담한(?) 사람이라면, 모세 그리고 아브라함은 어떠한 상상을 할 수 있을까요? 이렇게 내가 알고 있는 성경의 인물들도 그리스도와 함께 잘 엮어 내는 것이 중요한데, 곧 이들을 예수 그리스도로 엮어 내는 것입니다. 엮어 낸다는 것이 이상하게 들릴지라도 이것은 구약에서 그리스도의 이미지로서, 그리고 그리스도를 미리 준비하는 성경 인물로서의 이미지로 그리스도를 믿는 것입니다.

아담은 에덴동산의 주인이었고, 예수 그리스도는 하느님 나라의 주인이십니다. 하지만 아담은 악의 유혹과 그 죄로 에덴동산에서 쫓겨났고, 두 번째 아담이신 예수 그리스도는 하느님 나라의 주인으로서 사탄의 유혹과 죄로부터 이겨 우리 모두를 구원하신 구세주이십니다. 모세는 파라오의 이집트 종살이에서 홍해의 바닷물도 가르고 재앙에서 이스라엘 백성을 해방시켰고, 예수님은 하느님의 나라에 인도하도록 세상의 고통과 어려움 속에 있는 모든 사람들을 영적으로 해방시켜 주셨습니다. 아담이 하느님의 뜻을 거슬러 인류의 시작에서 실패했다면, 새 아담인 예수 그리스도는 하느님의 뜻대로 세상을 너무 사랑하신 나머지(요한 3,16) 인류를 위해 구원을 성취하고 완성하였습니다. 모세가 종살이하던 이스라엘을 출애굽 해방으로 구한 것처럼, 우리를 영적으로 구원하시고 해방시키시는 분이 예수 그리스도이십니다. 아브라함이 자신의 아들인 이사악을 하느님께 제사지내기 위해서 제물로 바쳤다면, 하느님은 자신의 아들이신 예수 그리스도를 우리를 위한 구원의 희생 제물로 바치셨습니다.

 우리가 구약을 공부하는 목적은 예수 그리스도를 알기 위해서입니다. 구약을 예수님으로 엮어 내 해석하는 것이 나와 어떤 신앙적 관계가 있을까 하고 알아차리고, 그것이 과연 나에게 살아갈 구원의 힘을 주고 있는가 물어야 합니다. 노아가 방주를 만들었을 때, 다른 이들이 비웃었지만 그는 모든 생물체를 한 쌍씩 방주에 두어서 홍수가 났어도 모두 방주 안에서 살았습니다. 이처럼 예수 그리스도는 새 노아이고 방주는 교회가 됩니다. 방주 속에서 노아가 모든 생물체를 살리듯이 예수 그리스도도 우리 모두를 다 살리시는 분이십니다. 다니엘은 사자 굴속에서 해를 입지 않았고 불 속에서도 살아 나왔습니다. 이것은 예수 그리스도는 돌아가셨지만 부활하신다는 것을 예표(豫表)하는 의미입니다. 이렇게 구약에는 미리 예표 된 그리스도론적 요소가 많습니다.

우리 신앙인들은 구약에서 전해진 하느님 계시의 뜻을 예수 그리스도를 통해서 믿습니다. 우리가 예수 그리스도를 믿으면, 구약에서 하느님의 모든 구원 계획이 예수 그리스도를 통해서 오늘 지금 이 순간 나에게도 이루어진다는 믿음, 이것이 신앙입니다. 구약의 다윗은 이스라엘에서 지상의 왕이고, 다윗만큼 이스라엘을 융성하게 한 왕이 없었습니다. 그러나 항상 일이 가장 잘되고 환경이 좋을 때 문제가 일어나고, 죄악이 발생하듯이, 인간도 인생에서 잘 나가게 될 때, 회개하지 않으면 우리는 내면의 가치를 잃어버릴 수 있습니다. 다윗은 훌륭한 왕이었지만 죄를 지었고, 지상 나라의 왕인 다윗과 대비해서 예수 그리스도는 우리와 똑같은 분으로서 죄 없으시지만, 오히려 세상의 죄를 없애시는 하느님의 어린양이자 그 나라의 왕이십니다. 여러분이 알고 있는 일반적인 성경에 대한 상식과 지식으로 예수님을 만나는 데 충분합니다. 곧 우리가 예수 그리스도를 통해서 하느님의 계시 곧 사랑의 완성을 만나려면, 여러분 스스로가 성경책을 읽으면서 하느님의 뜻을 그리스도를 통해서 엮어 낼 수 있습니다.

구약을 통해서 하느님께서는 예수 그리스도를 준비하셨고, 그러므로 예수 그리스도는 우리에게 하느님의 아들이라고 고백되어야 합니다. 예수님의 호칭은 많습니다. 우리에게 익숙한 호칭은 무엇이 있을까요? 기본적으로 10가지 정도 말씀드리면 구세주(Saviour), 라틴어로 살바토르(Salvator)가 가장 많이 호칭됩니다. 지금까지 여러분의 구세주는 누구이십니까? 우리가 어릴 때는 부모님, 지금은 서로 도우며 의지하고 사랑하는 배우자 아닐까요? 이처럼 구세주는 생명을 주시는 생명 그 자체이십니다. 영생(靈生)을 주시는 분이고 하느님의 사랑을 우리에게 그대로 보여 주시는 분입니다. 예수 그리스도는 계시의 완성자이고 세상의 빛이시며 교회론 시간에 배운 내용인 교회의 머리이십니다. 제2차 바티칸 공의회 때만이 아니라 많은 교부들이 예수 그리스도는 우리 교회의 머리로 호칭합니다.

우리는 기도할 때 항상 "우리 주 예수 그리스도를 통하여 비나이다." 하는데 그것은 예수 그리스도를 통하지 않으면 하느님께 갈 수 없기 때문입니다. 그리고 전례 안에서도 예수 그리스도는 많이 호칭되고, 성경 안에서 예수 그리스도는 그리스도인이라는 형제들 안에서 제법 자주 호칭됩니다. 하지만 우리에게 예수 그리스도의 이름이 익숙해서 무심하게 느낄 수 있습니다. 또 예수 그리스도는 왕으로 호칭되고, 교회는 그리스도 왕 대축일을 지내고 있으며, 해방자라는 호칭도 있습니다. 모세가 이스라엘을 이집트에서 해방시킨 해방자라면 우리를 이 세상의 고통에서 해방시켜 주실 분은 예수 그리스도이십니다. 21세기 신학에서 프랑스 예수회의 고고학자이고 생명학자인 테이야르 드 샤르댕(Teilhard de Chardin) 신부는 예수 그리스도를 '우주 그리스도'라고 호칭하였습니다. 우주의 중심으로서의 그리스도이고 우주 역사 안에서의 그리스도를 말하였습니다.

　구약에서 예수 그리스도의 호칭과 이미지를 앞서 볼 수 있고 창세기부터 종말에 이르기까지 예수님의 호칭과 이미지를 통해서 우리는 하느님 신앙을 고백합니다. 사도신경의 중간 부분에는 예수 그리스도에 대한 고백이 있습니다. 그러면 인간에게 기쁜 소식은 무엇입니까? 직장에서 승진을 하고, 그래서 집을 장만하고, 자녀를 낳았을 때 아닐까요? 저는 제 조카가 자녀를 낳았을 때 아주 행복하고 기뻤습니다. 그런데 신약성경에서 인간에게 기쁜 소식이란 하느님께서 당신의 아들을 보내 주신 것입니다. 성령께서 움직여 주시고 성부께서 이끌어 주시므로 우리는 예수님이 "살아 계신 하느님의 아들 그리스도이심"(마태 16,16)을 믿고 고백합니다.

예수 그리스도는 누구신가?

성 베드로가 고백한 이 신앙의 반석 위에 그리스도께서 당신의 교회를 세우셨고, 그리스도 신앙은 과학적 분석과 증명을 통해서 믿는 것이 아니라 믿음의 정확한 목표는 안 보이는 것을 믿는 것입니다. 가족과의 관계에서도 모든 것을 확인하고 믿지는 않습니다. 확인하는 것도 중요하지만 신뢰가 그 사람을 살리고 나를 살리는 구원으로 가는 길입니다. 하지만 요즘을 살아가는 우리는 보이는 것을 믿는 것도 힘들고 보이지 않는 것은 믿지 않으려 합니다. 그런데 하느님의 아들이 예수 그리스도라고 믿는 신뢰의 토대 위에 교회는 세워졌기에 그 믿음의 증거가 우리 신앙의 뿌리가 됩니다. 부활도 마찬가지입니다. 우리 가톨릭교회는 가장 거룩한 시기인 성주간 바로 한 주간 앞서 성지주일을 보내는데, 그 주일이 하느님의 나라를 선포하신 예수님이 돌아가심을 깊이 돌아보는 성주간의 시작입니다. 가톨릭에서 가장 거룩하고 신앙의 핵심을 거행하는 성주간입니다. 그리고 그 주간의 목요일, 금요일, 토요일의 성삼일은 예수님 사랑의 본질을 드러내는 전례들로 가득합니다. 곧 성목요일 최후의 만찬, 성금요일 십자가의 죽음, 성토요일 밤 부활하신 그리스도를 만나는 전례 미사로 이어지는데, 이날이 하느님 나라를 선포한 예수님 사랑의 핵심적인 가치가 온전히 드러나는 최고 거룩한 날입니다.

하느님의 아들이 죽는다는 것은 이해하기 힘든 말입니다. 특히 마르코복음에 따르면, 그 당시 이집트의 알렉산드리아 주변 사람들에게 더욱 받아들이기 힘든 것은 하느님의 아들은 당당하게 권위로 호화스러운 생활을 해야 한다고 생각했을 시대였기 때문에 하느님의 아들이 십자가에서 돌아가신다는 것은 그 시대의 정신과 문화와 맞지 않는 이야기였습니다. 하느님의 나라는 하느님 스스로 사람이 되시어 낮추신 예수 그리스도께서 선포하신 나라입니다. 지금의 우리 교회도 하느님과 그리스도께서 낮춘 비움의 모습이 없다면 교회라고 할 수 없을 것입니다. 그러므로 성당에 만일 갑질(?) 문화가 있다고 하면 갑질을 하는 형제, 자매는 그리스도에 대한 이해가 무지한 것입니다. 성전이 거룩하다고 성전 안에 모이는 모든 이가 거룩한 것은 아니고, 우리는 죄인들이기도 하기에 부족한 존재입니다. 인간이 괴물(?)로 변하기도 하는데, 아무 이유 없이 괴물이 되는 것이 아니기에 우리는 그 모습에 대해 세상과 사람들과 대화하고 물어보아야 합니다. 그 이유를 알려면 물어보고 대화해야 하는데 그렇지 않고 비판하고 싫어한다면 그것은 예수님을 참으로 만나지 못하는 아픔으로 예수님의 가치와 거리가 멀리 있는 것입니다.

나의 자녀와 이웃에게도 내가 이해하지 못하는 상황에서 먼저 판단하지 말고 물어보고 이해하려고 애써야 합니다. 하느님의 나라는 하느님과 예수 그리스도께서 살아가신 낮추심이고, 비우심인데 교회에 겸손함이 없고 하느님과 예수님의 가치와 다르다면, 아직 회개할 부분들이 있는 것입니다. 우리는 예수님을 만나는 과정에서 소중하고 낮추고 비우는 것을 실천하지만, 사실 더욱 근본적으로 그리스도께서 내 안에서 움직여 주셔야 가능합니다. "그리스도의 부요하심을 전하다."(에페 3,8)라는 성경 말씀처럼 이러한 사도의 삶이 필요합니다. 우리가 교회에 와서 그리스도의 사랑을 만나면 우리 자신이 풍요해집니다. 이 풍요는 우리의 얼굴에서 드러납니다. 예쁜 얼굴을 가지신 여러분의 얼굴에 잔잔한 미소가 함께한다면 아름다운 신앙인의 모습으로 느껴질 것입니다. 가톨릭교회 교리 교육의 핵심은 그리스도를 만나는 것입니다. 예수님을 만나는 교육과 훈련을 통해서 여러분이 본래의 자신으로 변화될 것입니다. 예수님을 인격적으로 잘 만나면 우리의 어려움들이 치유되고 또 기쁨들은 더욱 기쁨이 되는 것을 만나실 것입니다.

예수님의 중요한 호칭들은 신경에서 제시하고 있고, 사도신경에서 우리는 그리스도 일생의 중요한 신비들을 고백합니다. 호칭들과 예수님의 역사 안에서, 예수님의 지상에서의 일생을 자세히 볼 필요가 있고, 신경에 신약성경의 내용이 잘 정리되어 있습니다. 신경의 내용을 잘 알고 그것을 중심으로 성경을 보시면 도움이 됩니다.

그리스도께서 누구이실까? 가톨릭교회 교리서에서 그리스도께서 누구인지를 다음과 같이 소개하고 있습니다. 하느님의 아들과 주님은 2절, 강생의 신비는 3절, 수난과 부활의 신비는 4, 5절, 그리고 그리스도의 영광의 신비는 6, 7절에 예수님의 중요한 호칭들을 제시하고 그리스도 일생의 주요한 신비들을 가톨릭교회 교리서는 고백합니다. 3절 강생의 신비는 하느님이 사람이 되신 성탄절의 신비를 이야기하고, 2절 그 외아들 우리 주 예수 그리스도에서 예수 이름의 의미는 무엇일까요? 그리스도인 기도의 핵심에 예수님이 자리하고 계시고, 전례의 모든 기도는 우리 주 예수 그리스도로 끝맺습니다. 성모송도 예수님을 이야기하고, 동방교회에서 예수께 드리는 기도 곧 예수 기도는 기도 수행을 하는 '마음의 기도'가 됩니다.

예수 그리스도는 무엇을 하셨나?

예수라는 이름은 히브리어로 "하느님께서 구원하신다"는 의미입니다. 제가 여러분의 이름을 보면 대충 나이를 가늠할 수 있는데, 이름은 시대를 반영하기 때문입니다. 한국 여성의 이름이 '자'로 끝나면 일제강점기 시대의 영향으로 이름이 오늘날 나이가 70대 분들에게 많고, '선'으로 끝나는 이름은 40~50대 분들이 많으며, 1980~1990년대에 우리말로 이름을 작명하였는데 그래서인지 젊은이들에게 한국말로 된 이름이 많습니다. 예수라는 이름은 정체성과 사명을 표현하고 예수님의 시대에는 예수라는 이름이 많았습니다. 여호수아도 예수라는 이름이 근원이고 마리아도 그 시대에 많던 여성들 가운데 한 가지 이름입니다.

하느님께서는 사람이 되신 당신의 영원한 아들 예수를 통해서 '자기 백성을 죄에서 구원'(마태 1,21)하십니다. 그런데 성경에서 죄란, 먼저 윤리적인 죄를 말하는 것이 아니라 하느님 안에서 살지 않는 것을 말합니다. 양궁에서 화살이 과녁에 꽂혀야 하듯이 하느님이 과녁이라면 죄는 하느님에게서 빗나간 화살이 되는 것입니다. 법적이고 윤리적인 죄는 성경의 뜻을 토대로 더 많은 법 규정과 시행령으로 다르게 나타납니다. 예수님은 하느님 안에서 살지 않았던 백성들을 구원하시고, 예수라는 이름만이 구원을 가져다줄 수 있는 하느님의 이름이고, 모든 사람이 그 이름을 부를 수 있게 되었습니다.

응급처치를 할 상황이 생기면 '예수 이름'을 부르십시오. 도와주실 것입니다. 예수님의 이름을 부르는 이는 늘 주님께서 도와주시고 구원해 주실 것입니다. 그렇다면 예수님은 왜 그리스도라고 불릴까요? 그리스도라는 이름은 "기름 부음을 받은 이"라는 히브리어 메시아의 그리스어 번역에서 온 것입니다. 구약성경에서 왕, 사제, 예언자는 하느님의 선택을 받아서 기름부음을 받는데, 그 부르심이 영의 기름을 받으면 그것이 축성되는 것입니다. 여러분도 세례 때에 기름을 바를 것입니다. 기름 부음을 받는 이는 히브리어로 기름 부음의 뜻인 미쉬하(mishah)를 받은 이라고 하는데, 이 말은 구세주를 뜻합니다. 히브리어로 '메시아(Messiah)', 그리스어로 번역되면서 '그리스도'라고 하는 것입니다.

하느님의 사명을 온전히 수행하시는 이는 오직 예수님이시기에 그리스도는 예수님의 고유한 이름이 됩니다. 그분은 "하늘에서 내려온 사람의 아들"(요한 3,13)인데 "사실 사람의 아들은 섬김을 받으러 온 것이 아니라 섬기러 왔고, 또 많은 이들의 몸값으로 자기 목숨을 바치러 왔다."(마르 10,45)고 말씀하십니다. 곧 인자(사람의 아들)는 봉사를 받으러 온 것이 아니라, 오히려 봉사하고 또 많은 사람들을 대신해 속전(贖錢)으로 자기 목숨을 내주러 왔습니다.

속전은 죄를 보상하는 돈이라는 뜻으로 예수 그리스도께서 우리를 대신해서 희생하여 그 죄의 값을 갚겠다는 뜻입니다. 어린 자녀가 축구를 하다가 실수로 옆집의 유리창을 깨뜨리면 배상할 능력이 없는 자녀를 대신해서 부모가 물어 주는 것처럼, 이것이 예수 그리스도의 대속입니다. 대속이란 대신 갚아 주는 것이고, 농담이지만, 여러분도 세례 받기 전까지 죄를 많이 지으시고 세례 받을 때에 죄의 사함을 받으니 죄의 씻김으로 새로 태어나는 것입니다.

　구약에서는 하느님의 아들 칭호가 천사, 선민, 이스라엘의 자녀, 그들의 왕들을 부르던 호칭입니다. 하느님의 아들은 그래서인지 하느님과 친밀한 관계를 성립시키는 자녀 됨을 의미하고 여러분도 세례를 통해서 하느님의 자녀가 된다는 뜻과 관련됩니다. 약속된 메시아 왕을 "하느님의 아들"이라고 부를 때, 그 의미는 예수가 인간보다 우월하다고 말씀하지 않으십니다. 교회에서도 누군가 갑질을 하고 우월하다고 한다면 그런 분을 위해서 기도해야 합니다. 그들은 주님과 그 이름으로 모여 있는 교회를 모르고 하는 것이기에 제가 대신해서 사죄드립니다. 가정에서 잘못한 일이 생기면 가족의 대표가 사과하듯이 제가 먼저 사죄드립니다. 요한 바오로 2세 교황님도 새 천 년이 시작하는 2000년 동안 일어난 그리스도교의 역사적 과오에 대해 성찰하시며 사죄하셨습니다. 가정에서도 부모가 자녀를 잘 몰라서 함부로 대해 잘못한 일이 있을 때 어떤 형식이라도 잘못을 표현하고 사과하면 자녀는 마음이 풀리고 용서하는 방법을 그들도 배우는 기회가 됩니다. 말로는 표현을 못해도 이미 마음, 세포, 영혼 속에 박혀 있는 아픔을 어떤 형태로든 사죄를 통해 용서가 이루어져야 치유되고, 우리 몸과 공동체 안에 새롭게 태어나 새살이 붙어 건강한 교회 공동체가 됩니다.

그렇다면 예수님이 독생자, 하느님의 아들이라는 의미는 무엇일까요? 왜 예수님에게만 독생자(begotten)라고 할까요? 하느님은 생물학적 자녀, 곧 물질을 낳을 수는 없으십니다. 탄생한 아들이라 하지만 유일하게 예수님만을 하느님이 낳았다는 표현을 하는데, 이것은 생물학적인 의미를 뛰어넘는 영적인 의미를 말합니다. 그래서 예수님은 유일하고 완전한 면에서 하느님의 아들이십니다. 그런 분이 우리를 위해서 십자가에 못 박혀 돌아가신 것이 중요하고, 유일하고 완전한 분에 초점을 맞추는 것은 그 다음에 의미가 있습니다. 예수님의 세례 때와 변모 때에 하느님은 예수님을 사랑하는 아들(beloved Son)이라고 말씀하셨고 베드로와 제자들에게도 그런 의미로 말씀하셨습니다. 예수님에 대해서 독생자, 아들, 정체성 등 교리 개념의 표현에만 집중하다 보면 사랑 자체이신 하느님의 아들의 본질이 흐려질 수 있습니다.

　세례자 요한 때에는 죄인들만 세례를 받았기에 예수님이 세례를 받는 것과 거룩한 변모 때에 하느님께서 사랑하는 아들이라고 말씀하신 것을 잘 바라보아야 합니다. 우리는 자녀가 어느 때 사랑스러울까요? 내 뜻대로 잘하고 있을 때인가요? 그건 아마도 자녀라기보다 시키는 대로 하는 로봇이 아닐까 말하고 싶습니다. 제가 작년에 순천에서 열린 세계 정원 박람회에 갔는데 40대로 보이는 엄마가 어린 초등학생인 자녀에게 계속해서 "결정해라, 할래 말래?" 하면서 윽박지르는 모습을 보았습니다. 그 순간 저는 나무 뒤에 숨어서 "주님, 제발 저 아이의 엄마를 말려 주세요!"라고 기도했습니다. 아이는 어려서는 부모와의 관계가 종속되어 있어서 복종하지만 성장한 후에는 그것이 부메랑이 되어 부모에게 돌아옵니다. 자녀와의 관계에서 대화할 때 물어보는 것은 아주 중요합니다. 여러분이 이민 오실 때 자녀들과 이민에 대해서 대화하고 그들에게 물어보고 오셨는지, 아니면 자녀들과의 대화나 동의 없이 오셨는지, 이 두 삶의 질은 살아가면서 분명한 차이가 있으리라 생각합니다. 부모가 자녀를 위해서 그러지만 교육한다는 이유로 주로 잔소리가 많이 합니다. 사실 부모의 모습이 아름다울 때는 그 뒷모습일 텐데, 솔선수범하면서도 자녀들의 뜻과 생각을 물어보면서 친절하게 대화하는 부모의 모습입니다. 이렇게 행복해 보이는 모습의 부모를 보고 자란 자녀들은 잘 자라기 마련입니다.

예수님에게 말씀하시는 "이는 사랑하는 아들"이라고 말하시는 하느님의 말씀은 백성을 위해서 사랑하는 아들이 죽는다는 것이 사랑스럽다는 의미일 것입니다. 당신의 아들이 죄지은 이들을 위해서 죽는다는 것이 사랑스럽다는 건 이해하기 정말 힘든 이야기입니다. 하지만 이렇게 예수님 사랑의 본질을 알 때에 우리는 참으로 예수 그리스도를 알 수 있습니다.

우리 주님, 예수 그리스도

　이제 예수 그리스도께서 우리 '주님'이라는 고백에 관해 살펴봅니다. 우선 '주님'이라는 호칭의 의미는 무엇일까요? 모세에게 나타나신 하느님은 그리스어로 '주님'으로 번역됩니다. 구약성경에서 야훼 하느님은 히브리어인데, 신약성경은 원문이 그리스어로 기록되었기에 초기교회 때 성경을 읽으려면 고대어인 성경 그리스어, 코이네를 따로 배워야 합니다. 그리스도교가 형성 되면서 히브리어를 모르는 신자들이 생겨서 그리스어로 번역한 셉투아진타(Septuaginta)라는 구약성경이 있습니다. 셉투아진타는 70명이 구약성경을 번역했다는 것이고, 그것을 번역할 때 하느님을 '주님'으로 번역했고 그리스어로 Kyrios라고 합니다. 주님은 이스라엘의 하느님이 지니신 신성까지도 가리키는 가장 흔한 이름이 되었습니다. 형제님들도 성당에 오시면 주님을 만나고 성당 밖에서는 주놈?(알코올)을 만나시죠? 주놈을 섬기지 마시고 '주님'을 섬기시기 바랍니다. 신약성경은 성부를 지칭할 때 주님을 사용할 뿐 아니라 동시에 예수님에 대해서도 똑같이 사용하고, 구약은 하느님만 주님이시지만 신약은 사람이신 예수님도 주님으로 고백합니다.

　주님이라는 이름은 '하느님의 주권'을 의미합니다. 당신 제자들에게는 더욱 분명하게 말씀하시고 공생활 동안 행하신 자연, 질병, 마귀, 죽음과 죄를 지배하는 예수님의 행위들은 그분의 신적 주권을 증명하고 있습니다. 여기서 지배는 독재자의 폭정이 아니라 사랑으로 '보살핀다'는 뜻으로 목자가 양을 돌보듯이 한다는 것입니다. 기적에 목표가 있는 것이 아니고, 기적을 일으키는 이유는 하느님의 주권 곧 사랑을 만나기 위해서입니다. 성당이나 다른 곳에서 기적의 현상이 일어난다면 믿지 않는 게 중요합니다. 치유의 은사가 있는 사람이 있다고 그를 추종하고 따른다면 위험한 일입니다. 사실 예수 그리스도의 기적 또한 기적에 의미가 있는 것이 아니라 하느님의 주권을 증명하는 일입니다. 초기 교회 때나 지금도 기적을 행하는 이가 있지만 그것이 하느님의 주권으로 인정될 때 존중받지만 자기 능력으로 드러나는 것은 경계해야 합니다.

초기 교회 때 이집트 사막의 수도자 안토니오 성인은 몇천 킬로미터 밖을 볼 수 있는 투시력을 가지고 있었습니다. 어느 날 성인이 기도할 때 힘들어하며 걸어오는 두 사람을 보면서 제자들에게 가서 두 사람을 데리고 오라고 하며 한 사람은 거의 죽어 가니 숨이 끊어졌으면 장례를 치르고 다른 한 사람은 데리고 오라고 말했습니다. 그런데 제자들이 가 보니 진짜 한 사람은 죽어서 묻어 주고, 다른 한 사람을 데리고 왔습니다. 그런데 이 일로 안토니오 성인은 주위 동료들에게 시기와 질투를 많이 받았다고 합니다.

질투가 일어나면 물어보아야 합니다. 왜 그렇게 생각하는지 알아야 이해할 수 없는 괴물이 생기지 않고, 그렇지 않을 때 이런 질투와 오해의 시선이 요즘 가짜 뉴스가 되고 악성 댓글처럼 작용하는 데 바로 이것은 공동의 죄이고 그래서 예수님이 십자가에서 돌아가신 것이라고 묵상해 볼 필요가 있습니다.

그리스도교는 선신과 악신의 싸움이 아니라 하나의 신이 세상을 창조하셨고 인간을 창조하시면서 그 창조된 인간이 하느님의 사랑에서 멀어지면서 아담과 하와, 카인과 아벨의 싸움 역사가 시작된 것이라고 말하는데, 이것이 바로 구약성경입니다. 오늘을 살아가는 우리도 이 세상에서 많이 싸우며 살고 있기에 이런 과정에서 이해가 필요하고, 신앙 안에서 그들을 함께 안아 주고 품어 주어야 합니다. 그 해법이 안토니오의 생각에 있습니다. 자신을 질투하는 동료들에게 안토니오 성인은 자신이 스스로 그 광경을 본 것이 아니며, 하느님의 능력이라고 고백했습니다. 곧 안토니오 성인은 자신의 능력은 하느님이 보여 주신 것이라고 겸손하게 말했습니다. 이처럼 교회 안에서 상식적이지 않은 기적을 본다면 그것은 교회의 뜻이 아닙니다. 예수님을 주님이시라고 고백하거나 그렇게 부르는 것은 그분의 신성을 믿는다는 것입니다(1코린 12,3). 하느님의 영에 힘입어 말하는 사람은 아무도 "예수는 저주를 받아라." 할 수 없고 성령에 힘입지 않고서는 아무도 "예수님은 주님이시다." 할 수 없습니다. 성령에 힘입는다는 것은 내 힘으로 하지 않는다는 겸손이고 이것이 예수님의 가치이고 참그리스도인의 기준으로 보는 영적인 잣대입니다.

사람이 되신 하느님의 육화

제3절의 예수 그리스도, 성령으로 동정녀 마리아께 잉태되어 나셨다는 의미를 찾아봅니다. 왜 말씀이 성령으로 사람이 되셨나요? 혼배성사를 준비하러 온 커플에게 왜 결혼하느냐고 물으면 대개 형제들은 "꼭 말로 해야 하나요?"라고 대답하고 자매들은 "사랑하니까 결혼하죠."라고 대답합니다. 남성들은 행동하는 사랑이고 여성들은 과정의 사랑이라고 할 수 있습니다. 그래서인지 여성은 과정에서 행복을 느끼고 남성은 결과적인 행복을 느낍니다. 여성은 과정이 재미있고 궁금한 드라마를 좋아하고, 남성은 궁금한 내용을 다음 회로 넘겨 버리며 끝나는 드라마보다는 결과가 꼭 나오는 스포츠 시청을 좋아합니다. 이것은 맞고 틀림이 아니라 가치에 존중되는 특징이 있는 것입니다. 사랑은 과학입니다. 상대방을 잘 알고 이해할 때, 나의 사랑도 존중받을 수 있는 것이므로 자신의 기준으로만 상대를 대하면 서로 만날 수 없는 골만 깊어지기 쉽습니다. 결혼이 사랑으로 시작했는데 사랑의 목표가 결혼이라면 결혼을 하고 나면 무엇이 목표일까요? 당연히 또 사

랑이 목표입니다. 처음에 결혼하고 싶은 사랑과, 결혼해서 목표로 삼는 사랑은 느낌이 다른데 처음 사랑은 보고 싶은 사랑이어서 하루라도 못 보면 못 견딜 것 같아 함께 살아가려고 합니다. 그래서 결혼을 하고 함께 살면서 매일 얼굴을 보니까 좋으십니까? 이제 결혼을 한 후 목표로 하는 사랑은 함께 같은 곳을 보는 사랑이 되어야 합니다.

말씀이 사람이 되신 이유는 하느님께서 인간을 너무 사랑하시기 때문입니다. 하느님이 창조하신 인간을 너무나 사랑하셔서 사람이 되신 것입니다. 하느님의 참사랑은 열 개를 먹다가 배불러서 남은 두 개를 주는 나머지 사랑이 아니라 온전하게 상대방이 되어 주는 사랑입니다. 그래서인지 저는 부부들을 보면 서로가 얼굴이 닮아 보입니다. 닮아서 결혼을 하고 또 살아가면서 닮아 가는 부부도 있는 것 같습니다. 어떤 부부는 참 달라 보인다 하니 발뒤꿈치가 서로 닮았다는 농담도 합니다.

우리는 나를 포함해서 온 인류의 구원을 위해 신앙생활을 하는데 이는 어려운 일이 아닙니다. 하느님의 사랑은 상대가 되어 주는 사랑이기 때문에, 하느님은 살덩어리가 필요 없지만 인간이 되시면서 혈육을 취해 상대방이 되신 것이며 사람이 되신 것입니다. 짧은 신경은 사도신경이고 긴 신경은 니케아 콘스탄티노폴리스 신경으로 더 정확하고 오랜 교회의 공의회를 거쳐 형성되었습니다. 말씀은 우리를 하느님과 화해시켜 구원하고자 사람이 되셨고, 죄란 하느님에게서 멀어진 것이며 하느님 안에 있지 않고 빗나간 것입니다. 그것은 나도 모르게 그렇게 된 것이기 때문에 우리는 하느님의 사랑으로 구원을 받아야 합니다.

말씀은 우리에게 거룩함의 표양이 되시기 위해 사람이 되셨습니다. "하느님께서 우리를 사랑하시어 당신의 아드님을 우리 죄를 위한 속죄 제물로 보내 주신 것입니다"(1요한 4,10). "아버지께서 아드님을 세상의 구원자로 보내셨습니다"(1요한 4,14). "그리스도께서는 죄를 없애시려고 나타나셨던 것입니다"(1요한 3,5). 말씀은 우리가 하느님의 사랑을 깨닫도록 하시기 위해, 우리를 "하느님의 본성에 참여하게"(2베드 1,4) 하시기 위해 사람이 되셨습니다.

그렇다면 강생은 무엇을 의미할까요? 하느님께서 정하신 때 영원한 말씀, 곧 성부의 말씀이며 실체적 모상인 성부의 외아들이 강생하신 것입니다. 그분은 신성을 잃지 않으시면서 인성을 취하신 분입니다. 하느님이 인간을 너무 사랑하시는데 우리는 많은 무질서와 죄의 현실에서 살고 있습니다. 도미니코 수도회의 토마스 아퀴나스는 하느님의 강생 이유를 '인간에 대한 하느님의 사랑'이라고 말합니다. 다시 말해서, 사람이 죄에 물들어 있고 세상이 무질서해서 사람을 구하기 위해서 사람이 되신 하느님이시라고 말했습니다. 미국의 히어로 영화의 주인공들처럼 선한 이들을 구하기 위해서 말입니다. 프란치스코회의 학자인 둔스 스코투스는 하느님의 강생은 인간의 죄 때문이 아니라 본래 하느님께서 인간을 너무 사랑하셔서 당신의 의지로 인간이 되셨다고 말했습니다. 이것은 해석의 문제이고 신학의 해석입니다. 도미니코 수도회는 신학적이고 논리적인 성악설 성격의 측면을 주장하고, 프란치스코 수도회는 성서적이고 성선설 성격의 측면을 말합니다.

예수 그리스도께서 참하느님이시며 참사람이란 어떤 의미일까요? 예수님은 그분의 신적 위격(Divine Person) 안에 참하느님과 참인간이 나뉘지 않고 일치(Unity)하십니다. 오로지 하나의 위격(Divine Person)만이 존재할 뿐이고, 이분이 삼위의 한 분, 우리 주 예수 그리스도이십니다. 그러므로 그리스도의 기적뿐 아니라 그분의 고통과 죽음까지도 그분의 인성 안에 있는 모든 것은 그분의 신적 위격에 귀속됩니다. 인간은 한 본성에 한 위격을 가지고 있고, 예수님은 두 본성(Divine nature, Human nature)이 하나의 신적 위격(Divine Person) 안에 결합되어 있는 것입니다. 이것은 복잡한 이야기로 초기 교회 때부터 500년을 두고 논쟁하기도 했습니다. 성부, 성자, 성령의 삼위의 하느님 안에 하나의 신적 위격을 지니신 분이 예수 그리스도이십니다. 예수 그리스도께서는 신적 위격만 하나를 가지고, 그 외에 지닌 모든 것은 두 개의 본성들로 바로 신성과 인성을 가지고 계십니다. 곧 예수님의 감정, 의지, 이성, 논리, 감각은 모두 하느님의 것과 인간의 것이 있다는 말입니다. 이것은 하나라고 하는 신적 위격 안에 함께 결합되어 있습니다.

묻고 나누고

1. 구약의 그리스도 이미지로서, 그리스도를 준비하는 성경의 인물들을 이야기 해보세요.(예: 아담, 아브라함...)
2. 예수 그리스도는 계시의 완성자, 세상의 빛, 교회의 머리이십니다. 그 중에서 마음에 와 닿는 이미지는 무엇인가요?
3. 예수의 이름, 그리스도의 뜻은 무엇인가요?
4. 예수 그리스도께서 주님이라는 고백의 의미는 무엇인가요?
5. 말씀이 사람이 되신 강생의 신비는 무슨 뜻인가요? 나누어 보세요.

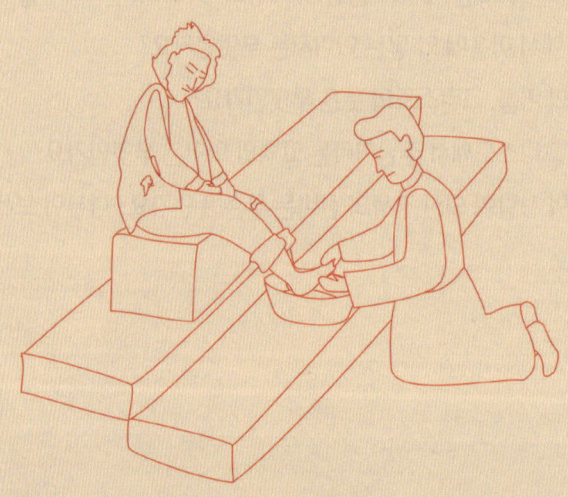

예수님께서는 가난하고 약한 자를 섬기시는
하느님 나라를 선포하신다.

6강

역사의 예수, 비움의 예수

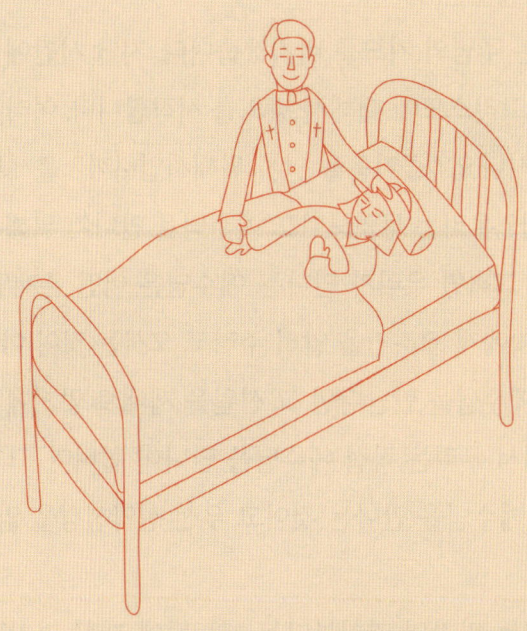

예수님께서는 아픈이가 치유받는
하느님 나라를 선포하신다.

무엇하는 사람들인가?

시작 기도는 주님의 기도를 바치겠습니다. 지난 시간에 이어서 오늘도 예수 그리스도에 대해서 강의를 시작합니다. 여러분은 왜 교회에 나오시나요? 즐거움을 얻기 위해서입니까? 출세를 하기 위해서입니까? 우리는 무엇보다도 예수님을 만나기 위해서 교회에 나옵니다. 그러면 우리가 만나는 예수님은 어떤 존재일까요? 예수님은 우리에게 교리만을 알려 주려고 오시는 것이 아닙니다. 교리만으로 예수님을 만난다면 그 신원을 제대로 알기에 어려움이 있고, 그래서 우리는 직접 예수님을 만나야 합니다. 그 방법은 성경 속에서 예수님을 만나는 것이고 우선 신약성경을 읽으시면 좋겠습니다.

구약성경에는 인간의 가치보다는 하느님에 대한 가치가 중심이고 외적으로 싸움도 많고 인간들이 하느님께 벌을 받는 내용들도 보입니다. 구약성경을 읽어 가다 보면 이해되지 않는 부분이 많습니다. 우짜의 죽음도 그렇습니다. 계약의 궤에는 십계명 판이

들어 있는데 그것을 수레에 싣고 옮겨 가는 중에 돌부리에 걸려 소들이 비틀거리는 바람에 계약의 궤가 수레에서 떨어지자 우짜가 손을 뻗어 궤를 붙들었다가 하느님이 분노하셔서 우짜를 치시고 그는 죽습니다(1역대 13,7~11). 그리고 자손을 잇기 위해서 아버지와 딸 사이에서 자손을 얻는 이야기 등은 유목 문화의 모습에서 이해해야 하는 부분들도 있습니다. 구약은 한 명의 저자가 쓴 것이 아니라 많은 이야기들이 모아진 책으로 하나하나의 사건으로만 이해하기보다는 큰 줄거리의 흐름을 보아야 합니다. 그렇지 않으면 오해가 생기는데, 그래서인지 하느님은 우리를 벌하시는 무서운 존재로만 느낄 수 있습니다. 우리나라에도 사람들이 믿는 많은 신들이 있었듯이 구약의 시대에도 야훼 하느님만이 아니라 지방과 지역에서 믿는 신들이 많았고, 야훼 하느님의 신앙으로 통합되는 과정에서 쓰여 진 이야기들이 모아져 우리가 이해하기 힘든 모습의 하느님관이 존재하고 있습니다. 하지만 그것을 하느님의 참모습으로 이해한다면 인간은 하느님께 버림받은 존재로만 받아들일 수 있습니다.

 구약에서는 역사하시는 하느님께서 인간을 위한 당신의 구원을 사랑으로 드러내시고, 신약에서는 인간이 하느님을 온전하게 사랑하는 것이 힘들기 때문에 내 옆에 있는 사람을 사랑하라고 하시는 듯싶습니다. 여러분은 결혼 전에 배우자에게 한 사랑의 약속이 언제까지 가능한가요? 우리가 하느님 안에서 새로 태어나지 않으면 늘 그 밥에 그 나물이라는 말처럼 새로움을 느끼지 못하게 됩니다. 그 새로움 역시 유효기간이 있는 것 같습니다. 구약의 율법으로만 구원받지 못한다는 이유는, 율법은 깨달음을 주는 것으로서, 율법을 실행하는 것만을 이야기하면 수많은 법들만 생길 뿐이기 때문입니다. 그리스도교의 정신은 율법대로만 하자는 것이 아닙니다. 이는 바로 사랑의 질서가 아닌 정의로운 말로만 사람들을 판단하면 하느님을 제대로 만나지 못하는 어려움들이 발생한다는 것을 말합니다. 그래서 예수님은 자비와 정의가 함께 가야 하는 삶을 보여 주셨습니다. 정의의 목적지가 자비이기 때문입니다.

교회에서 주님을 만납니다.

진심으로 예수님을 만나려면 신약성경을 읽으시고 성경을 공부 위주로 하기보다는 예수님과의 인격적인 만남을 통해서 대화하는 것이 요청됩니다. 구약에서는 전쟁과 인간의 역사를 통해서 하느님께서 드러나시고, 신약에서는 온전한 하느님의 사랑이 드러나십니다. 그런데 인간은 사랑을 받아야 살아가지만 하느님은 사랑을 필요로 하지 않으십니다. 곧 우리의 사랑 때문에 살아가시는 하느님이 아니십니다. 오히려 하느님의 사랑 때문에 우리가 살아갑니다. 그래서인지 인간은 하느님을 온전하게 사랑할 수 없다고 말합니다. 하지만 사람은 하느님의 사랑으로 살아가는 존재이기 때문에 그 사랑의 힘으로 내 옆에 있는 사람을 사랑해야 합니다. 이것이 예수님이 말씀하신 사랑의 가치입니다. 예수님은 세상에 율법을 완성하러 오셨는데 율법의 완성은 양심의 법을 회복시켜 주는 것입니다. 각자가 살고 있는 삶의 현장에서 하느님께서 우리의 마음을 통해서 말씀하시는 그 양심을 따라 사는 것이 영적인 가치를 제시해 주시는 것이고, 하느님의 뜻대로 살아간다는 것이 이웃을 사랑하는 것입니다.

사람을 사랑하는 방법을 배우려면 예수님을 만나십시오. 하느님께서 우리에게 예수님을 통해서 말씀하시는 가치는 예수님 당신을 사랑하지 말고 "서로 사랑하여라."는 것입니다. 예수님이 제자들에게 세족례를 하시면서 내가 너희를 사랑한 것처럼 서로 사랑하라고 말씀하신 것은 우리가 하느님을 볼 수 없고, 온전히 사랑하기도 힘들기 때문에 서로를 볼 수 있는 우리를 서로 사랑하라는 초대입니다. 인간은 하느님의 모상이기 때문에 하느님을 사랑하는 것은 인간을 사랑하는 것입니다. 구약에서는 하느님께서 인간을 너무 사랑하셨지만, 신약에서는 하느님에 대한 사랑을, 인간을 통해서 하라는 것입니다. 하지만 우리는 하느님을 사랑한다고 고백하면서 다른 이들을 사랑하지 못하는 경우들이 많이 있습니다.

성당에 나오면서 교우들에게 실망하고 상처받는 일도 생기고 교회는 거룩하지만 구성원들은 죄인이라는 말씀을 드렸습니다. 우리는 예수님의 말씀을 인격적으로 만나고 그 말씀이 나의 세계관이 될 때에 그분을 만나는 것입니다. 신앙 공동체 안에서 나 자신이 교회와 교우들의 정보만 많이 알고 있거나 신앙생활을 오래 했던 권위 의식만 가지고 있다면 예수님을 만나는 것이 아주 어렵습니다. 예수님이 말씀하시는 권위는 상대방을 사랑하는 것이고 사랑의 대가로서의 권위이지, 어떤 외적인 봉사자 직책(회장, 단장, 사목위원) 때문에 오는 것이 아닙니다. 프란치스코 교황님은 남수단의 정치 지도자들을 만나 그들에게 평화를 당부하시면서 발에 입을 맞추셨습니다. 이것이 사랑의 대가로 살아가는 권위이고, 권위는 내가 행사하는 것이 아니라 상대방이 선물로 주는 것입니다. 교회에 오는 가장 중요한 목적은 예수님을 만나러 오는 것인데, 인간들을 통해서 만나는 것이기에 모든 사람이 예수님처럼 완벽할 수는 없다는 것을 이해하시고 교우분들과 친교를 맺으시기 바랍니다. 교회를 다니면서 그리스도의 말씀이 내 삶이 되고 진리가 내 인격이 되며 내 인생관이 되어야 합니다.[1] 그래서 나의

---

1) 그리스도교 신앙에서는 내가 인격적으로 하느님을 믿어 신앙을 고백합니다. 인격적인 것은 개별적 의미를 말합니다. 이는 신앙고백에서 "우리는 믿나이다."라고 하지 않고, "나는 믿나이다."

기준들이 변화될 수 있는 것은 예수님 때문이고 그래야 진정한 그리스도인이 되는 것입니다.

지상에서의 예수님

그리스도 신앙을 고백하는 사도신경과 니케아콘스탄티노플 신경은 그리스도 생애의 신비 가운데 그리스도의 강생과 파스카 신비만 이야기하고 있습니다. 강생은 예수님의 잉태와 탄생을 이야기하고, 파스카는 예수님의 수난, 십자가에 달리심, 죽음, 묻히심, 저승에 가심, 부활, 승천을 이야기합니다. 이 신비는 그리스도의 지상 생활 전체를 밝혀 주는데, 특히 강생은 성탄절, 파스카는 부활절을 이야기합니다. 그리스도교 문화에 있는 나라들은 성탄절이 공휴일이지만 우리나라는 부처님 오신 날도 공휴일입니다. 강생과 파스카의 의미는 사랑이고, 하느님께서 인간을 너무 사랑하셔서 당신 모습으로 인간을 창조하셨으면서도 인간이 여러 이유의 죄에 빠져 있는 것을 대신 짊어지기 위해서 사람이 되신 것입니다. 덴마크의 종교철학자 키르케고르(Kierkegaard)의 책에 나오는 이야기입니다. 한 사람이 죽어서 하느님의 초대로 천국의 여정 길을 가는데 거울 옆을 지나가게 되었답니다. 그런데 거울에 자

....
라고 고백하는 것에서 압니다. 나의 인격, 나의 인생관 그리고 나의 신앙관 등 모두 나와 직결되는 개인의 현존과 밀접하게 관련되는 하느님에 대한 믿음을 말합니다.

신의 죄들이 적혀 있었습니다. 걱정을 하면서 고개를 숙이고 가는데 누군가 그 죄목들을 다 지우고 계셨는데, 그분이 바로 예수님이셨답니다. 이것이 예수님의 수난과 십자가이고 이렇게 예수님이 우리의 죄를 지워 주셨으니 우리는 주님께 떳떳하게 갈 수 있는 것이고 이것이 새로 나는 것입니다.

그리스도의 전 생애는 신비입니다. 예수님 신비의 공통 특징들은 그분의 말씀과 행동, 침묵과 고통, 존재와 표현 방식 등 전 생애가 성부의 계시입니다. "나를 본 사람은 곧 아버지를 뵌 것이다."(요한 14,9)라는 말씀처럼 그리스도의 전 생애는 구속의 신비이고, 이는 십자가에서 흘리신 피를 통해서 우리에게 주어지지만 예수님의 전 생애에 걸쳐 이루어집니다. 예수님의 신비와 그것을 접촉하는 우리의 친교는 그리스도께서 살며 겪으신 모든 것이 우리를 당신 안에서 그대로 살게 하고, 그분이 우리 안에서 그것을 살게 하십니다.

예수님의 행동을 잘 보려면, 예수님의 실천적 가치를 드러내는 마르코복음을 읽는 것이 좋습니다. 마르코복음의 1장 1절은 "하느님의 아드님 예수 그리스도의 복음의 시작"으로 출발합니다. 이것은 하느님의 아들이 예수님인데, 예수님이 그리스도라는 것을 믿는 것입니다. 예수님이 그리스도임을 믿는 것이 우리 신앙의 핵심이고, 예수는 인간 예수를 말하는 것이며, 그리스도는 구세주 하느님을 말하는 것입니다. 그러므로 인간 예수가 바로 하느님이신 그리스도이십니다. 그러나 우리는 인간 예수로만 좋아하거나, 신이신 그리스도만으로 좋아하는 경우가 있습니다. 주님은 당신 안에서 예수와 그리스도를 함께 만나도록 우리를 초대하십니다.

신약성경에서 예수님은 우리에게 사랑의 가치를 전달해 주십니다. 그러나 교회의 역사 안에서 사랑의 가치보다는 옳고 그름 곧 정의의 가치로만 많은 일들이 자행되었고, 이것은 천주교와 개신교도 마찬가지였습니다. 스페인 제국 시대에, 남아메리카의 잉카제국을 침략하면서 세례를 받으면 죽이고, 세례를 안 받아도 죽인 스페인 제국이 저질렀던 만행이 있었는데, 사랑의 질서를 살아야 할 그리스도를 믿는 그들이 세례를 받으면 고통이 덜하게 단칼에 죽이고, 세례를 안 받으면 고통스럽게 죽이겠다는 배려였다고 합니다. 이것은 결코 사랑의 질서가 아닙니다. 그러므로 유럽의 문화가 바로 그리스도교 문화라는 가설은 허구입니다. 유럽의 문화건 아시아 곧 한국의 문화건 그 속에 예수 그리스도가 존재하느냐가 그리스도교 문화가 되는가의 기준입니다. 그러니 모든 문화 속에서 그리스도와 함께 형성되어 가는 문화가 오늘의 그리스도교 문화가 됩니다.

그래서인지 우리는 예수님에게서 멀어지면 심각한 믿음의 문제가 발생합니다. 나의 신앙 공동체 안에 오래 소속되어 있으면 그곳에서 갖는 익숙함만으로 예수님은 보이지 않고 나만이 보이는 경우가 적지 않습니다. 종교개혁자 칼뱅은 예수가 하느님이라고 말하고 있습니다. 하지만 그의 동료는 하느님의 아들이니 신이 아니라고 말해서 종교재판이 열렸는데, 신이 아니라고 말한 그의 동료는 처형을 당했습니다. 개신교회에서 자비를 베풀어 준다고 그를 마른 장작에 태워 죽였다는 부끄러운 역사가 있었습니다.

새 천 년이 시작되는 2000년에 요한 바오로 2세 교황님은 그리스도교가 자행했던 많은 역사적 과오들에 대해 용서를 청하셨고 그것은 예수님의 가치가 아니었음을 고백하셨습니다. 우리 인간은 나약한 존재이고 지금도 교회 안에 그런 모습들이 남아 있지만 우리가 느끼지 못하고 있는 것도 현실입니다. 우리는 계속 자신을 돌아보며 사랑의 질서 속에서 예수님을 옳게 만나야 합니다. 오랜 역사의 천주교 교리가 딱딱하게 느껴질 수 있는데, 살아 있는 예수님의 인격을 통해 교리를 잘 안다면 예수님을 잘 만날 수 있습니다. 제가 매주 업데이트해서 올리는 유튜브 가톨릭교회 교리가 한 번에 이해하기 힘들겠지만, 여러 번 들어 보시고, 예수님을 만나는 길에서 필요한 도구가 되길 바랍니다.

복음서의 예수 그리스도

신약성경에서 예수님은 나를 보는 것이 하느님을 보는 것이고, 이웃을 사랑하는 것이 하느님의 뜻이라는 것을 이야기합니다. 성당에 있는 십자가의 의미는 사랑의 상징이고 십자가를 긋고 기도하는 우리가 사랑을 하지 않는다면 안타까운 일입니다. 예수님의 시대에 십자가에 못 박힘은 죄인들이 받는 형벌이었고, 죄가 없으신 예수님이 십자가에 못 박힘으로써 우리의 죄가 사해졌습니다.

공관복음이란 공통의 관점으로 함께 복음을 본다는 뜻으로 신약성경의 4대 복음서 중에서 요한복음을 제외한 마르코, 마태오, 루카 복음을 말합니다. 마르코복음은, 젊은 마르코의 그리스도에 대한 신선한 관점을 읽을 수 있는데, 알렉산드리아 근처와 이집트 이방 민족들의 문화 안에서 그리스도교로 개종한 공동체에 의해 쓰인 복음서입니다. 파라오의 이집트 문화는 내세를 믿는 신성 중심이며 왕은 하느님의 아들이었고, 프랑스 작가 크리스티앙 자크의 장편소설 『람세스』라는 작품도 하느님의 아들이라는 뜻의 이야기를 담고 있습니다. 왕은 하느님의 아들이라고 믿는 이 지역에서 하느님의 아들이신 예수 그리스도가 십자가에서 돌아가신 이야기를 담고 있는 말씀이 마르코복음인데, 이들에게는 아마도 충격적인 이야기였습니다. 높은 신분의 아들이 아무런 죄가 없는데 사형 집행을 당해 죽는다는 것은 놀랍고 충격적인 사건이었습니다. 이런 맥락으로 마르코복음을 읽으시면 예수님의 실천적 사랑이 그대로 드러나고 그런 예수님을 만나실 수 있습니다.

마태오복음은 유다 공동체, 즉 이스라엘 백성들이 개종한 그리스도교 공동체가 쓴 복음서입니다. 세리였던 마태오는 구약을 잘 아는 필체를 보여 줍니다. 내용상 마르코복음과 유사하지만 전개 자체는 구약의 순서로 쓰여 있습니다. 마태오복음의 핵심은 "하느님의 나라"입니다. 그러나 구약에서는 하느님의 이름을 부를 수 없기 때문에 "하늘나라"로 표현합니다. 이렇게 이스라엘 백성에게 익숙한 표현을 하면서 하늘나라가 완성된다는 가치들을 이야기합니다. 구약의 구원과 해방의 가치들이 예수님을 통해서 하늘나라가 완성되고 성취됐다는 것이 마태오복음의 내용입니다.

루카복음은 그리스 문화에 익숙한, 그리스도교로 개종한 공동체가 쓴 복음서이고 여성적인 것이 특징입니다. 의사로서의 분석적 시선과 스타일로 구성되고 쓰인 루카복음에는 다른 복음서에 비해서 성모님의 이야기도 많이 나옵니다. 그래서인지 루카복음은 여성의 복음이고, 자비의 복음이며, 가난한 이들을 위한 복음입니다. 예수님은 가난한 분으로 오셨고 가난한 사람이 행복하다고 이야기하는 루카복음의 핵심을 잘 파악하고 읽으시면 좋겠습니다.

이처럼 공관복음은 서로 유사하지만 각 복음마다 특징들이 있습니다. 요한복음은 영적인 복음(Spiritual Gospel)이고 표징들과 업적들로 이루어져 쓰여 있습니다. 요한복음의 중요한 가치는 영적인 복음으로서 통합적인 것이 특징입니다. 그리스도교는 이 복음서들이 유다 지방에서 시작해서 근동 지방으로 퍼져 나갔으며 유럽으로 전파되고 아메리카와 아시아에 전교된 종교입니다.

그리스인들은 지혜와 지식을 추구했고 그 가치를 복음에서 찾았으며, 지식의 완전함을 추구하였기에 철학이 발달했습니다. 세계 4대 성인으로 서양에는 예수님과 소크라테스, 동양에는 공자님과 부처님이 계십니다. 소크라테스 시대 신은 여러 신들 중 하나였기 때문에 소크라테스는 하느님이라는 말을 쓰지 않고 "영적인 존재"라는 표현을 썼습니다. 인간이 양심적인 존재로 살아간다는 것은 법대로만 사는 것이 아니라 영적인 존재가 이끌어 주시는 그분의 뜻대로 살아가는 것이라고 말했습니다. 정치인들 중에는 자신은 법대로만 살았고 신앙인이며 양심에 비추어 잘못을 저지르지 않았다고 큰소리치는 사람도 있지만 그것은 자신이 판단하는 것이 아닙니다. 소크라테스는 자신의 재판관에게 "내세가 있어서 거기에 나보다 훌륭한 사람이 판결을 한다면, 당신은 온전히 나와 같지 않을 것이다."라고 말하였습니다. 또한 "악법도 법이다."라는 말을 문자 그대로는 하지 않았지만 그런 뜻으로 알아들을 수 있는 그의 말처럼, 유죄를 받아들이지만 영적인 존재 앞에서는 온전히 밝혀질 것이라는 말을 남겼습니다. 양심으로 살아간다는 것은 다른 이에게 기쁨과 행복을 주는 것도 맞지만 남에게 괴로움을 주어서는 안 된다는 것입니다. 고통을 주지 않고 인간관계에서 마음의 소리를 들으며 상대방을 존중하라는 것입니다.

　유교의 성현 공자님의 말씀도 양심의 소리로 살라는 초대인데, 조선 시대에 성리학이 발달되면서 정치 이데올로기와 성리학이 교조화되고 분파(붕당)가 생겨나면서 갈라지는 현상이 일어났습니다. 지금도 우리 사회에 '파'(라인)로 갈라져 분열된 모습이 많아서 안타까운데, 사실 파 중에서 제일 좋은 파는 탤런트 최불암 씨의 "파" 하는 큰 웃음입니다. 양심의 소리를 듣는 것이 종교의 가치입니다. 귀족 출신인 부처님은 모든 것을 버리고 가난한 삶을 사셨습니다. 그리고 그리스도교도 중세 시대에는 부자들이 수도원에 많이 들어가서 수도 생활을 했습니다. 누리고 해 볼 것을 많이 했기에 세속에서는 미련이 없는 삶을 택했고, 반면에 본디 어려운 형편일수록 내려놓는 삶을 택하기가 더 힘들 수 있습니다. 불교의 창시자 부처님의 가르침은 자비이고, 타인에게 '항상' 자비심을 지니고 살아가라는 말씀입니다. 예수님의 가치는 사랑이고, 사랑의 전문가가 되는 박애(博愛)를 배우려면 예수님을 만나십시오. 예수님은 고생하며 무거운 짐을 진 사람들은 모두 당신에게 오라고 말씀하셨습니다. 특별히 몸과 마음이 힘든 분들은 주님께로 오십시오. 우리는 인간에 의해서도 위로를 받지만 더 근본적인 것은 예수님께 위로를 받는 것이 예수님의 사랑임을 알게 될 것입니다.

유년기 예수님과 공생활

예수님의 어린 시절과 나자렛 생활의 신비들에 관해서 복음서는 어떻게 말하고 있을까요?

예수님의 성탄 신비는 목자든 동방박사든 어느 누구라도 베들레헴의 구유 앞에 무릎을 꿇고 연약한 어린 아기 안에 감추어 계신 하느님을 경배해야만 세상에서 하느님께 다가갈 수 있다는 것입니다. 예수님은 하느님이신데 성경에는 그렇게 기록되어 있지는 않습니다. 영적인 복음인 요한복음은 그리스 사상의 완전함인 지혜와 구약시대의 사람들이 원했던 기적의 표징들 곧 믿음의 징표를 통해 하느님의 아들이라는 가치를 드러냅니다. 사실 아무리 지혜가 많고 표징과 기적이 있어도 사랑이 없으면 아무것도 아니라는 바오로 사도의 고백처럼 진정한 기적은 가난한 이들을 사랑하는 것입니다.

이 세상에서 가장 강한 힘은 무엇일까요? 어느 미션 학교에서

이 질문을 학생들에게 했는데 주먹, 로봇, 핵무기 등 다양한 답들이 나왔습니다. 일등이 된 학생은 '사랑'이라고 했고, 이등을 한 학생은 '정의'라고 답을 했습니다. 정의는 사랑 안에서 품어 주어야 합니다. 신앙은 용서, 평화, 자비로 실천되어 드러나지만, 깨달은 이의 책임감이라고 할까요? 그렇게 우리는 신앙의 책임을 질 수 있도록 주님께 초대를 받았는데, 세상의 삶에서 종종 드러나는 신앙의 행위들에서 무책임한 것은 사랑과 정의를 이룰 수 없다는 뜻일 것입니다. 하지만 신앙인으로 사는 우리는 죄는 용서하되 사람을 판단하지 말고 죄지을 잘못을 하지 않도록 애써야 합니다. 계속해서 잘못을 저지르고 회개하지 않는다면 구원의 문으로 들어갈 수 없습니다. 즉 구원의 문을 열게 하는 것은 회개입니다.

　예수님의 유년 신비는 예수님이 마리아와 요셉에게 순종하시고 나자렛에서 보내신 여러 해 동안 비천한 일을 하심으로써 가정과 노동의 일상생활에서 거룩함의 모범을 우리에게 보여 줍니다. 순종도 사랑이고, 예수님의 모든 가치는 사랑으로 보시면 됩니다.

　예수님의 공생활 신비는 예수님이 당신 공생활의 시작, 즉 당신의 세례 때부터 구속 사업에 온전히 봉헌된 '하느님의 종'이시며 이 사업은 당신 수난의 '세례'이니 십자가로 완성될 것을 보여 줍니다. 예수님이 유년기가 지난 다음 서른 살쯤 되었을 때 공생활을 시작하면서 세상에 나오셨습니다. 요한의 세례는 죄인들이 받는 세례인데, 예수님은 죄인들과 함께하기 위해서 세례를 받으셨습니다. 이처럼 예수님의 사랑은 겸손과 순종으로 드러나고, 이것은 스스로 받아들이시는 겸손과 순종이며, 다른 이가 시켜서 하는 겸손과 순종은 다릅니다.

예수님은 당신의 세례로 죽음과 부활을 미리 겪으시는 겸손 사건으로서 우리 믿는 이들이 당신께 성사적으로 동화되도록 초대하십니다. 그리스도인은 겸손하게 자신을 낮추고 속죄하는 신비 안으로 들어가야 하며, 예수님과 함께 물에 잠겼다가 그분과 함께 다시 올라오는 신비에 참여합니다. 즉 물과 성령으로 다시 태어나 성자 안에서 하느님의 사랑하는 자녀가 되고 "새로운 삶을 살아가게"(로마 6,4) 되어야 합니다. 예수님은 세례를 받으신 후 광야에서 40일 동안 유혹을 받으셨습니다. 구약에서 이스라엘 백성들은 40년을 광야에서 떠돌다가 가나안에 들어갔고 예수님은 40일 동안 광야에서 유혹을 받으셨기에 40은 성경에서 유혹과 구원의 상징적 의미가 되는 숫자입니다.

예수님은 유혹을 받으시는데, 낙원에서 아담이 받은 유혹과 광야에서 이스라엘이 받은 유혹이 요약된 공격을 물리치십니다. 마귀는 "다음 기회를 노리며"(루카 4,13) 예수님에게서 떠나갑니다. 첫 아담은 유혹에 넘어간 반면에, 예수님은 충실하신 새 아담이시고 전에 광야에서 40년 동안 하느님께 대들었던 사람들인 이스라엘 백성과는 반대로 하느님의 뜻에 완전히 순종하는 '하느님의 종'의 모습을 보여 주십니다. 교회는 매년 40일간의 사순 시기를 광야에서의 예수님 신비와 결합합니다.

 광야에서 단식하시며 유혹을 이겨 내신 예수님처럼 우리도 어려울 때 유혹에서 이겨 낼 수 있는 힘을 주님께 청해야 합니다. 예수님은 돌을 빵으로 만들어 보라는 허영심에 대한 유혹, 예루살렘의 성전들을 보여 주면서 순종하면 모든 것을 주겠다는 재물에 대한 유혹 그리고 성전에서 뛰어내려 보라는 명예의 유혹을 당하셨습니다. 우리도 많은 유혹들 안에서 살아가지만 이런 유혹으로는 예수님을 만날 수 없습니다. 아담이 유혹에 넘어간 것도 하느님이 주신 풍요로운 생활을 했던 요인이 있었고, 우리도 성공하여 풍요로운 생활을 하면, 더 많은 유혹들이 내 앞에 도사리고 있습니다. 신앙생활을 하면서 자신이 아프고 힘들 때 더 신앙을 붙잡고 예수님을 만나는 영성 생활을 하는 경우가 많습니다.

예수님이 선포한 하느님의 나라

 예수님은 하느님의 나라가 다가왔다는 당신의 사명을 선포하십니다. 요한이 잡힌 후에 예수님은 갈릴래아로 가셔서 하느님의 복음을 선포하시며 "때가 차서 하느님의 나라가 가까이 왔다. 회개하고 복음을 믿어라."(마르 1,15) 하고 말씀하십니다. 하느님 나라의 선포는 이 나라가 가난하고 미소한 이들, 즉 겸손한 마음으로 그것을 받아들이는 사람들의 것이라는 말씀이고, 예수님은 가난한 이들에게 복음을 전하기 위해서 파견되셨습니다. 예수님은 죄인들을 하느님 나라의 식탁에 초대하시고 "나는 의인이 아니라 죄인을 부르러 왔다."(마르 2,17)고 말씀하십니다. 물질의 나라는 인정하지만 물질의 나라만으로 하느님의 나라를 완성시킬 수 없고, 하느님 나라는 영적인 나라이고 사랑의 나라입니다. 예수님이 그 당시에 창녀, 세리, 간음한 여인 등 공적 죄인들을 초대하셨기에 율법 학자와 바리사이들은 화가 나서 예수님을 죽이려고 계획했습니다. 그들은 하느님 나라와 그 비전에 초대받지 못했기 때문입니다. 세례를 받고 신자가 되면 여러분도 어려운 이웃들을 돌보고 죄인들을 단죄하지 않고 도와주는 그리스도인의 삶을 사시길 바랍니다.

하느님 나라의 표징은 예수님이 행하신 기적과 표징들로서, 성부께서 그분을 보내셨다는 것을 증거하고, 이 표징들은 예수님을 믿도록 권유합니다. 기적들은 그분이 하느님의 아들이라는 것을 증거하고, 기적은 호기심이나 마술적인 욕망을 채워 주기 위한 것들이 아닙니다. "하느님 나라의 도래는 바로 사탄 나라의 패배이다."(마태 12,31) 그런데 우리는 손가락으로 중요한 곳을 가리키면 손가락만 보는 경향을 가지고 있는데, 예수님이 행하신 기적과 표징을 바르게 이해하기 위해서는 손가락이 가리키는 목표를 보아야 합니다. 목표는 하느님의 나라인 천국입니다. 그러나 우리는 보이는 기적만이 나에게 기쁨을 준다고 생각하는 경우가 있습니다.

예수님은 베드로에게 특별한 권한을 주시며 "나는 너에게 하늘나라의 열쇠를 주겠다. 그러니 네가 땅에서 무엇이든지 매면 하늘에서도 매일 것이고, 네가 무엇이든지 땅에서 풀면 하늘에서도 풀릴 것이다."(마태 16,19)라고 말씀하셨습니다. 이러한 열쇠의 권한은 하느님의 집, 즉 교회를 다스릴 권한을 가리킵니다. 착한 목자이신 예수님은 부활하신 후 이 임무를 확인해 주셨고, "내 어린양들을 돌보아라."(요한 21,15~18) 하고 사도들에게 맡겼습니다. 이처럼 매고 푸는 권한은 죄를 사하고 교리에 관한 판단을 선포하며, 교회의 규율에 관한 결정을 내리는 권한을 가리킵니다. 다스리는 것은 지배가 아니라 섬기는 것입니다.

복음서에서 예수님의 거룩한 변모는 하느님의 나라를 미리 맛보는 것입니다. 공생활을 시작하면서 드러난 예수님의 세례, 파스카 직전에 보여 주신 예수님의 거룩한 변모는 바로 예수님 본래의 모습인 부활을 예표하는 표징입니다. 예수님의 세례를 통해서 우리의 첫 번째 재생의 신비, 즉 세례가 예고되었습니다. 그래서 여러분도 세례를 통해서 영적으로 새롭게 태어나는 준비를 지금 이 교리를 통해 하는 것입니다. 영적인 탄생이란 육적인 것을 통해서 나오는 것이고, 영은 육에 영향을 줍니다. 거룩한 변모를 통해서 두 번째 재생의 성사, 즉 우리 자신의 부활이 예고되었고 "우리의 비천한 몸을 당신의 영광스러운 몸과 같은 모습으로 변화시켜 주실"(필립 3,21) 그리스도의 영광스러운 내림을 우리가 미리 엿보게 해 줍니다.

저는 여러분이 예수님을 면밀히 인격적으로 만나시길 바랍니다. 저를 통해서 주님을 안내받지만 구체적으로 여러분이 예수님을 만나셔야 합니다. 소에게 물을 주러 물가에 가지만 소가 직접 물을 마셔야 하듯이 말입니다. 바오로 사도는 예수님은 나의 모든 짐을 사랑으로 짊어지신 분이라고 고백하십니다. 그는 그리스도교의 창시자와 같은 분이며 예수님의 가치를 신학적으로 체계화하신 영성적인 사도입니다. 여러분은 예수 그리스도의 인생이 무엇인지 보시고 교리를 통해서 만나기 힘드시면 신약성경의 4대 복음서와 바오로 서간을 계속 읽어 보시길 바랍니다.

성경을 통해서 예수님을 만나지 못하는 교회는 예수님이 계신다고 말할 수 없습니다. 유럽이나 한국 교회의 신자 수가 줄어드는 이유는 사랑의 질서가 더욱 필요하고, 세속의 정의로 판단하는 오류가 교회 역사 안에서 있었으며, 지금도 그런 모습들이 있기 때문입니다. 이것은 모르고 생기는 일이기에 예수님도 돌아가실 때 당신을 박해하는 저들이 모르고 하는 일이니 용서해 달라고 청하셨습니다. 예수님은 정의로 돌아가셨고 사랑으로 부활하신 분이십니다. 성당에 오는 것은 교회, 신부, 출세, 즐거움만을 찾으려고 오는 것이 아니라 예수는 그리스도이시라는 복음을 만나러 오시는 것입니다. 이 시간들을 통해서 예수님을 만나시는 길에 도움이 되시도록 기도드립니다. 주님의 기도의 마지막 부분 "유혹에 빠지지 않게 하시고 악에서 구하소서."를 기억하며 기도하는 우리 모두가 유혹과 악을 이기는 힘을 주시는 예수님을 만나시길 바라며 영광송으로 마칩니다.

**Question & Sharing
묻고 나누고**

1. 예수님의 정의는 자비가 목적지입니다.
   자비를 경험한 이야기를 나누어 보세요.
2. 공관복음의 예수 그리스도께서는 어떻게 살아가셨나요?
   예수님의 생각, 마음, 행동을 찾아보세요.
3. 예수님은 세례, 십자가 죽음, 부활에서 겸손하심이 드러납니다.
   나에게 겸손함은 어떤 것일까요?
4. 예수님이 선포하고 살아가신 "하느님 나라"는 무엇인지 자세히 찾아보세요.

7강

십자가와 부활 신앙의 그리스도

예수님께서는 십자가의 죽음에서
부활하셨습니다.

파스카의 그리스도

시작 기도는 사도신경을 바치겠습니다. 오늘은 예수 그리스도에 대한 세 번째 시간입니다. 첫 시간은 예수님의 호칭과 이미지를 나누었고, 지난 시간은 역사의 예수가 세상에 오셔서 돌아가시기 직전까지의 삶을 나누었으며, 오늘은 예수님의 수난과 돌아가심, 묻히심, 부활, 승천, 종말에 다시 오신다는 "파스카의 그리스도"를 말씀드리겠습니다. 파스카는 히브리어로 이스라엘 백성들이 이집트 종살이에서 모세를 통해서 하느님께서 이스라엘 백성들을 끌어내 구해 주신 고통과 죽음을 '지나갔다'는 뜻입니다. 영어로는 Pass over이고 고통과 죽음에서 해방되었다는 것이 파스카이며, 예수님의 수난과 돌아가심, 묻히심, 부활하심은 우리를 구원하기 위한 파스카로서의 삶을 그대로 보여 주신 것입니다. 그런 예수님을 만나는 것이기 때문에 우리는 예수님을 파스카의 그리스도라고 고백합니다.

파스카의 그리스도에 대한 것은 바오로 서간에 중심 주제로 나와 있고, 신약성경의 공관복음에는 파스카라는 말은 없지만 바오로 사도가 직접 쓴 서간에는 파스카의 그리스도를 고백합니다. 바오로는 예수님을 역사 안에서 만난 적이 없고, 부활하신 후 만난 파스카의 그리스도를 체험하신 분입니다. 부활하신 예수님을 만나시려면 바오로 서간을 읽으십시오. 바오로는 예수 그리스도께서 우리를 위해서 돌아가시고 부활하셨는데 바로 그분이 우리에게 파스카로서 생명을 주신 분이며 또 종말에 오시는 분이시라고 고백합니다. 여러분이 성당에 나오시는 이유는 예수님을 만나기 위해서인데 예수님을 만나고 알고자 한다면 두 가지가 중요합니다. 첫째는 하느님의 나라가 무엇인지 알아야 하기에 성경 공부가 중요합니다. 영성체, 미사, 기도, 봉사만큼 중요한 것이 성경 공부이고, 많은 경우에 성경 공부에는 소홀한 부분이 있는데 5월부터 우리 본당에서 성경 공부가 시작되니 여러분을 초대합니다.

  예수님을 알고자 하면 하늘나라가 무엇인지 정확하게 알아야 하고, 두 번째는 가난한 이가 누구인지 정확히 만나야 하는데, 가난한 이를 모르고서는 예수님을 만날 수 없기 때문입니다. 예수님은 가난한 사람이 행복하다고 말씀하셨고 가난한 분으로 우리에게 오셨습니다. 왜 우리가 가난한 사람을 만나야 할까요? 이는 가난한 이에게 복음을 전파하기 위해서가 아니라 가난한 이들 안에 예수님 당신, 바로 복음 말씀이 현존하기 때문입니다. 예수님은 천국이 무엇인지 분명히 말씀해 주시는 동시에 가난한 이에 대한 우선적인 선택이 예수님을 만나는 지름길이라고 가르치셨습니다. 아무리 우리가 헌금과 기도를 많이 한다 해도 천국과 가난한 이를 못 만났다면 예수님을 만나지 못한 것이고 이 말씀을 성경 전체는 전하고 있습니다.

하느님의 나라

하느님 나라와 관련된 예수님의 수난과 죽음에 대해서 나누려고 합니다. 예수님이 어떻게 돌아가셨는지 정확히 알아야 하는데, 그러면 하느님의 나라는 어떤 나라입니까? 하느님의 나라는 '다스린다'가 중요한 뜻이고, 그리스어로 "바실레이아(basileia)"인데 신약성경에 백 번이나 나옵니다. 하느님 나라는 마태오복음에는 55번, 마르코복음에는 20번, 루카복음에는 47번, 사도행전에는 8번 나옵니다. 교회는 이렇게 백 번 정도 나오는 하느님 나라를 정확히 알아야 하고, 과연 하느님 나라인 천국이 오늘날 우리 교회 안에서 발견되는지 바라보아야 합니다. 하느님 나라의 기준은 예수님이고 근본적으로 하느님이 스스로 낮추신 나라가 하느님 나라입니다. 당신 스스로 비우신 사건이 강생, 육화 사건이고 구세주 예수님을 이해하기 위한 신학이 그리스도론과 구원론입니다. 그리스도론은 예수가 누구냐(Who)에 대한 학문이고, 구원론은 예수님이 무엇(구원, Salvation)을 하셨는가 묻는 학문입니다. 곧 예수가 무엇(What)을 했고 예수가 누구냐(who)를 질문하는 학문으로서 예수의 Who와 what의 차이를 자세히 분석합니다.

하느님께서 인간의 모습으로 낮추신 것이 하느님 나라의 이미지이고, 하느님이 스스로 낮추신 것과 직결되는 나라가 하느님 나라입니다. 하느님이 스스로 낮추셔서 인간이 되셨는데 그런 '내려놓음'의 모습이 교회에 없다면 건물은 교회이지만 하느님 나라는 아닙니다. 교회 안에서 신자가 하느님 나라의 가치를 살아갈 때 선물 받는 호칭이 성도(聖徒)이며, 우리가 스스로 하느님을 믿는 신도(信徒)입니다. 하느님 나라의 모습으로 선포한 것의 첫 번째 내용은 "하느님 나라가 다가왔다."입니다. 초대교회는 하느님의 나라가 긴박하게 가까이 왔다고 확실한 정설로 보고 있으며, 지금도 하느님 나라가 우리 가운데 다가오고 있습니다. 그러면 하느님 나라가 다가오는데 우리는 어떤 자세이어야 할까요? 회개하면 됩니다.

우리는 단지 죄가 있어서 회개하는 것이 아닙니다. 그러므로 여러분은 죄의식을 가지고 성당에 오지 마십시오. 오히려 죄의식도 모르고 부패와 비리를 살아가는 정치권과 경제분야의 사람들이 회개해야 합니다. 그렇다면 회개하는 이유는 첫째, 하느님 나라가 다가왔기 때문입니다. 죄가 있어서 회개하는 것이 아닙니다.

그러므로 예수님이 하느님 나라가 다가온다는 기쁜 소식을 선포했으니 여러분은 밝은 얼굴로 성당에 오시기 바랍니다. 우리는 "사는 게 죄이지요." 하고 말하지만, 죄의식을 갖고 살지 않도록 주님으로부터 초대를 받았습니다. 사실 우리 모두는 사랑받는 죄인입니다. 회개는 중요하지만 죄의식만을 갖지 마십시오. 회개는 구원으로 들어가는 영혼의 문이며 회개라는 문을 열고 들어가지 않고서는 하느님 나라에 갈 수 없습니다.

예수님도 "때가 차서 하느님의 나라가 가까이 왔다. 회개하고 복음을 믿어라."(마르 1,15) 하고 선포하셨습니다. 회개는 구원론과 직결되고, 전통적으로 그리스도론은 하느님의 아들이 사람이 되신 것이며 구원을 중개한 구세주 인물이라는 것입니다. 예수님도 하느님처럼 구원을 이루어 주시는 과정에서 전적으로 희생을 자각하면서 당신 스스로 비움의 삶을 사셨습니다. 예수님은 하느님이 우리를 너무 사랑하셔서 세상에 오신 분이고, 우리는 그분을 만나야 하며, 예수님이 역사 안에서 사셨던 모든 방식들은 우리를 구원하기 위해 당신 스스로 낮추신 삶입니다.

복음서에서 예수님이 말씀하신 부분은 모두 하느님 나라에 대한 비유이고, 행적 부분도 기적과 치유의 모든 것이 하느님 나라에 대한 증거와 표시입니다. 행적에 치우치면 하느님 나라를 잊어버리게 되는데, 하느님 나라를 선포하는 행적과 말씀의 중심에는 '예수님이 사람들과 하신 식사'가 있습니다. 예수님은 제자를 뽑으신 다음에 '먹는 것'을 제일 먼저 하셨고 예수님의 행적에는 식사 이야기가 많습니다. 세례자 요한은 먹지 않는 재미로 살았다면 예수님은 먹는 재미로 사셨다 해도 과언이 아닙니다. 예수님은 모든 사람들과 식사를 하셨고 먹는 자리를 좋아하는 우리도 예수님과 닮았지만 예수님의 식사 자리와 구별됩니다. 우리가 "우리끼리만" 먹는다면, 사람을 구별하지 않고 모든 이들과 식사를 하는 예수님의 식사 방식은 다릅니다.

예수님은 제자들과도 식사를 많이 하셨지만 특별히 소외받는 사람들과 식사를 하셨고, 기득권자들에 의해서 죄인 취급을 받는 사람들 그리고 세상 사람들이 함께 먹지 않으려는 사람과도 함께 식사하셨습니다. 사람들의 친목은 중요하지만 친목에서 친교의 차원으로 가는 것이 주님의 식사에서 중요합니다. 이와 같은 예수님의 친교의 모습을 잘 보이시는 분이 프란치스코 교황님이신데, 그분은 성목요일에 노숙자들을 초대하셔서 함께 식사를 하십니다. 성당에서도 항상 우리 공동체끼리 식사를 하지만 식사를 하지 못하는 이들도 초대해서 함께하는 공동체의 모습이라면 이것이 하느님 나라의 표징을 드러내고 살아가는 것입니다.

하느님 나라는 가난한 이, 즉 지금 굶주리는 이에게 오직 돈을 애긍하는 것만이 아니라 인생의 외로움 속에 있고 혼자 고독하게 살아가는 이와 함께하는 것을 말합니다. 예수님의 식사는 성체성사를 미리 드러내고 있습니다. 그래서 우리가 참례하는 미사는 주님과 함께 식사하고, 성체성사 때 이룬 사랑을 세상 안에서도 식사하겠다고 다짐하는 것입니다. 이처럼 사랑은 성체성사 안에서 이루어지면서 세상의 성사 안에서 이루어질 때 성체성사는 완성됩니다. 성체성사는 세상 안 곧 내가 사는 현장에서 완성된다는 것이며, 예수님이 하신 식사의 중요한 모습입니다. 그러나 예수님의 동시대 종교 지도자들에게 예수님은 위협적인 존재였고 그래서 그들은 예수님을 제거하려고 계획합니다.

　예수님은 세상의 죄를 없애시기 위해 죽임을 당하실 것을 아시면서도 기꺼이 예루살렘으로 올라가셨습니다. 프란치스코 교황님의 한국 방문을 준비하면서 스트레스를 잘 받지 않는 저에게 원형 탈모가 생겼었는데, 그 당시 교황님의 안전을 책임지는 청와대 경호원들의 경호로 힘들었던 기억이 납니다. 예수님은 메시아로서 예루살렘에 입성하시고 종교와 정치의 기득권을 내세운 압박에 시달리셨습니다. 그런 상황에서 율법 학자, 사두가이, 바리사이인 종교 지도자들은 예수님이 선포하신 비전인 하느님 나라의 초대에 빠져 있었기 때문에 그들에게는 예수님에 대한 심리적인 분노가 가득 차 있었습니다. 그래서 그들이 예수님을 죽여야겠다고 눈여겨보고, 결심한 중심 사건은 예수님의 예루살렘 입성 사건과 성전 정화 사건입니다. 예수님의 죽음을 우리는 적절하고 확실하게 이해할 필요가 있고, 공관복음에서 예수님의 죽음의 이유를 분명하게 알아야 합니다. 그래야만 예수님의 죽음의 의미를 갖고 우리가 살아갈 수 있고, 그렇지 않으면 오해할 부분이 생깁니다.

당신을 왕으로 모시려는 군중의 시도를 항상 피해 오신 예수님은 조상 다윗의 도성에 메시아로 입성하실 시기를 택하여 준비하시고, 영광의 임금님이 새끼 나귀를 타고 오시는 것처럼, 당신의 도읍으로 들어가십니다. 예수님이 권력의 왕으로 오신 분이 아닌 것은 빌라도와 대화할 때도 알 수 있습니다. 빌라도가 "당신이 유다인들의 임금이오?" 하고 물을 때, 예수님은 "네가 그렇게 말하고 있다."라고 대답하시며, 내 나라는 네가 생각하는 나라와는 다르다고 말씀하십니다. 예수님은 물적인 나라의 왕이 아니라 영적인 나라의 왕이기 때문에 나귀를 타고 겸손히 입성하셨습니다. 그래서인지 그리스도교의 지도자들은 주님을 닮아 겸손하도록 초대받았습니다. 나귀는 예수님의 왕의 이미지이고 겸허의 표시입니다. 예수님의 도읍은 천상 도읍을 말하는 것입니다.

예수님은 당신 교회의 표상입니다. 그리고 예수님은 시온의 딸을 폭력이 아니라 진리를 증거하는 겸손으로 정복하십니다. 그날 어린이들과 하느님의 가난한 이들은 천사들이 목자들에게 예수님의 탄생을 알려 줄 때처럼 환호하며 "주님의 이름으로 오시는 분, 찬미 받으소서." 하고 기도합니다. 교회는 주님 파스카의 기념을 시작하는 성찬 전례의 "거룩하시도다"에서 다시 반복하고, 예루살렘 입성은 왕이신 메시아께서 당신의 죽음과 부활의 파스카를 통해 완성하시려는 하느님 나라의 도래를 나타냅니다. 교회의 전례는 성지주일에 이 일을 기념함으로써 장엄한 성주간을 시작합니다. 거룩한 것은 하느님께서 인간이 되신 것입니다. 하늘에 계셔야 하시는 분이 이 땅에 오신 것이 거룩한 것이며 예수 그리스도께서 우리와 함께 하늘로 가신다는 초대가 거룩한 것입니다.

예수님 죽음의 이유

예수 그리스도께서 본시오 빌라도 치하에서 고난을 받으시고 십자가에 못 박혀 죽으시고 묻히셨습니다. 예수님은 예루살렘에 입성하면서 세상의 왕으로 보여 주신 것이 아니라 권력의 부패를 향해서 당신의 영적인 나라인 하느님의 나라를 드러내신 것입니다. 이 사건이 성전 정화인데, 이는 복음서마다 약간의 차이가 있지만 파스카 신비가 가까워지자 예루살렘 입성과 아울러서 나타난 것입니다. 예수님이 성전에 들어가실 때 일어난 정화 사건을 통해서 알 수 있는 것은, 결국 종교 권력과 카르텔을 형성한 환전상과 장사하는 상인들이 부패된 종교 권력에 맞서신 예수님을 고발한 것입니다. 예수님은 성전을 기도하는 공간으로 만드시겠다는 것이었는데, 성전 정화 사건을 통해서 우리의 교회도 기도하는 공간인지를 묵상해 보아야 합니다. 그 당시 성전을 책임지고 있는 체제와 성전을 중심에 두고 이익을 추구하는 집단이 서로 결속되어 있었고, 성전을 중심으로 돈이 많이 생겼습니다. 여전히 오늘날의 교회에도 그런 모습이 있습니다. 성전 정화 사건은 결속되어 있는 부패된 이익 집단의 종교와 경제가 유착되어 있는 깊은 고리를 끊으신 사건이었기에 그들은 예수님을 죽여야 했던 것입니다. 예수님은 성전 부패와 종교 부패를 고발한 이유로 돌아가신 것인데, 오늘날의 예수를 믿는다는 종교가 부패하지 말아야 하고 그것에서 정말 자유로운지는 정확히 바라볼 필요가 있습니다.

예수님의 죽음의 적확한 이유를 알아야 합니다. 그런 점에서 성전 정화는 성전 본래의 순수성과 순기능을 회복하고자 했던 예수님의 뜻이지 단순히 폭력적인 행위가 아닙니다. 세상의 왕에 대한 고발이고 종교의 부패성에 대한 고발입니다. 이 두 가지가 결국은 종교 지도자들에게 예수님이 죽임을 당해야 했던 이유가 된 것입니다. 이스라엘은 로마의 속국이며 산헤드린 종교회의는 헤로데를 중심으로 하는 지방행정 체제 안에 종속되어 있었습니다. 하지만 종교 지도자들은 예수님을 고발할 수 있었고 헤로데는 로

마법에 따라 기소할 수 있었는데, 법 집행은 로마 총독만이 가능하였습니다. 그래서 산헤드린 종교회의에서 대사제들은 예수를 죽여야겠다고 공모했고, 예수님을 헤로데에게 보냈지만, 자신들이 법 집행을 할 권한이 없으므로 예수님을 빌라도의 로마 법정에 서게 한 것입니다.

예수님과 이스라엘의 관계를 보면, 예수님은 시나이산의 율법을 폐지하신 것이 아니라 그 궁극적 의미를 드러내시고 그 율법 어긴 것을 대속하실 만큼 완전하게 완성하셨습니다. 예수님이 성전 파괴를 예고하신 것은 당신 죽음과 몸이 결정적 성전이 될 구원 역사의 새로운 시기로 들어감을 드러낸 것입니다. 하느님에 대한 이스라엘의 신앙과 유일한 구원자 예수님과의 관계는 죄의 용서로써 당신이 구세주 하느님이심을 드러냅니다. 율법은 깨달음의 원천이 되어야 하고 지켰느냐 지키지 않았느냐만 보기 시작하면, 율법과 반대되는 경우가 발생합니다. 사회에서는 법대로만 정확하게 하지만, 교회는 법을 중심으로 하되 법의 정신까지 보아야 합니다.

십자가에 못 박혀 죽으신 예수님의 재판에서 예수님의 문제에 대한 유다 지도자들의 분열이 있었고 유다인 전체가 예수님의 죽음에 대해 집단적인 책임이 있는 것은 아닙니다. 예수님은 십자가 위에서 용서하심으로써 예루살렘의 유다인들과 나아가 그 지도

자들의 무지를 인정하셨으며, 예수님을 따라다닌 베드로에게도 그렇게 하셨습니다. 모든 죄인들은 그리스도의 수난을 만든 장본인이었고, 그 당시 실정법에 따라 모든 법 집행이 이루어졌는데, 예수님의 시선은 아주 달랐습니다. 예수님은 실정법을 안 지키신 것이 아니라 율법 학자와 유다지방의 영주 헤로데들과 빌라도 총독 등 정치권과 지방행정관 그리고 종교 지도자들, 이 세 집단 사이에서 이루어진 법적인 유죄 과정을 스스로 따라가지만, 오직 예수님의 시선은 하느님의 시선이고 그것은 영적인 시선입니다. 세상의 법칙이 아닌 하느님의 법칙인 영적 법칙으로 가는 평행선이 이루어지는 것입니다.

하느님의 구원 계획 안에 있는 그리스도의 구속적 죽음은 하느님께서 정하신 계획대로 넘겨지신 것입니다. 그렇지만 하느님께서 예수를 죽이려고 계획했다고 오해하면 안 되고, 하느님의 계획을 보려면 하느님의 섭리를 보아야 합니다. 하느님의 섭리는 운명, 예정도 아니고, 남자가 여자를 만난 것을 모두 운명이라고 단정할 수 없듯이, 운명과 예정으로만 보면 오해할 부분이 있습니다. 여러분이 성당에 오셔서 세례를 받는 것도 여러분의 선택이지만 큰 차원에서는 하느님의 계획, 부르심, 섭리인 가치에 응답하신 것입니다. 그러므로 성경에 이런 해석의 어법은 예수님을 넘겨준 사람들이 하느님께서 미리 써 놓은 각본을 수동적으로 실행에

옮긴 것에 지나지 않는다는 것을 의미하지 않습니다. 즉 각본대로 이루어진 것이 아니고 성경 말씀대로 예수님은 우리를 위해서 죽으셨습니다.

십자가, 대속의 구원

바오로 복음서는 코린토 1서 15장이고, 성 바오로는 자신이 "전해 받았다"고 말하는 신앙고백에서 그리스도께서 성경 말씀대로 우리 죄를 위해서 죽으셨다는 것을 고백합니다. 하느님께서는 우리를 위해 그분을 죄인으로 만드셨고 구속하시는 보편적 사랑을 먼저 보여 주십니다. 성경 말씀대로는 하느님의 섭리를 말하는 것이고, 우리 죄를 위해서 죽으셨다는 말은 공관복음에는 나오지 않습니다. 이것은 신학화된 바오로의 예수님 죽음에 대한 해석이고, 바오로의 '전해 받은 것'은 자신의 상상이 아니며 전달받은 것을 전해 주는 것입니다. 제가 하는 강의도 마찬가지입니다. 여러분도 전달받은 것을 신앙생활 안에서 자녀들에게 모범의 삶으로 나누어 주는 것이 전승입니다. 신약성경에서 예수님이 우리 죄를 위해서 죽으셨다는 신앙고백의 중심적인 말은 성경 전체에서 가장 오래된 표현입니다. 마르코복음은 50년, 루카복음은 70년, 마태오복음도 70년경 쓰였습니다. 요한복음은 100년경 쓰였는데, 그보다 50년 전에 쓰인 바오로 사도의 코린토 1서 15장

3절의 표현이 신약성경 전체에서 가장 먼저 쓰인 오래된 파스카 신앙고백의 문헌입니다.

하느님께서 우리를 위해 돌아가신 것이 대속(代贖)이고, 키르케고르의 책 중에서 하늘나라에 갔는데 유리벽에 적혀 있는 자신의 죄를 예수님이 다 지워 주셨다는 이야기도 대속에 대한 철학자의 표현입니다. 바오로 사도가 이야기하는 우리 죄를 위해서 돌아가셨다는 것은 우리가 죄를 지었는데 그 죄를 갚아 주시기 위해 돌아가신 분이 예수님이시라는 것입니다. 7살 먹은 어린 자녀가 축구를 하다가 옆집 유리창을 깨뜨리면, 그 자녀를 대신해서 부모가 책임을 지고 갚아 주는 것처럼 대속은 대신 갚아 준다는 뜻입니다. 그러면 우리는 죄만 짓는 존재이고 잘하는 것이 없는가를 생각해 볼 수 있습니다. 그리고 우리는 감사하지만 스스로 죄를 갚지 못하는가 하는 물음도 해 볼 수 있는데, 이것이 중세 구원관이 가지고 있는 제한적인 부분입니다. 그래서 보다 복음적인 구원관은 이제 대속 구원론에서 나도 그리스도의 대속에 연대한다는 연대 구원론을 말합니다.

나의 죄를 누가 대신 갚아 주는 것만이 아니라 내가 갚는다는 참여 구원론, 연대 구원론은 프란치스코 교황님이 강조하시고 저 또한 그렇게 해석합니다. 중세 때 나온 대속 구원론에 따르면, 매일 내 탓이라는 죄의식을 가지고 성당에 나오게 되는데 근본적으로 사랑의 대속 구원론은 아담과 하와처럼 죄짓기 이전 아담의 모습이 우리에게 있다는 것을 바라보자는 것입니다. 그래서 나도 죄짓기 이전의 모습으로 회복될 수 있어서 구원과 해방을 위해 서로 연대하고 능동적인 참여를 말하는 구원 이야기입니다. 내가 어릴 때는 갚을 능력이 없어서 예수님이 갚아 주셨다 해도 지금은 내 능력으로 가능하니까 내가 갚고 다른 이를 도와주는 희생의 연대 구원론을 살아갈 수 있는 것입니다.

그리스도께서는 우리 죄 때문에 당신 자신을 성부께 바치셨고, 그리스도의 전 생애가 성부께 드리는 제물입니다. "나는 내 뜻이 아니라 나를 보내신 분의 뜻을 실천하려고 하늘에서 내려왔다"(요한 6,38). 성부의 구속하시는 사랑의 계획을 받아들이고자 하는 원의가 예수님 생애의 원동력이고 구속을 위한 수난이 당신 강생의 마음이기 때문입니다. 예수님은 세상의 죄를 없애시는 어린양이십니다. 예수님은 성부의 구속하시는 사랑을 자유로이 받아들이시고 인간을 위한 성부의 사랑을 인간으로서 당신 마음에 받아들이셨습니다. "당신의 사람들을 끝까지 사랑하신"(요한 13,1) 하느님의 아들은 최고의 자유를 지니고 스스로 죽음을 향해 나아가셨습니다.

바오로의 대속 구원론은 성경에 토대를 두지만, 연대 구원론으로 나아가는 것이 우리의 숙제이고 나 개인의 죄뿐만 아니라 세상의 죄까지도 짊어지시는 예수님을 바라보아야 하며, 나도 구원되어야 하지만 세상도 구원되어야 하는 하느님의 시선으로 발전하는 구원관이 되어야 합니다. 정경 유착이 끊어져야 하고 기업이 회계 분식을 바르고 정확하게 하며 성당과 교회도 투명한 예산이 집행되어야 합니다. 우리도 세금 포탈을 하지 말고 정확히 세금을 납부하면 정부는 복지국가, 선진 국가로서 국민들을 책임지는 정부가 되는 것이고, 이것이 세상의 죄를 끊는 것입니다. 미사 중 영성체 직전 "보라! 하느님의 어린양, 세상의 죄를 없애시는 분이시니 이 성찬에 초대받은 이는 복되도다." 하는 미사 통상문은 예수님이 세상의 죄를 끊으러 오신 분이시고 이제 세상을 위한 영성체에 참여하겠다는 신앙의 고백입니다. 예수님은 개인의 삶에서 사회가 투명할 수 있는 세상의 죄로부터 우리를 구원하러 오셨습니다.

예수님의 십자가 희생과 부활

겟세마니에서, "아버지, 하실 수만 있으시면 이 잔이 저를 비켜가게 해 주십시오."(마태 26,39) 하고 기도하신 예수님은 죽기까지 하느님 아버지께 순종하심으로써 아버지의 손에서 잔을 다시 받아들이십니다. 예수님은 "우리의 죄를 당신의 몸에 친히 지시고 십자 나무에 달리시어"(1베드 2,24) 우리를 위한 죽음으로 받아들이십니다. 그리스도의 죽음은 유일하고 결정적인 희생 제사이고 새로운 계약의 제사입니다. 예수님은 우리의 불순종을 당신의 순종으로 대치하시고, 십자가 위에서 당신의 희생 제사를 완성하시며, 거룩하신 당신 수난으로 우리에게 의로움을 얻어 주셨습니다. 이것이 그리스도 희생 제사에 대한 우리의 참여입니다.

여러분이 힘들 때는 힘들다고 주님께 고백하시고, 있는 그대로 표현하는 것이 기도입니다. 나 자신이 판단하지 말고 힘들면 힘들다고 말하십시오. 예수님도 하느님께 이 잔이 비켜 갈 수 없는 것이라면, "제가 원하는 대로 하지 마시고 아버지께서 원하시는 대로 하십시오."(마태 26,39)라고 말씀하셨습니다. 하느님이 알아서 해 주신다고 믿고 하느님을 제대로 만나면 나도 나와 나의 어려움을 제대로 만납니다. 불교는 나 스스로를 알아 가면서 불성을 만나는 것이고, 내가 무엇인지를 발견하고 수련하는 종교이며, 이는 끊임없는 자비 수행으로 가능합니다. 그런데 가톨릭은 하느님을 정확히 만나면 나도 만나는 종교입니다. 하느님을 모르고 나만을 추구하면 우리의 삶에서 어려움이 생깁니다. 그래서 우선적으로 하느님과 예수님이 누구인지를 정확히 알고 만나야 비로소 나를 만날 수 있습니다. 이런 만남이 바로 사랑인데 넓게 인류를 사랑하는 박애 신앙입니다.

예수 그리스도의 묻히심은 육신을 지니고 무덤에 묻히신 그리스도께서 모든 사람을 위해 죽음을 겪고 묻히신 것을 말합니다. 사람이 되신 하느님의 아들이 참으로 묻히신 것입니다. 그리스도께서 무덤에 계시는 동안 그분의 신적 위격은 죽음으로 분리된 그 영혼과 육신을 계속 지니고 계셨고, 이 때문에 돌아가신 그리스도의 몸은 썩지 않았습니다. 성경 말씀대로 예수님은 우리를 위해서 돌아가시고 묻히셨으며 3일 만에 되살아나셔서 제자들과 팔삭둥이인 바오로에게 나타나셨습니다.

저승에 내리시어 사흗날에 죽은 이들 가운데서 부활하심은 저승에 내려가시어 부활하시기 전에 죽은 이들의 거처에 머물러 계셨다는 의미로, 예수님이 참으로 죽으셨고 우리를 위한 당신의 죽음으로 죽음과 "죽음의 권능을 쥐고 있는"(히브 2,14) 악마를 멸망시키셨다는 고백입니다. 돌아가신 그리스도께서 내려가신 죽은 이들의 거처를 성경은 지옥, 셰올(Sheol) 또는 하데스(hades)라고 부르는데, 이곳에 있는 이들은 하느님을 볼 수 없기 때문이고, 예수님이 지옥에 떨어진 이들을 구하거나 저주받은 지옥을 파괴하기 위해서가 아니라 당신보다 먼저 간 의인들을 해방시키기 위해 그곳에 내려가신 것입니다. 예수님이 저승에 내려가심은 구원을 위한 복음 선포의 충만한 완성이고, 저승은 지옥이 아니라 죽은 이들이 머무는 공간이며, 지옥은 성경의 언어로 불타는 쓰레기장이라고 표현합니다. 저승은 죽은 이들이 모두 가는 곳이고 예수님이 그곳에 가신 이유는 의인들을 데려가기 위한 것인데, 그래서인지 지옥은 하느님이 계시지 않는 곳이며, 그러므로 "하느님께서 사랑이시다."(1요한 4,16) 사랑이 천국이면 미움은 지옥입니다.

예수님이 사흗날에 죽은 이들 가운데서 부활하심은 역사적이고 초월적 사건입니다. 돌아가신 예수님이 계시지 않은 빈 무덤의 발견은 그리스도의 부활 사실을 인정하는 제자들의 첫걸음이고 그들은 빈 무덤을 보고 믿었습니다. 빈 무덤을 발견한 사건은 라자로의 소생과 달리 예수님이 단순히 지상의 삶으로 돌아오신 것이 아니라는 것을 확인했다는 사실을 전제로 합니다. 복음서에서 부활하신 분의 발현은 마리아 막달레나, 베드로, 12사도에게 있었고, 또한 바오로는 야고보와 모든 사도들 외에도 오백 명이 넘는 사람들에게 예수님이 나타나셨다고 분명히 말하고 있습니다. 그리스도의 부활한 인간성은 더 이상 지상이 아니라 성부의 신적 영역에만 속하여 있고, 부활 전에 야이로의 딸, 나인의 젊은이, 라자로에게 베푸신 경우처럼 지상의 삶으로 돌아가는 것이 아닙니다.

예수님의 몸은 영광스러운 상태로 하느님의 생명에 참여하는데, 성 바오로는 그리스도를 "하늘에서 온 인간"이라고 말하였습니다. 초월적 사건인 부활은 감각 기관으로 지각할 수 없는 것이고, 부활은 자동차도로의 형태로 보면 유턴 길이 아니라 직진 길입니다. 라자로를 살리신 사건은 부활의 표징이지 부활의 완전한 뜻은 아니며, 예수님만이 부활을 살아가신 것이고, 부활은 살던 곳으로 돌아가는 것이 아니라 앞으로의 삶으로 직진해 가는 새로움입니다. 그래서 세례는 그전의 삶이 마감되고 새로운 삶으로 나아가는 탄생입니다.

"그리스도께서 되살아나지 않으셨다면, 우리의 복음 선포도 헛되고 여러분의 믿음도 헛됩니다"(1코린 15,14). 부활은 그리스도께서 친히 행하시고 가르치신 모든 것들을 확인해 주는 것입니다. 그리스도께서는 약속하셨던 당신 신적 권위에 대한 결정적 증거를 부활로 보여 주셨습니다. 그리스도의 부활은 구약의 약속이고 지상 생활 동안 하신 약속의 실현이며 하느님 아들의 강생의 신비에 밀접히 연결된 강생의 완성입니다.

"죽은 이들 가운데서 맏이이신 그리스도께서는 지금도 우리 영혼을 의화시켜 장차 우리 육신을 다시 살리심으로써 우리 자신에게 부활의 근원이 되신다." 그리스도교가 탄생되었고 유지되는 것은 십자가가 아니라 예수님의 부활인데, 바로 십자가를 통한 부활입니다. 그런데 우리 중에 십자가의 신앙으로 우울하고 죄스러운 마음을 가지고 신앙생활을 하는 분들이 계시는데 여러분은 부활 신앙을 통해서 밝게 신앙생활을 하시길 바랍니다. 오랜 신앙생활을 하신 분들은 믿을 교리를 공부하셔서 부활 신앙보다는 십자가 신앙의 죄 중심인 믿음살이를 하셨지만 여러분이 함께하시면서 자연스러운 밝은 공동체 분위기가 되리라 믿습니다.

　예수님이 하늘에 올라 전능하신 천주 성부 오른편에 앉으셨다는 그리스도의 승천은 그리스도의 인성이 하느님의 천상 영역으로 결정적으로 들어감을 나타냅니다. 그리스도께서는 그곳으로부터 다시 오실 것이지만 그때까지는 사람들의 눈에 띄지 않으실 것입니다. 예수 그리스도께서는 하늘의 성소에 한 번에 결정적으로 들어가시어, 영원히 우리에게 성령을 부어 주실 것을 보장하시는 중개자로서 끊임없이 우리를 위해 기도하십니다. 예수님을 이해하는 부분에서 탄생과 유년기는 짧고, 공생활인 행적과 말씀은 길며, 수난과 죽음, 부활은 짧게 구성되어 있습니다. 부활의 의미는 내가 새 생명으로 나아가는 직진의 길인데, 부활의 완성은 종말 때 완성되는 것이고, 우리는 재림 때 오신다는 예수님을 기다리고 있습니다. 재림은 좋은 것이고 종말은 하느님 나라가 완성되는 순간이며 승천과 성령강림도 완성해 가는 부활의 의미입니다. 그래서인지 부활의 연장선이 승천과 성령강림이고 부활은 종말로 완성됩니다.

　그리로 부터 산 이와 죽은 이를 심판하러 오시리라는 신앙고백을 통해서 그리스도께서 영광스럽게 다시 오실 것이고 이미 그리스도는 교회를 통치하십니다. 예수님 승천 이후로 하느님의 계획은 그 완성 단계에 들어갔고, 우리는 이미 "마지막 때"에 살고 있습니다. 모든 것이 그분 앞에 굴복하게 될 때까지 이스라엘의 희망인 그리스도의 영광스러운 재림을 기다리고, 교회의 마지막 시련이 될 것입니다. 주 그리스도께서 교회를 통해서 이미 다스리고 계시지만 아직은 이 세상의 모든 것이 그분께 복종하지 않고 있으며, 그리스도 나라의 승리는 악의 세력의 마지막 공격을 거쳐야 나타날 것입니다. 심판은 우리를 멸망하려고 하는 것이 아니라 살리고자 하는 구원을 위한 것입니다. 억울하게 심판받는 이들을 살리시는 예수님이 계시니 두려워하지 마십시오.

산 이와 죽은 이를 심판하러 오시리라는 세상 종말의 심판 날에 그리스도께서 영광에 싸여 오셔서, 역사 안에서 밀과 가라지처럼 함께 자란 악에 대한 선의 결정적 승리를 이루실 것입니다. 영광스러운 그리스도께서 종말에 산 이와 죽은 이를 심판하러 오셔서 마음속에 감추어진 의향을 드러나게 하시고, 각자에게 그의 행업에 따라, 그가 은총을 받아들이고 거부한 것에 따라 갚아 주실 것입니다. 예수님의 부활은 하느님의 결정적인 종말론적 행위이고 자기 계시입니다. 부활에 대한 믿음은 신앙고백에서 가장 든든한 보루이고, 교회를 지탱하게 하며, 하느님과 예수 그리스도에 대한 믿음을 위한 중심 개념입니다.

부활 신앙의 예수님은 하느님의 유약(柳約)이고 하느님의 재현입니다. 하느님의 어린양, 세상의 죄를 없애시는 주님이시라는 믿음이 그리스도인의 인생관과 가치관의 토대가 되어야 합니다. 그리스도 인생관은 인간답게 살고자 그리스도를 받아들이면 예수님의 가치가 나를 통해서 움직이고, 예수님의 그 가치가 다른 사람의 짐을 사랑으로 가볍게 짊어지어 주는 것이 되는데, 그것이 나의 선택이고 내 인생관이 되는 것입니다. 내가 예수님의 사랑으로 다른 사람들과 관계를 맺으며 산다는 것이 아름다운 삶입니다.

16세기 종교개혁가로서 대표적인 두 인물은 루터와 칼뱅입니다. 복음주의 중심의 루터는 그리스도는 하느님이 육화하신 것이고 예수님의 십자가 희생 구원론을 말하였으며, 그리스도의 인격은 희생으로 다 설명할 수 없기 때문에 십자가의 희생으로 하느님 신성의 모습으로서 그리스도, 그것이 사실이고 존재라고 말합니다. 그리고 루터는 십자가의 희생은 하느님의 존재 사실 위에서만 믿을 수 있다고 말합니다. 장로교인 칼뱅은 그리스도의 신성과 인간성을 침해하지 않으면서 예수님의 인간성이 바로 그리스도의 신성과 결합한 것은 같지만 동시에 저 너머에 있는 예수님의 인격을 말합니다. 개신교가 미사를 드리지 않는 이유는 그리스도의 한 번의 거룩한 변모와 희생 제사로 더 이상 제단에서 드리는 제사가 필요 없다고 믿기 때문입니다. 종교개혁 그 당시에 가톨릭교회의 부패가 심각했고, 종교개혁자들에게 예언직은 하느님의 진리를 중재하는 직무이고, 왕직은 우리를 하느님 나라, 영원한 생명에 초대하는 봉사직이며, 그래서 개신교 종교개혁자들은 사제직 곧 미사성제의 제사를 포기하였습니다. 하지만 가톨릭교회는 십자가, 부활, 성사와 함께 구원 행위를 완성시키는 직무로 규정하고 보존하였습니다. 영광송으로 마칩니다.

**Question & Sharing
묻고 나누고**

1. 파스카는 어떤 뜻일까요?
2. 예수께서 선포하고 실현하는 "하느님 나라"에 대해 포괄적인 의미를 찾고 나누어 보세요.
3. 예수 그리스도께서 십자가에서 돌아가신 대속(代贖)의 뜻은 무엇인가요? 누군가 나를 위해 돈이나 물건을 대신 갚아 준 경험이 있나요? 나누어 보세요.
4. 성경 말씀대로 예수님의 부활과 사도신경에서 육신의 부활의 뜻을 알아보세요.

8강

오! 복된 죄여! 인간의 원죄란 무엇인가요?

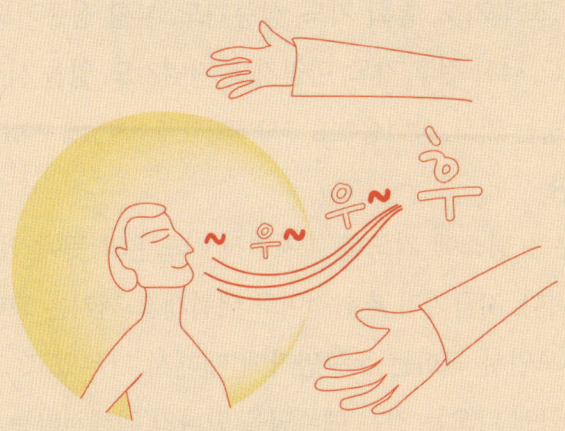

하느님 모습으로 창조된
우리 인간 모두는 소중합니다.

　시작 기도는 부활 삼종기도를 바치겠습니다. 가톨릭 주요 기도문은 성호경, 주님의 기도, 성모송, 영광송, 사도신경, 반성 기도, 십계명, 고백 기도, 통회 기도, 삼종기도, 부활 삼종기도, 구원을 비는 기도, 식사 전후 기도, 아침기도, 저녁기도, 일을 시작하고 마치고 바치는 기도, 삼덕송(믿음, 소망, 사랑의 세 가지 덕을 구하는 기도문)이 있습니다.

　여러분은 평소에 기도를 바치면서 기도문의 뜻에 익숙해지면 좋겠습니다. 지금까지 추상적이고 어렵게 느껴지는 교리의 과정을 지나오면서 교회는 누구인가에 대해서 나누었고, 그리고 우리가 교회에 나오는 것은 예수님을 만나기 위해서라는 부분까지 나누었습니다. 그런데 우리가 볼 수 없는 하느님에 대한 이야기는 교리 강의 마지막쯤에 나눌 것입니다. 처음 시간부터 안 보이는 하느님에 대해서 말씀드리면 여러분도 혼란스러워 헷갈리게 될 수 있고, '하느님이 진정으로 나보다 나를 잘 아실까?' 하는 마음이 들기 때문입니다.

인간은 누구인가? 죄는 무엇인가?

가톨릭 신앙은 통하는 신앙입니다. 이는 예수님과 성령을 통해서 하느님을 만나는 길이고 그래서 성령과 예수님에 대한 강의를 4번에 걸쳐 했습니다. 오늘은 인간에 대해서 나누고자 합니다. 신학이 인간학이라고 말할 수 있고, 하느님을 제대로 만나면 우리 자신 또한 제대로 볼 수 있으며 내가 하느님을 모른다면 나 자신도 모릅니다. 오늘 이 시간부터 인간에 관련된 모든 것을 나누고 마지막 강의 즈음해서 하느님 이야기를 할 것입니다.

신학적 인간학이라는 용어는 40년 전에는 없었고, 오히려 그것에 관련된 교의신학을 공부했습니다. 먼저 신학적 인간학을 간단히 말하자면 '첫째, 인간은 누구인가? 둘째, 죄는 무엇인가? 셋째, 은총을 받아서 구원된다'는 순서로 말씀드릴 수 있습니다. 인간은 하느님의 모습을 닮은 존재라는 것은 성경이나 그리스도교의 가장 핵심적인 내용이며 그래서 인간은 하느님의 모습을 닮도록 창조되었습니다. 하느님의 모습은 하느님이 만들어 주셨지만 그 하느님의 모습을 지속해서 닮는다는 것은 내가 실행하는 몫입니다. 곧 하느님의 닮음을 유지하며 성장하고 보존하는 것은 인간의 몫입니다. 학교에서 교사가 내주는 과제를 누구도 대신할 수 없고 학생 스스로 해야 하는 것처럼 말입니다. 그런데 요즘 학교에서는 과제가 따로 없이 수업만 잘 들으면 된다고 하네요. 이처럼 하느님께서 나의 모습을 주셨지만 하느님의 모습을 닮는 것은 우리 인간의 몫이고, 하느님의 모습은 사랑이며 우리는 그 사랑을 닮는 것입니다.

그러면 죄는 무엇입니까? 죄는 인간이 하느님을 닮은 모습에서 멀어지는 것이고, 하느님은 우리를 너무 사랑하셔서 당신의 모습대로 창조하셨는데, 그 하느님의 사랑으로부터 멀어지면서 나의 모습이 달라지는 것입니다. 그것을 우리는 죄 그리고 타락이라고 말합니다. 하느님은 당신 모습으로 인간을 사랑스럽게 창조하셨는데, 인간이 하느님의 사랑에서 멀어지면서 모습이 변질되는 것입니다. 인간의 욕망, 욕심, 타락이 죄가 되는데, 하지만 우리는 죄로 끝나는 것이 아니라 하느님께서 우리에게 은총을 주시고 의화되는(의롭게 됨) 것입니다. 예수님을 통해서 은총을 주시어 우리가 구원된다는 이 주제를 신학교에서는 3년 동안 공부를 합니다.

하느님의 사랑에서 멀어지는 것이 죄인데, 죄에는 어떤 속성이 있을까요? 하느님은 우리의 죄에도 불구하고 우리를 너무 사랑하셔서 예수님을 보내 주시고 우리를 은총으로 의롭게 해 주십니다. 이것이 바오로 사도의 의화론, 은총론입니다. 그런데 우리는 교리를 체계적으로 배우는 것이 매우 중요합니다. 그렇지 못하면 내용이 섞여 혼란이 일어나 종교가 사업이 될 수 있으며, 신앙의 진리를 제대로 알지 못한다면 종교는 매우 위험합니다. 종교심은 중요하지만 성경을 토대로 한 역사 안에서 발전한 예수님의 뜻과 이천 년 동안의 체계화된 교리는 교회를 교회답게 그리고 우리를 사람답게 합니다.

우리는 오늘 은총에 대해서 이야기를 많이 하고 들어 보기도 했습니다. 개신교는 은혜라고 하는데 여러분은 성당에 나오시기 전부터 은총과 은혜에 대해서는 신자분들에게서 수없이 들어 보셨지요? 은총은 종교 용어 중에서 가장 많이 사용되고, 우리가 신앙생활을 하면서 어쩌면 성당, 예수님, 하느님보다 은총을 더 많이 사용하는데 한편으로는 잘못 사용하는 용어이기도 합니다. 병자 앞에서 위로한다면서 "하느님은 아픈 사람에게 특별히 은총을 더 주십니다."라고 말하면 듣는 이는 바로 "그럼 당신이나 아파서 은총 많이 받으세요!" 할 일입니다. 아픈 이에게는 위로를 하면서도, 상대방에게 마음을 풀어 드리지 못하면서 은총을 말한다면 오해가 생기고 상처를 주려고 한 것은 아니지만 상처가 됩니다. 제가 25년 전 잠시 독일에 머물면서 박사논문을 쓰고 독일어 공부를 할 때 만났던 자매님의 이야기를 하려 합니다.

자매님은 독일에서 간호사로 근무했었고 그곳에서 결혼하고 아들, 딸 두 자녀를 두었습니다. 남편은 오래전 어린 자녀들과 함께 한인회 행사를 도우러 갔다가 교통사고를 당해 사망했습니다. 그런데 그 사고가 발생한 지 10여 년 후 제가 독일에서 방학을 지내러 갔을 때 만난 딸은 이미 의대생이 되었고, 아들은 중학생이었습니다. 자녀들을 아빠 없이 홀로 키우며 잘 견뎌 온 자매님이었는데 비극이 또 한 번 일어났습니다. 중학생이었던 아들이 수영 금지 구역에서 수영하다가 사망하게 되었습니다. 그런데 십여 년 전 남편이 세상을 떠났을 때도 그러더니 지금도 시댁에서 며느리가 잘못 들어와서 집안 남자들이 사망했다는 어이없는 소리를 들어야 했습니다. 남편과 아들이 사망한 것이 왜 그 자매님의 탓인가요? 샤머니즘은 한국인들의 정신에 바탕을 이루고 있지만 이런 시댁 식구들의 생각은 잘못된 샤머니즘의 가치에서 오는 것입니다. 아들의 사망으로 고통스러워하는 그 자매는 하느님을 원망하며 왜 나에게서 남편과 아들을 데리고 가셨냐고 통곡하였습니다. 그런데 개신교에서 개종한 어느 젊은 가톨릭 자매가 그 부인을 위로한다면서 "이건 하느님이 하신 일이 아니야. 아이가 가지 말라는 수영장에 가서 그렇게 된 거지. 하느님을 원망하지 말고 정신 차려요!"라고 말했습니다. 이와 같은 말을 할 때는 타이밍이 매우 중요합니다. 구원과 사랑도 타이밍이 정말 중요하며 누군가 슬퍼하면 함께 울어 주는 것이 사랑이지 맞고 틀림을 먼저 말하지 않아야 합니다.

　우리는 성경과 교리로 체계적인 인간에 대한 이해가 필요하고, 인간의 사고는 단지 맞고 틀림으로 이해되는 것이 아닙니다. 그

젊은 자매가 했던 말은 모든 것을 하느님이 주재하시는 것이니 하느님의 섭리 안에서 이루어진다고 할 수 있지만 어느 때나 맞는 말이 중요한 것이 아닙니다. 그 일이 일어나고 오랜 시간을 냉담하다가 다시 성당에 왔던 그 자매는 제대로 신앙생활을 하자는 마음으로 신학을 공부했고, 지금은 가족들과 잘 지내고 계십니다. 신앙 안에서 제대로 믿으려면 공부를 해야 하고, 한국 교회도 성장하려면 체계적이고 정확하게 주님을 만나는 훈련이 필요합니다. 제가 유튜브에 강의를 올리는 이유도 신학을 공부하고 23년간 신학생들과 함께한 제가 여러분께 하느님을 제대로 나누면서 전달해 드리기 위해서입니다. 홍삼을 만드는 원리와 과정은 잘 모르고 어렵지만 잘 만들어진 홍삼즙 제품은 누구나 쉽게 마실 수 있습니다. 유튜브 가톨릭교회 교리가 가톨릭 신앙 진리를 이해하는 데 많은 도움이 될 것이고 20회의 교리 강의를 1년을 반복하시면 믿음살이의 체계가 살림살이에서 잡히고 나 자신을 제대로 바라볼 수 있으며 상대방도 하느님의 뜻대로 도와줄 수 있게 될 것입니다.

은총이란?

요즘 교회에서 은총이 약화되는 이유 중의 하나는 은총만을 강조하는 교회에 대한 불신 때문인데, 우리가 사는 사회는 인간 안에서 연대를 통하여 하나의 힘을 받습니다. 연대성을 강조하며 은총을 거부하는 이유는 교회가 은총만을 이야기하면서 사회와는 아무런 연관이 없는 개인의 욕망만을 채우기 위함을 은총이라고 말하고 있기 때문입니다. 교회에서 은총이 자아도취적인 표현으로 사용되고 은총을 받은 교회 구성원들 사이에서 체계적이지 않게 만연하는 비상식적인 모습이 부분적 또는 전체적으로 드러나면 참으로 교회 생활이 은총답게 이루어지기 어렵습니다. 오히려 사람들은 그보다는 사회에서 은총의 모습들이 NGO 활동, 생태 환경 운동 등으로 활발하게 이루어지고 있는 현실을 봅니다. 성당의 청년들 중에는 냉담을 하고 있지만 봉사 활동을 열심히 하는 친구들을 보기도 합니다. 이런 일들이 무조건 교회의 책임은 아니지만 구체적으로 인간의 힘을 모아서 세상을 바르게 할 수 있는 것이 무엇일까 고민해 보아야 하고, 저의 해석은 객관적이고 합리적인 부분들이 우리의 힘으로는 모이는 것이 약하니까 하느님의 은총을 구한다는 느낌이 젊은이들에게는 불편하게 받아들여질 수 있는 것이라고 봅니다. 그러면서 성당은 멀리해도 사회적인 봉사 활동과 생태 환경 운동은 열심히 참여하게 되는 것인데 앞으로는 우리 교회가 적극적으로 실천해야 할 일입니다.

    은총은 연민의 정이나 위로와 혜택이라는 생각은 끊어야 합니다. 복을 받겠다고 성당에 오는 것보다 내가 하는 일을 통해서 주님의 복은 일어나는 것입니다. 프랑스 철학자 카뮈는 "인간은 은총의 나라 대신에 정의의 나라를 세우는 본래적인 희망을 시작해야 한다."고 말했습니다. 사회의 의식 있는 철학자와 신학자들이 세상의 현실을 바라보면서, 예를 들어 1, 2차 세계대전과 이슬람 문제 등이 단순히 세속화된 것이라고 할 수 없고, 교회가 본래의 모습을 갖추지 못한 영향을 지적했습니다. 은총은 절대적으로 관계의 개념으로 이해해야 하는데, 나는 아무것도 관계하지 않으면서 은총만을 받겠다는 것은 이기심일 뿐입니다. 은총으로 사회가 더 합리적이고 이웃사랑으로 나아가야 하며, 관계의 개념으로 이해하면서 엄밀히 말하자면 인간에 대한 하느님의 사랑을 함축하는 것이 은총입니다.

2차 바티칸공의회 이전까지 교회는 완전사회이고, 교회가 중심이며 성스럽고 세상과 구별되어 떨어진 개념이었습니다. 하지만 우리는 하느님의 사랑과 아울러서 은총과 함께 세상으로 나가야 합니다. 이것이 2차 바티칸공의회의 정신입니다. 가톨릭은 개혁이 빨리 이루어졌습니다. 구조상의 어려움들이 있기는 하지만, 시대를 읽어 내시는 훌륭한 교황님이 계시면 솔선수범으로 회개하는 힘을 발휘하게 할 수 있었습니다. 현재 교황님이신 프란치스코 교황님은 가톨릭 신자가 아닌 모든 세계인들에게서 존경을 받고 있습니다. 사람들은 교황님이 권위가 없으시고 순수하시며 가난한 이들을 사랑하시고 직접 먼 곳까지 찾아가 만나시는 그 모습들을 사랑합니다. 그래서 교황님의 행보만으로도 우리의 삶에 좋은 영향을 줄 수 있습니다.

하느님 모습으로 창조된 인간

인간은 하느님의 모습으로 창조되었고, 육체와 영혼으로 구성되어 있습니다. 그리고 인간은 남녀로 창조되었으며, 둘이지만 한 몸으로서, 본래 낙원에 살도록 초대받았습니다. 이것이 인간에 대한 몸 신학 이야기의 출발점입니다. 사람은 낙원에 살도록 초대받았는데, 우리의 현실이 그렇지 못한 것이 죄라고 고백합니다. 곧 낙원에 초대받은 인간이 하느님의 뜻에 동의가 이루어지지 않고, 욕심으로 드러나기 때문이며 그것이 타락입니다. 죄의 실체는 인간 안에 원죄의 속성이 있는 것입니다. 하지만 하느님께서는 인간이 외적으로 짓는 죄보다는 우리 안에 있는 나쁜 생각들을 선하게 만드시는 회개의 은총을 내려주십니다. 그래서 우리의 나쁜 생각이 달라질 수 있습니다. 맹자는 성선설을 주장하며 인간은 본래 선한 존재이고, 도덕적 이성을 갖춘 지식인이 국가 사회를 이끌어 가야 한다고 했으며, 순자는 성악설을 주장하며 인간은 본래 악하므로 국가 사회는 행위 규범인 예로 절제시켜야 한다고 했습니다.

하느님께서는 악마, 귀신, 마귀를 만드신 적이 없고, 본래 하나의 하느님, 인간, 천사를 창조하셨는데, 하느님을 제외한 인간의 죄와 천사가 마귀로 타락했습니다. 그러면 우리는 무엇을 해야 합니까? 회복만 하면 되고, 우리를 회복하게 해 주시는 분은 예수 그리스도시고 그것을 '의화'라고 합니다. 하느님은 인간을 죽음의 그늘 아래 더 이상 내버려 두지 않으십니다. 이것이 은총입니다.

오직 인간이 하느님을 알고 사랑하며, 하느님의 생명을 나누어 받도록 부르심을 받았습니다. 이를 위해 인간은 창조되었고 이것이 인간 존엄성의 근본적인 이유입니다. 우리 모두는 태어나고 싶어서 태어난 사람은 없으며, 이처럼 인생의 시작과 마침은 내 뜻이 아니지만 과정은 내 뜻대로 할 수 있습니다. 이렇게 신앙은 먼저 우리 모두를 부르심에서 출발하며, 인간이 존엄하다는 것은 우리 모두가 하느님의 모습을 닮았다는 것입니다. 성경에는 '인격'이라는 말은 없지만, 이는 예수님이 말씀하신 '목숨'(psyche) 곧 영혼을 말하는 것입니다. 하느님의 모상을 지닌 인간은 인격이라는 품위를 지니며, 자신을 인식하고 자제할 수 있습니다. 자유로이 자신을 내어 주고, 다른 인격과 친교를 이룰 수 있습니다. 창조주 하느님과 맺은 계약으로 부르시는 은총을 받았으며, 신앙과 사랑의 응답을 드리도록 부르심을 받았습니다. 우리는 하느님으로부터 초대받은 당신입니다. 그래서 우리도 상대방에게 강요가 아닌 '초대'라는 표현을 하며, 언어를 사용하는 데 있어서 must, should를 지양하고 신앙 안에서 자연스럽게 초대하며 배려하는 것이 필요합니다.

사랑은 중노동이자 막노동이며 여러분 모두는 사랑의 노동자입니다. 하느님은 모든 것을 인간을 위해 창조하셨습니다. 그래서 인간은 하느님께 봉사하고 하느님을 사랑하며 하느님께 모든 피조물을 봉헌하도록 창조되었습니다. 그러므로 강생하신 '말씀'의 신비 안에서만 인간의 신비가 참되게 밝혀지고 인류는 공통 기원의 단일체를 이룹니다. 하느님은 한 사람에게서 인류의 모든 민족을 만드셨기 때문에 개인과 문화 그리고 민족의 다양성을 배제하지 않으시며, 인간의 유대와 사랑의 이 원칙으로 모든 인간이 진정한 형제라는 것을 확신하게 하십니다. 하느님께서 모든 것을 우리를 위해 창조하셨지만 이는 인간 마음대로 쓰라는 것이 아니므로 우리 인간중심의 해석이 잘못되면서 지금의 지구는 아픈 현실이 되었습니다. 세상과 자연을 부리고 다스림이 인간 중심으로 이루어지면서 우리가 사는 지구는 병들고 아파하는데, 이것은 우리 인간이 반성하고 책임져야 합니다.

말씀의 신비는 성탄절의 신비 안에서만 인간의 신비가 참되게 밝혀지고, 하느님께서 당신의 위치를 내려놓고 사람이 되신 것처럼, 우리도 세상의 모든 피조물들과 함께 내려놓는 삶을 살아야 합니다. 인간 중심의 개발에만 힘쓰고 올라가려는 삶은 우리를 위험하게 만들었는데, 그래도 지구가 이정도로 유지되어 다행스러운 것은 지구상에 존재하는 토착민들의 덕분이라고 할 수 있습니다. 많은 국가들이 토착민들을 미개하다고 느끼지만 그것은 교만한 인간의 우월 의식을 담아 그들을 내려다보는 시선입니다. 하지만 그들의 눈에는 우리가 미개하게 느낄 수 있는 것이며, 토착민들의 주어진 환경을 받아들이며 살았던 삶을 존중해야 합니다. 우리가 생태와 환경을 보호하고 절약하는 생활은 토착민들에게 감사하는 마음의 행동이 될 것입니다.

'한 사람'이라는 것은 아담 개인을 뜻하기보다는 인간 모두를 대표하는 인물이라는 뜻입니다. 우리나라의 단군신화도 홍익인간의 그 정신이 살아 있듯이 신화적 요소입니다. 우리나라가 유교의 가치에서 그리스도교 가치로 넘어가는 중요한 주제는 모든 인간이 진정한 형제이고 평등하며, 직업의 귀천이 없고 남녀의 차별이 없다는 것입니다. 1784년 조선의 유학자들인 남인 신서파의 권철신, 이벽 등은 유교의 가치가 경직되고 희망이 없으며 파벌이 생기자 그들 스스로 서학을 찾아내고 읽으면서 천주교가 지닌 인간의 존엄성과 평등성에 매력을 느꼈습니다. 인간은 육체와 영혼으로 이뤄진 하나의 존재입니다. 하느님의 모습대로 지어진 인간은 육체적이며 동시에 영적인 존재이고, 하느님은 전체적인 인간 곧 전인격을 원하십니다. 영혼은 성경에서 인간의 생명이나 인간의 인격 전체를 의미하고 인간의 가장 내밀한 것이며 이를 통해 하느님의 모습을 가지게 되는 가장 가치 있는 것을 가리킵니다. 이는 바로 영적 근원을 가리키며, 육체는 하느님 모습의 존엄성에 참여합니다. 인간의 몸은 영(Spirit)의 옷을 입은 육체입니다. 내 마음이 불편하면 얼굴에 드러나고 몸을 꼬집으면 아프다고 느끼는 육체를 지니고 있는데 그런 육체 외에 마음, 생각, 감각, 미움도 다 영혼입니다.

영혼과 육체의 일체성은 영혼을 육체의 "형상"으로 생각할 만큼 심오한 것이고 육체와 영혼의 결합은 두 개의 본성이 아니라 하나의 유일한 본성 안에 형성되는 것입니다. 죽음으로 인해 육체와 분리되어도 영혼은 사라지지 않으며, 세상의 종말 때 부활한 육체와 새로이 결합될 것입니다.[1] 교회는 우리의 "영과 혼과 몸"(1테살 5,23)이 주님께서 오시는 그날까지 흠 없이 지켜지기를 기도하며, 이런 구분이 영혼을 둘로 나누는 것이 아님을 가르치고 성경의 '마음속'(에페 31,33)에서 선택하고 결정합니다. 몸과 마음이 따로 분리되면 병이 됩니다. 책상이 나무로 만들어지는데 책상의

---

[1] 사도신경에서 "육신의 부활을 믿으며 영원한 삶을 믿나이다."하고 고백하는 신앙을 말합니다. 사람이 죽으면 육은 땅에 묻혀 썩지만 세상 종말 때 그 육신은 부활하여 영혼과 함께 만나 새로운 몸 소위 영체가 됩니다.

형체는 영혼이고 그 질료는 나무입니다. 이 말은 보이는 것은 육체이지만 그 육체를 채우는 것은 영혼이라는 뜻입니다. 하나의 본성인 인간성은 살이 썩어도 영혼은 사라지지 않으며, 영혼과 마음은 성경에서 동의어로 쓰입니다.

하느님을 닮은 남녀 인간의 존엄성

하느님께서는 당신께서 원하시는 평등과 차이로 남자와 여자를 창조하셨습니다. 인격에서 완전히 동등하지만 존재의 특성에서 창조주의 지혜와 선을 반영하는 서로 다른 남자와 여자로 창조하기를 하느님은 원하셨습니다. 본디 사람은 서로가 서로를 위한 존재이고, 두 존재의 결합입니다. "사람이 혼자 있는 것이 좋지 않으니, 그에게 알맞은 '협력자'를 만들어 주겠다"(창세 2,18). 그들은 '반쪽'이나 '불완전'이 아닌 서로 인격적 일치 안에서 각자 상대를 위한 '도움'이 될 수 있습니다. 평등하지만 차이가 있습니다. 그러나 차별이 있으면 안 되는데, 차별하는 것은 차이를 모르기 때문에 그렇습니다. 남녀의 평등은 획일이 아니며, 남자와 여자로서의 차이가 있는 것입니다. 차이가 차별일 때는 평등하지 않은 것이므로, 차이가 있는 것을 받아들이는 것이 평등입니다. 존재의 특성상 남편은 책임감을 가지고 아내의 말을 들어주려 하는데, 보통 아내들이 "당신은 어쩌면 설거지를 한 번도 안 도와줘?"

하는 말에 남편들은 "엊그제 했거든!" 하면서 횟수로 정확하게 말합니다. 사실 이 말은 아내들이 남편에게 함께 집안일을 도와달라고 요청한 함축된 마음의 말인데, 남편의 논리적인 대답으로 부부 싸움이 벌어지곤 합니다. 그리고 운전을 할 때도 남편은 도통 아내의 말을 들으려 하지 않고 자신이 생각한 길을 고집하다가 엉뚱한 길에 들어서기도 합니다. 하지만 서로 도움을 주는 역할을 하면서 잠시 차를 세워 아내는 길을 물어보고, 남편은 운전을 하면 될 일인데, 서로의 특성을 이해하지 못한 채, 고집을 피우고 계속 운전하다가 즐거운 여행길에 차 안에서 다투며 도착 장소까지 가는 경우도 생깁니다. 남녀가 연애할 때는 서로의 다른 점이 좋아서 만났는데, 결혼 후에는 다름을 받아들이지 못하고 불화로 이어질 수도 있습니다. 그러므로 남녀는 서로에게 도움을 주는 관계이고, 우리가 하느님을 닮았듯이 이제 부부가 다른 점보다 서로 닮음을 발견하는 부부가 되어야 합니다. 그렇지 않고 서로를 지배하거나 종속하면 문제가 생기는데, 이것이 성경 이전 시대부터 시작한 이론이 아니라 인간의 경험입니다. 친절한 도우미처럼 서로에게 도움이 되어야 하고, 그런 관계가 되지 않으면 서로를 지배하고 압박하게 됩니다.

하느님께서 혼인을 통해서 그들이 "한 몸"(창세 2,24)을 이루게 하심으로써 인간 생명을 전달할 수 있게 하십니다. 그러므로 남녀는 하느님의 '관리인'으로서 땅을 다스릴(창세 1,28) 소명을 가지고 있습니다. 그런데 소명이란 독단적이고 파괴적인 정복의 권한이 되어서는 안 됩니다. "존재하는 모든 것을 사랑하시는"(지혜 11,24) 창조주의 모습을 닮은 남자와 여자는 다른 피조물을 위한 하느님의 섭리에 참여토록 부르심을 받은 것이고, 그래서 그들은 하느님이 맡겨 주신 세계에 대해 책임을 집니다. 남녀 둘이 한 몸이라는 것은 외적인 상태가 아니라 영혼, 정신, 마음의 상태를 말하며, 둘이서 함께 같은 곳을 바라보면서 걸어간다는 뜻입니다. 둘이 한 몸이라는 것을 이해하면 하느님도 이해할 수 있는데, 그래서인지 하느님께서 만드신 자연 세상을 위한 다스림을 인간 중심으로 살면서부터 우리가 사는 지구는 아프게 된 것입니다. 하느님께서 인간에게 맡기신 세상을 위한 다스림은 세상을 책임지는 목자처럼 다른 피조물들인 동물과 자연을 돌보는 것입니다.

낙원의 인간은 '원초적 거룩함'과 의로움의 상태에 놓여 있는 인간이고, 원초적인 거룩함의 은총은 바로 하느님의 생명에 참여하는 것입니다. 남자와 여자 간의 조화, 첫 부부 그리고 다른 피조물들 사이의 조화가 원초적인 의로움을 이룹니다. 그런데 '의롭다는 것'은 상대방을 받아들이고 이해하고 책임지는 것인데, 이처럼 인간이 하느님과 일치하여 있는 동안은 죽음도 고통도 없습니다.

오! 복된 죄여

　성경에서는 하느님께서 우리를 죽지 않는 영원한 존재로 만드셨는데 죄가 인간의 죽음을 가져왔다고 말합니다. 이는 인간에 대한 선물의 가치에 죽음이라는 어둠이 일어난 것으로서 이것을 우리는 '죄'라고 고백합니다. 부활 신앙에서 우리가 부활하고 영원히 산다는 것은 성경의 가치를 받아들이고 예수 그리스도께서 죽음의 고리를 끊으시는 구원자이심을 믿는 것입니다. 인간을 위해 마련한 원초적인 의로움의 조화와 자제력을 우리 첫 조상들은 잃었는데, 그것이 바로 죄(관능적 쾌락, 제물의 탐욕, 반이성적 자기중심)입니다.

　하느님은 아담과 하와에게 모든 것을 다할 수 있도록 만들어 주셨고 다른 피조물의 이름도 짓게 하며, 함께하는 창조의 은총을 나누셨지만 뱀(악마)이 아담과 하와를 유혹했습니다. 유혹에 빠지지 않게 해 달라는 기도는 주님의 기도에 나오는데, 이 유혹이란 우리가 건강하게 잘 지내며 하는 일도 잘되고 있을 때 더 찾아옵니다. 국가도 부국을 이루면서 낙원처럼 살아갈 때, 더 확장하고 침략을 하게 되는 욕심을 가지게 됩니다. 아담과 하와도 모든 걸 다 가지고도 선과 악을 아는 나무를 먹으면 하느님처럼 된다는 유혹에 빠졌습니다. 이것이 욕심이고, 이미 가졌는데도 더 가지려는 유혹은 끝이 없습니다. 성 아우구스티노는 "악이 어디에서 오는지를 찾았으나 해결을 찾지 못했고"라고 고백하는데, 이처럼 악의 신비(2테살 2,7)는 경외의 신비(1티모 3,16)에 의해서만 밝혀지기 때문입니다. 우리가 악의 기원을 생각할 때 우리 신앙의 눈길은 악을 홀로 정복하신 그리스도께 고정시켜야 합니다. 유혹은 늘 있고 유혹이 없는 곳에는 구원도 없습니다. 갈등과 유혹을 어떻게 해결하고 견디어 내느냐가 문제이며 이것이 구원이고 신앙의 힘입니다. 유혹을 이기는 비법은 악이라고 밝혀지면 도망가는 것인데, 그것은 예수님 안으로 도망가는 것입니다. 만일 우리가 악과 싸우면 나 자신이 악화됩니다. 예수님 안으로 들어간다는 것은 말씀으로 무장하라는 것입니다.

죄가 많아진 곳에 은총이 넘쳐흐르고 죄가 무엇인지 이해하려면 인간과 하느님 사이의 심오한 관계를 이해해야 합니다. 부모와 자녀의 사이가 올바르면 자녀는 잘 성장하지만, 부모와 자녀 사이에 관계가 끊어지고 흐트러지면 자녀에게 문제가 생기면서 자녀는 불안하게 성장합니다.

원죄의 실재는 하느님 계시의 빛에 의해서만 밝혀지므로, 우리는 죄를 파헤치려 하지 말고 어둠을 이겨 내려면 그것을 제거하는 것이 아니라 어둠에 빛을 비추면 됩니다. 자녀가 공부를 잘하게 하고 싶으면 부모가 공부하는 모습을 보여 주면 되고, 그 공부는 자신의 생업과 기도 생활을 열심히 하면서 정직하게 사는 것이며, 자녀는 그런 부모를 보면서 잘 성장할 것입니다. 죄는 성장의 결함 그리고 심리적으로 약하며 일종의 잘못되고 부적합한 사회구조에서 필연적으로 연유하는 결과로 설명되고 시도됩니다. 인간에 대한 하느님의 계획을 앎으로써 인간이 하느님을 사랑하고 서로 사랑하도록 주신 자유를 남용하는 것이 죄임을 이해하게 됩니다. 죄는 나 자신이 다 알지 못해도 마음 안에 일어나는 욕망, 욕심, 완고함으로 죄를 짓게 되는데 그중에서 완고함은 가장 힘듭니다. 완고함은 사람들과의 사이에서 두꺼운 벽이 느껴지고 대화하기도 힘들게 하는데, 그 완고함은 자신의 아픈 경험으로 완고해지고 괴물로 변해 가는 것입니다. 그래서인지 괴물이라고 지적하기 전에 상처 주지 않고 대화하며 잘 물어보아야 합니다.

원죄는 신앙의 중요한 진리이고 짊어진 죄이며, 본죄는 내가 짓는 죄입니다. 이 점에서 원죄는 내가 지은 죄가 아닙니다. 원죄는 내가 열심히 살아가는데 죄로 기울어지는 성향이고, 그럴 때 우리는 판단하지 말고 죄로 기울어지는 내 마음을 알아차리는 것이 중요합니다. 죄에 대한 세상의 그릇된 생각을 꾸짖어 바로잡아 주시는 하느님은 바로 부활하신 그리스도께서 파견하신 파라클리토(협조자) 성령이십니다. 원죄는 '복음의 이면'이라고 볼 수 있고 우리는 죄가 있기 때문에 내가 또 하느님의 은총을 받는다는 것입니다. 은총을 받는다고 죄를 추구하라는 것이 아니라 바로 죄를 통해서 내가 하느님께 갈 수 있습니다. 원복음(창세 3,15)에서 나타나는 아담과 하와의 죄를 아우구스티노는 "오, 복된 죄"라고 했고, 그들의 죄로 하느님께서는 당신의 아들을 우리에게 보내시어 우리를 구원해 주셨습니다.

경제도 바닥을 치면 올라가는 것만 남았다는 말처럼 죄는 나쁘지만 꼭 지나가야 한다면 복음의 선물을 받는 또 다른 기회로 보아야 합니다. 구약성경 첫 부분에서 인류의 타락 이야기는 인간 역사의 시초에 일어났던 모든 인류에게 교훈이 되는 신화적인 가르침을 말하고, 계시는 인간의 첫 조상들이 자유로이 범한 원죄가 온 인류 역사에 영향을 미쳤다는 신앙의 확신을 우리에게 전해 줍니다. 영광송으로 마칩니다.

**Question & Sharing
묻고 나누고**

1. 성경에 따르면, 인간은 하느님을 닮도록 창조되었습니다. 하느님은 육체를 가지고 계시지 않습니다. 그러면 인간이 하느님을 닮은 것은 영혼입니다. 하느님을 닮은 영혼이 어떻게 살아가는 것일까요?
2. 성경에 따르면, 하느님을 닮은 모습에서 멀어지는 것이 죄입니다. 이점에서 내가 지은 죄는 어떤 것이 있나요?
3. 원죄는 아담과 하와가 지은 죄입니다. 그 원죄의 뜻을 말해보세요.

9강

―

은총이 가득한 이여! 의화란 무엇일까요?

시작 기도는 성모송으로 바치겠습니다. 지난 시간에는 인간을 신학적으로 이해하는 시간을 가졌고, 오늘 이 시간은 은총에 대해서 많은 이야기를 나누겠습니다. 죄에 대해서는 왜 다루지 않나 하시겠지만, 우리는 흔히 "사는 게 죄다."라고 말하지요. 우리는 항상 은총과 은혜에 대해서는 많이 듣고 지내며 또 인간에 대한 이해를 하기 위해 영혼을 이야기하기도 합니다. 중세 때와 지금의 정신의학에도 일치하는 부분들이 있는데, 인간의 영혼은 '인간의 모든 것'이라고 말합니다. 그래서 육신은 썩지만 영혼은 썩지 않는다고 말하고, 우리가 영원히 산다는 믿음을 고백하는 것은 신앙고백이며 이론적인 설명이 아닙니다. 인간의 영혼은 모든 것을 이해하고 인식하며 관계를 맺을 수 있는 육체 외의 인간 전부를 말하고 있습니다. 흔히 누군가와의 대화에서 "저 사람은 영혼 없이 말을 하네."라고 말하는 것처럼, 영혼은 모든 것을 알아볼 수 있으며, 생각을 하는 것이므로 이 모든 정신세계의 움직임이 영혼의 덕분입니다.

은총을 받는 인간

영혼은 영어로 Soul이고 라틴어로 아니마(Anima)라고 합니다. 성모님도 "내 영혼이 주님을 찬송하며"라고 기도하셨습니다. 영혼은 내 몸 전체이고, 인간의 모든 것입니다. 나의 의지를 온전히 채워야 행위가 될 수 있으며 의지 없이 몸만 따라가는 것은 영혼이 아프다고 말할 수 있습니다. 여러분이 기도문을 읽으면서 기도할 때는 집중하고 조심하면서 기도를 하지만, 기도문을 외우고 익숙해지면 생각과 기도가 따로 분리되면서 주위에 일어나는 상황까지 참견하면서 기도를 하게 되는 습관화가 생길 수 있습니다. 그래서 의지가 온전히 채워져야 인식 행위가 인격화되는 것이고, 그래서인지 인간의 체계는 고도로 정밀하게 하느님에게서 창조된 존재입니다.

이는 이론적인 설명이 아니고 동물학자의 연구와 비교 실험에서도 나타나는 인간과 동물의 차이점이며, 그래서 동물은 기본적인 감정만 가지고 산다는 것입니다. 영혼은 인간의 독특하고 유일한 모든 것을 나타내기 때문에 여러분의 신앙생활도 자신의 영혼을 잘 알아차리고 돌보기 위함이므로, 타인의 영혼에 신경 쓰기보다는 자신의 영혼에 집중하면 좋겠습니다.

은총은 복된 소식이고, 은총 자체가 인간을 충분히 보장해 주는 하느님의 선물입니다. 자신의 마음을 알지 못하고, 의지가 약해지면, 실망감과 스트레스를 받고 나락으로 떨어지는 느낌을 갖습니다. 인간은 누구나 만족하는 행복한 삶을 누리고 싶지만 뜻대로 모든 것이 이루어지지 않고, 무언가를 더 채우려고 한다면, 은총이 필요합니다. 한국 사회의 많은 인문학자들이 전하는 좋은 강의도 많지만, 여러분이 성당에 나오시는 동기와 추구하는 바를 교리 과정을 통해서 찾아가시길 바랍니다.

여러분은 종교 생활에서 편안함을 추구하시나요? 아니면 편리함을 원하시나요? 불편함을 느끼신다면 인내하며 참으실 수 있나요? 오늘날의 현대인들은 불편함에 힘들어하고 편안함(Comfortable)보다는 밤 12시에도 밤참을 먹을 수 있는 편의점 같은 편리함(Convenience)을 원합니다. 편리함을 주는 스마트폰을 미사 중에 꺼 놓는 걸 잊어버리면 전화가 울려서 남에게 불편함을 줄 수 있듯이 편리함과 편안함은 같은 말 같아도 다른 모습을 보일 수 있습니다. 그래서 나에게 편안함이 무엇인지 생각해 보아야 합니다.

종교심이 깊은 신자들은 평소에도 "은총을 받는다."라고 쉽게 듣고 말하지만, 분명한 것은 은총의 직접적인 체험은 존재하지 않는 것이며, 이는 그리스도교의 전통적인 가르침 안에서 알려진 사실입니다. 그릇된 종교에서 사용하는 은총의 체험들을 조심하시고 상식적이지 않은 것은 사실이 아니라고 보시면 됩니다. 이 세상에서 경험하는 어떤 대상이나 실재성과 얽혀서 나타나는 모습은 하느님의 체험이 아니라고 보시면 됩니다. 예를 들어 기도하다가 하느님의 음성이 들렸다고 하는 체험은 어떤 소리는 들었지만 그것이 하느님 체험이라고 증명할 수 없습니다. 심리적인 상태에서 조현병, 우울증, 공황 장애 등으로 일어나는 현상일 수 있기 때문에 의사에게 상담을 받아야 함에도 불구하고 그냥 방치하는 일이 될 수 있습니다. 실제로 2000년이 오기 전에 그리스도교의 가치가 오해받는 일이 많이 벌어졌고, 우리가 경험해 보지 않은 종말론으로 많은 오해가 발생했습니다. 그래서 종교 지도자들의 책임 있는 정확한 사실을 신자들과 나누는 것이 중요하고 자신의 방식을 하느님의 방식으로 착각하는 오류가 생기는 것을 방지해야 합니다.

  오직 하느님께서 직접 계시하는 그분의 방식을 따라야만 은총 체험이 가능한데, 이는 하느님의 방식이기 때문에 인간의 방식으로는 오해할 수 있습니다. 그래서 하느님은 당신의 뜻대로 주재하지 않으시고, 은총 중에 은총인 자유를 우리에게 주셨습니다. 자유는 인간이 누리는 최고의 은총입니다. 이것은 방임이 아니고 무엇이든 내 맘대로 한다는 뜻도 아닙니다. 은총은 이천 년 그리스도교의 역사 안에서 많은 우여곡절이 있었는데, 하느님의 안배, 하느님의 역사하심, 하느님의 섭리입니다. 하느님은 우리를 위해서 계획은 세우셨지만, 그 계획으로 인간을 옥죄려고 하시는 것이 아니라, 그 계획은 우리를 살리려고 하시는 것이기에, 인간을 살리기 위해서라면, 당신 계획도 변경할 수 있는 것이고 그것이 하느님의 섭리입니다. 우리를 꼼작 못하게 하시려는 게 아니라 우리의 구원을 위해서 당신이 세우신 계획도 바꾸실 수 있다는 것입니다. 그래서 예정론과 운명론은 가톨릭 사상이 아닙니다.

은총은 하느님의 선물

하느님 스스로가 은총이고 이것은 창조되지 않은 은총이라고 합니다. 다시 말하면 하느님 자체가 하느님 당신 자신을 전달하시는 하느님으로서 창조되지 않은 은총입니다. 그 외에는 인간이 받는 것이고 하느님의 메시지를 통해서 우리가 변화되는 것이 창조된 은총입니다. 하느님은 창조된 분이 아니시니까 하느님 자체가 은총이고 당신께서 전달하시는 그것이 창조되지 않은 은총이며, 우리가 그것을 받으면 창조된 은총이 되는 것이고 그 은총을 우리가 받아 살아가는 것입니다. 왜냐하면 하느님의 메시지로 인간은 변화되기 때문입니다. 은총의 종류가 많은데, 상존은총, 성화은총, 조력은총, 선행 은총, 충족 은총, 효력 은총 등, 모두가 인간을 위한 은총입니다. 상존은총은 '늘 있는 은총'이라고 부르고, 신망애 3덕은 믿음과 희망과 사랑을 살아가는 것인데, 늘 우리

가운데 상존해 있으면서 하느님이 주신 나를 성화하는 은총입니다. 하느님 스스로는 창조되지 않은 은총이지만 하느님의 메시지를 전달하는 것들은 우리를 위해서 만들어진 은총입니다. 사랑은 추상적이지만 실천은 구체적인 것처럼 협력, 치유, 선행, 충족, 효력 등은 선사된 은총이며, 은총을 받는 이유는 인간을 의롭게 하기 위해서입니다.

은총은 그리스어로 카리스(Charis), 복수형은 카리스마(Charisma)입니다. 인간을 의롭게 하면서 낫게 하는 치유는 은총에 의해서 이루어지는 과정인데 이것을 의화 은총이라고 합니다. 은총은 하느님의 선물이며, 그 선물을 받은 사람들이 거룩하게 되는데, 이처럼 의화되는 것이 치유이고 궁극적으로는 구원되는 것입니다. 여러분은 세례, 견진, 혼배성사 때 은총을 받고 그리고 제가 받은 사제 서품 때도 은총을 받으며 하느님은 각자에게 필요한 만큼 주십니다.

구약에는 은총이라는 단어가 없지만 자비의 뜻인 헤세드(Heced)라는 히브리어가 은총과 가까운 단어로 쓰였습니다. 헤세드는 남성적 의미로 '책임을 지는 자비'이며 구약성경의 출발인 계약 관계에서 하느님은 인간을 구원하시고, 인간은 하느님께 책임을 지는 두 가지의 상관관계로 계약의 용어에서 나왔습니다. 왜냐하면 계약은 책임을 지는 행위이고 무책임은 계약을 깰 수 있기 때문입니다.

　신약시대에 가까이 이르러 히브리어가 그리스어로 번역되면서 엘레오스(Eleos)라는 그리스어가 헤세드의 뜻으로 번역되고 엘레오스는 아가페로 번역되었습니다. 아가페의 조건 없는 사랑과 희생이 아하바(Ahava)로 번역되면서 은총이 지향하는 샬롬(Shalom) 곧 평화가 되었습니다. 신약에도 은총의 단어는 없고, 이처럼 은총은 바오로 사도의 독특한 용어이며, 지극히 개인적인 것이지만 우리는 공동체 안에서 은총으로 평화를 이루어야 합니다.

　신약성경에서 은총과 유사한 용어는 "하느님 나라"인데, 은총을 받은 우리에게 하느님 나라가 마음 안에 없다면 어려움이 생깁니다. 바실레이아(Basileia)는 하느님 나라의 도래와 연계된 은총의 개념이고 요한복음에도 하느님과 인간 사이의 중개자로서 예수님의 의미가 은총으로 유사하게 나타납니다. 궁극적으로 바오로 사도는 은총론을 사용했고, 은총 개념을 로마서 3장 21-24절에서 의화 과정으로 강력하게 사용하였습니다. 그래서인지 은총은 의화와 직결되어 있고 카리스는 하느님의 포괄적인 사랑의 의지이며, 누구에게만 주고 안 주는 것이 아닙니다. 가정에서도 어느 한 자녀에게만 주는 사랑은 은총이 아니고, 천국도 모든 이에게 비추는 빛이기에 은총입니다. 의화는 하느님과 화해하도록 이끄는 것이고, 이것은 인간의 구원과 일맥상통합니다. 토마스 아퀴나스는 은총이 관계를 위한 선물이라고 했으며, 여러분도 오늘 강의로 은총을 가득 받으시고, 어떤 관계가 불편했던 사람과의 관계 회복에 은총을 받으시길 바랍니다. 우리는 나에게 필요한 은총을 청하며 다른 이들의 은총에 신경 쓸 필요가 없는데, 바로 은총의 효력이 우리가 구원되기 위한 죄의 용서이기 때문입니다. 그러므로 죄의 용서는 의화 개념이고, 나의 죄로 예수님은 십자가에서 돌아가시고 내가 구원되는 것이 의화론의 핵심이며, 이를 개신교는 칭의(秤義)라고 부릅니다.

종교개혁을 한 루터는 수도자로 사는 동안 항상 죄의식과 우울감 속에 십자가 신앙에 깊이 머물면서 철탑 사건으로 벼락을 맞는 등 많은 우여곡절 속에서 죄인이 어떻게 의화되는가에 의문을 가졌습니다. 개신교 의화론의 핵심은 오직 믿음으로 시작하는데, 이처럼 프로테스탄트 종교개혁의 세 가지 '오직'은 오직 믿음, 오직 성경, 오직 은총(Sola Fide, Sola Scriptura, Sola Gratia)입니다. 종교개혁은 시대적으로 어려운 시기인 중세 때에 일어났기 때문에 이해되는 부분이 있지만, 공로는 배제되었습니다. 중세 때에 신앙 교리에 대한 논쟁들이 많았는데, 먼저 펠라지오는 오직 우리의 의지로만 구원을 받는다고 선언했습니다. 하지만 가톨릭은 합리적으로 은총과 공로와 함께하는 구원의 합리적인 믿음을 고백합니다. 자녀들은 부모에게 의지하면서 성장하고 은총으로 돌봄을 받지만 계속 그럴 수 없고 자신이 스스로 이루는 공로인 자기 행위가 필요합니다. 은총은 공로와 함께 가야 하고 이것이 가톨릭교회 의화론의 중심입니다. 야고보 사도는 행동이 없는 믿음을 보여 보라고 했으며, 믿음과 행동은 같이 가야 한다고 말했습니다. 거기에 그리스도교는 성사론을 말하고, 신앙과 성사는 함께 있으며, 느끼고 보는 성사와 공로를 통해 구원의 은총이 이뤄집니다.

은총과 유혹

　은총은 적합하고 합리적인 인간 삶에서의 구조를 가지고 있고, 은총으로 인간은 하느님의 모습으로 창조되었으며, 하나의 하느님, 하나의 인간, 하나의 천사가 존재합니다. 곧 하느님은 악마와 죄를 만들지 않으셨습니다. 이처럼 하나의 하느님께서 한 인간과 한 천사를 창조하셨는데, 인간과 천사가 자기 욕심과 부자유를 겪으면서 인간이 죄를 지어 죄인이 되고, 천사가 타락해서 마귀가 된 것이지 하느님이 마귀를 창조하신 것이 아닙니다. 그런데 고대 근동 지방 사람들은 악신과 선신이 있다고 믿었습니다. 그리스도교에는 악신은 없고 오직 하느님 한 분뿐입니다. 하느님께서는 인간과 천사를 만드셨는데, 인간은 죄로 바뀌고 천사는 타락으로 악마가 된 것입니다. 하지만 하느님의 은총에 의해 예수 그리스도를 통해서 우리가 의롭게 되는 것입니다.

악은 인간을 유혹하여 교만을 낳고, 신은 인간을 사랑하여 시련을 살게 하십니다. 첫 조상들이 불순명한 선택의 배후에는 하느님을 거스르는 유혹의 목소리가 있었습니다(창세 3,15). 그 목소리는 질투심 때문에, 그들을 죽음에 빠지게 합니다(지혜 2,24). 성경과 교회의 성전은 그 안에서 사탄 또는 악마라 불리는 타락한 천사를 보고 있습니다(요한 8,44; 묵시 12,9). 악마와 모든 마귀들은 하느님에 의해 본래 선한 것으로 창조되었으나 그들 스스로 악하게 되었습니다(1215년 제4차 라테란공의회). 악의 유혹을 당하지 않으려면 사실 열심히 기도해야 합니다. 마귀들은 기도하는 사람은 유혹하지만 기도 안 하는 사람은 스스로 지옥으로 갈 수 있기 때문에 유혹하지 않습니다. 그래서인지 사랑은 중노동이고 풍요로울 때 유혹은 찾아옵니다. 내가 힘들고 어려울 때는 그 자체로 힘들어서 유혹에 빠지지 않기 때문에 신앙인은 조금 힘들고 부족해야 좋을 듯합니다. 그래서 하느님의 말씀인 성경과 교회의 전통인 성전은 신앙으로써 우리를 보호해 줍니다.

천사들의 죄가 용서받을 수 없는 것은 하느님의 무한한 자비에 결함이 있어서가 아니라 그들의 선택이 지닌 돌이킬 수 없는 특성 때문입니다. "사람에게 죽음 뒤에 뉘우침이 없는 것과 같이, 그들에게 타락 후에 뉘우침이 없다."(다마스쿠스의 성 요한)고 성 요한은 말합니다. 그러나 사탄의 능력은 무한하지 못합니다. 그는 영적인 존재라 강하지만 여전히 피조물입니다. 그러므로 그는 하느님 나라의 건설을 막지 못합니다. 하느님의 자비가 부족해서 천사가 죄를 짓는 것이 아니라 그들의 자유 때문이고, 하느님은 전능하시지만 인간의 자유를 허용하시기에 어쩔 수 없이 그대로 두는 것입니다. 부모가 자녀의 뜻을 이기기가 쉽나요? 잘못된 길을 가도 먼저 기다려 주는 것이 부모의 역할이듯, 하느님도 인간에게 그렇게 하십니다. 사탄은 영적인 존재였기에 인간보다 강하지만 하느님의 은총을 막을 수는 없습니다.

원죄는 짊어진 죄, 악으로 기우는 성향

원조들이 첫 범죄로 인해 원초적 거룩함, 의로움을 상실한 손상된 인간 본성을 전해 주었는데 이 상실이 원죄입니다. 자유에 대한 시험은 인간에게 선과 악을 알게 하는 나무의 열매를 먹지 말라고 하는 금지령이었습니다. "그 열매를 따 먹는 날, 너는 반드시 죽을 것이다"(창세 2,17). "선과 악을 알게 하는 나무"는 피조물인 인간이 자유로이 인정하고 신뢰로써 지켜야 할, 곧 넘어서는 안 되는 한계를 상징적으로 환기시킵니다. 첫 범죄처럼 그 이후 모든 죄는 하느님에 대한 하나의 불순종이며, 하느님의 선하심에 대한 신뢰의 결핍입니다. 악마의 유혹으로 인간은 하느님 없이 하느님보다 앞서서 하느님을 따르지 않고, 하느님처럼 되기를 원했습니다. 이처럼 자유는 하느님의 선물이지만 남용하면 책임을 져야 합니다. 그러나 하느님은 죄지은 아담과 하와를 죽이지 않으셨는데 그것이 은총입니다.

여러분의 자녀가 독립하겠다고 자신의 재산을 달라고 해서 집을 나갔는데 모든 걸 잃고 돌아왔다고 안 받아 주나요? 성경의 자비는 은총입니다. 카인과 아벨은 인간에게 지은 죄이고, 아담과 하와는 하느님께 불순명한 죄입니다. 카인은 뻔뻔하게 살던 곳을 떠나면 죽임을 당할 거라고 하느님께 표식까지 받으며, 하느님의 자비와 은총을 이용하는 약은 모습까지 드러냈지만, 하느님은 모두 받아 주셨습니다. 자유는 모든 걸 할 수 있어도 마지노선은 있는 것이고, 좋고 나쁨을 가르지 않는 판단중지와 비교 중지가 창세기의 사랑입니다. 부부 사이에도 판단과 비교를 내려놓고 서로가 같은 곳을 향하여 바라보고 살면 늦둥이도 태어나는 은총을 받습니다. 인간으로서 하지 말아야 할 것은 식별하고, 악마를 만나면 대항하지 말고 도망가면 됩니다.

원죄(Original Sin)는 성경에서 첫 사람들의 첫 불순종의 비극적 결과를 보여 주고 있습니다. 그들은 즉시 '원초적 거룩함의 은총'을 잃게 됩니다. 사람들은 하느님이 당신 특권에 집착하는 분이라고 잘못 생각하고 하느님을 두려워하게 되었습니다(창세 3,9~10). 이로써 조화가 파괴되고 육체에 대한 영혼의 영적 지배력에 손상을 입고 남녀 일치의 갈등 지배에 놓이게 되었습니다. 그래서 남녀 관계는 탐욕과 지배로 얼룩지고 피조물과의 조화가 무너지며, 피조물은 인간에게 낯설고 절대적인 것이 되었으며 죽음이 인류 역사 안에 들어오게 되었습니다(로마 5,12).

신앙적 의미에서 원죄는 나 스스로 악으로 기울어지는 성향이고 그래서인지 인간은 절제를 하고 사는 것입니다. "사촌이 땅을 사면 배가 아프다."라는 말이 있지만 저는 사촌이 땅을 사고 큰 잔치를 벌여서 초대받아 좋은 음식을 많이 먹어 배가 아프다는 속담으로 해석하고 싶습니다. 질투는 우리의 영혼을 아프게 하는 것이고 평화방송에서 제가 방송한 '영혼을 돌보는 고해성사' 프로그램 중 13번 강의를 들으시면, 나 자신의 영혼과 마음에 대한 식별력을 키우시는 데 도움이 될 것입니다. 사랑하려면 자신과 상대의 상태를 잘 알고, 자세히 보고 믿어야 하는데, 그래서 인간관계도 함부로 판단하고 말하면 우리의 조화로운 삶이 파괴될 수 있습니다.

아담과 하와의 첫 범죄 이후 카인은 아벨을 죽이고, 죄 이후의 전반적인 타락이 시작되며, 하느님과의 계약에 대한 불충실과 모세 율법의 위반으로 나타납니다. 그리스도의 구속 이후에도 그리스도인들 가운데 죄는 수많은 양태로 나타나고, 성경과 교회의 성전은 끊임없이 인간 역사 안에 현존하는 죄의 존재와 보편성을 환기시킵니다. 죄의 특성은 먼저 죄를 부정하는데, 아담은 하와에게 핑계를 대고, 카인도 자신의 제물을 굽어보지 않았다는 핑계를 말했습니다. 그리고 죄를 감추는데, 아담과 하와도 죄를 지은 후 나뭇잎으로 자신들의 몸을 가렸습니다. 이것은 '원초적 아름다움'을 상실한 것입니다. 우리 사회도 자녀 교육에 힘쓰는 부모들은 어린 나이의 자녀를 외국으로 유학 보내는 열성을 보이는데, 이것은 부모와 떨어져서 보살핌을 받지 못하게 되는 큰 상실감이 됩니다. 이것으로 평생 가는 치명적인 상실이 될 수 있고 본래의 하느님으로부터 받은 모습들이 사라지는 계기가 되기도 합니다.

토마스 아퀴나스는 "모든 인류는 마치 한 사람의 한 몸과 같이 아담 안에 있다."고 성찰했고, 이 인류의 단일성에 의해 모든 사람은 그리스도의 의로움과 연관되는 것과 마찬가지로 아담의 죄와도 연관되는 것이라고 고백했습니다. 그러나 "원죄의 전달과 그 영향은 우리가 완전히 이해할 수 없는 하나의 신비다."라고도 토마스 아퀴나스는 통찰 했습니다. 이를 이해하기 위해서 아담과 하와를 실제 인물이기보다는 모든 인류를 대표하는 인물로 보아야 합니다. 구약성경에서 역사의 실제 인물은 창세기 12장의 아브라함부터 봅니다. 창세기 1장부터 11장까지는 '태고사'라고 하며 우리나라의 단군신화처럼 이해하면 됩니다. 그런데 태고사의 가르침에 따르면 죄는 전염성이 있습니다. 자녀가 부모의 모습을 보고 자라는 것처럼 공동체에도 항상 타인을 욕하고 말을 옮기는 사람이 있고, 그 사람 옆에 함께하면서 자신도 모르게 동참하게 되는데 그런 모습을 보고 자신은 그렇게 하지 말아야지 하는 식별이 필요합니다. 아이들이 설사를 자주하는 이유는 여러 가지 의학적인 원인들이 있지만 아이들 몸 안에 나쁜 균이 없어서라고 말하는 경우도 있습니다. 장내에는 좋은 균과 나쁜 균이 있다고 합니다. 몸에 나쁜 균이 다 나쁜 것이 아닌 이유는 몸에 좋지 않은 것을 먹었을 때, 건강을 유지하는 역할을 하기 때문이라고 합니다. 공동체 안에도 나쁜 균의 역할을 하는 사람이 있는데, 그 사람으로 인해 매우 고통스럽지만 자신을 성찰하고 식별하는 시간을 갖는 이로운 면이 있는 것도 사실입니다.

  원죄는 범한 죄가 아니라 짊어진 죄이고 행위가 아니라 상태입니다. 이 죄는 번식, 곧 '원초적인 거룩함'과 '의로움'을 상실한 인간성의 전달에 의해서 모든 인류에게 전해질 것입니다. 이 때문에 원죄를 유비적(類比的)[1]으로 '죄'라고 부르는 것입니다. 원죄는

---

[1] 「유비」(類比, analogy)라는 말은 비유한다거나 비교 혹은 유사하다는 뜻입니다. 즉 인간이 하느님을 체험하는 것은 어떤 직접적인 체험보다는 유비적으로 체험한다는 것입니다. 가령 인간이 대자연의 아름다움을 체험했을 때 그 아름다움을 통하여 대자연의 신비와 그것을 창조하신 분을 생각하고 하느님은 위대하시며 그것을 인간에게 주신 하느님께 감사드리고 하느님을 체험하게 된다는 것입니다. 하느님이 이 세상과 인간을 만드실 때 하느님의 선한 의지가 담겨 있기에 만물과 인간이 갖고 있는 아름다움과 진실, 선함을 통해 그것을 주신 분을 체험하는 것을 말하는데 이것을 유비적인 체험이라고 하는 것입니다. (김웅태, 가톨릭신문 2001. 9. 23. 제2218호 18면)

각자에게 고유한 것이지만 아담의 후손 어떤 이에게도 개인적 잘못이라는 성격을 가지지는 않고, 그것이 원초적 거룩함과 의로움을 잃게 했지만, 인간 본성에 온전히 타락한 것은 아닙니다. 죄는 미워하되 사람은 미워하지 말고 연민을 가지며, 사람이 죄는 범하지만 죄 자체는 아니라는 것입니다. 원죄의 결과로 인간 본성은 그 힘을 잃고 무지와 고통과 죽음의 지배를 받게 되었고 죄로 기울게 되었는데 이러한 경향을 사욕(邪慾)이라고 부릅니다.

원죄 교리는 세계에서 인간의 상황과 행위에 관해 분명한 식별의 시각을 제공하고 있습니다. 그래서 원죄는 죽음의 지배력을 가지고 있는 존재, 곧 악마의 권력에 예속을 가져왔습니다. 인간이 손상되고 악으로 기우는 본성을 가지고 있는 사실을 무시하면 교육, 정치, 사회 활동과 도덕 분야에서 중대한 오류를 범할 수 있습니다. 공동체 안에서도 항상 남을 불편하게 하는 사람이 있지만 자신은 열심히 봉사하는 마음인 경우가 많기 때문에 부족한 것은 서로가 채워 주면서 나아가고 힘든 싸움이지만 함께 가야 합니다.

오, 복된 죄여!

하느님은 인간을 죽음의 그늘 아래 버려두지 않으시고(성찬기도 제4양식) 인간의 타락 후에도 하느님께서는 인간을 버리지 않으셨습니다. 오히려 그를 부르시어 악에 대해 승리하고, 타락에서 다시 일어서리라는 것을 신비로운 방법으로 말씀하십니다(원복음 창세 3,15). 새로운 아담 그리스도는 "십자가의 죽음에 이르기까지 순종하심"으로써(필리 2,8) 아담의 불순종을 넘치게 보상하셨습니다. 인간을 버리지 않으시는 것은 하느님의 계획이고, 하느님은 힘들어하는 이들을 위해 일하시기 때문에 우리는 구원을 받습니다. 그렇다면 어째서 하느님께서는 첫 인간들이 죄를 짓지 않도록 막지 않으셨을까요? 대 레오 성인은 이렇게 답합니다. 그리스도의 형언할 수 없는 은총은 마귀가 질투로 우리에게서 빼앗아 간 것보다 더 훌륭한 것을 우리에게 주었습니다. 성 토마스 아퀴나스는 "인간이 죄를 지은 후에도 더 높은 목적을 향하도록 운명 지어진 것은 불합리한 것이 아니고, 하느님께서는 더 큰 선을 이루어 내시기 위해 악을 허락하신다."라고 하였습니다. 이 때문에 성 바오로는 "죄가 많아진 그곳에 은총이 충만히 내렸습니다."(로마 5,20)라고 말했으며 부활 찬송은 "오, 복된 탓이여, 너로써 위대한 구세주를 얻게 되었도다." 하고 노래합니다. 하느님은 돈 넣고 누르면 나오는 자판기가 아니며, 살아 있는 유기체이시고 인간에게 자유의 은총을 주셨습니다. 그 자유로 우리가 갈등은 있지만, 이겨 낼 수 있는 것은 하느님의 축복이 있기에 아담과 하와의 죄는 복된 탓이 됩니다.

성령의 은총은 우리를 의롭게 하는 힘이 있고, 우리의 죄를 씻어 주고 "예수 그리스도를 믿는 것"과 세례를 통하여 "하느님과 올바른 관계"를 누리게 해 줍니다. 성령의 은총이 작용하여 내는 첫 결실은 회개입니다. 그래서인지 은총은 하느님께서 베풀어 주시는 호의와 거저 주시는 도움이며, 우리는 하느님의 은총으로 의화되고, 하느님의 생명에 참여할 수 있습니다. 이처럼 의화는 죄 사함과 성화와 내적 인간의 쇄신을 가져다주며, 그리스도께서 수난을 통해 우리에게 안겨 주신 은총입니다.

우리는 세례를 통해 의롭게 되고 우리를 의롭게 하시는 하느님의 의로움에 일치하게 됩니다. 의화의 목적은 하느님과 그리스도께 영광을 드리고 영원한 생명을 얻기 위함이고, 의화는 하느님 자비의 가장 뛰어난 업적입니다. 세례로써 받은 성화은총(신화 은총)은 성화 활동의 샘이 되는 상존은총이며, 이는 회개의 시작이고 성화 사업의 과정에서 하느님의 개입을 가리키는 조력은총과 구별됩니다. 하느님의 양자가 되어야 할 소명에 우리가 응답하게 하시려고, 하느님께서 우리에게 주시는 도움이며, 은총은 우리를 성삼위의 내적 생활 안으로 이끌어 줍니다. 은총은 인간의 자유에 대한 심오한 갈망을 충족시키고, 인간의 자유가 자유롭게 은총에 협력하도록 초대하고 그의 자유를 완성시켜 줍니다.

성화은총은 우리를 당신의 생명에 참여시키고 하느님께서 거저 베풀어 주시는 선물로서, 하느님께서는 우리 영혼을 죄에서 치유하고 성화시키려고 성령을 통해 우리 영혼 안에 이 선물을 부어 주십니다. 성화은총 덕분에 우리는 "하느님의 마음에 드는 사람"이 되고, 성령의 특은인 카리스마는 성화은총을 위해 주어지며, 교회의 공동선을 목적으로 합니다. 하느님은 여러 가지 조력 은총을 통해 보살피시는데 이 은총들은 우리 안에 항상 머물러 있는 상존은총과 구별됩니다.

일반적으로 공로(功勞)라는 말은 공동체나 사회가 그 구성원의 행실에 대해 마땅히 주는 보상을 가리키며, 그 행실이 선이면 상 받고, 악행일 때 벌이 주어집니다. 이는 하느님께서 당신 은총의 활동에 인간을 참여시키려는 자유로운 계획에 따른 것뿐입니다. 공로는 우선 하느님의 은총에 속하고, 그다음 인간의 협력에 속하며, 인간의 공로 역시 하느님께 속합니다. 사랑은 우리가 하느님 앞에서 쌓게 되는 공로의 주요 원천입니다. 성령의 이끌어 주심에 힘입어 우리는 자신과 타인을 위해 영원한 생명에 이르는 데 유용한 모든 은총뿐 아니라 필요한 물질적 재화까지도 얻게 해 주는 공로를 쌓을 수 있습니다. 그리스도의 성덕은 "그리스도를 믿는 모든 이들은 그리스도교 생활의 완성과 사랑의 완덕을 실현하도록 부름을 받았다."(교회 헌장 40항)라고 말합니다. "그리스도인의 완덕에는 한계가 한 가지뿐인데, 그것은 완덕에 전혀 한

계점이 없다는 바로 그 점이다."(니사의 그레고리오의 '모세의 생애')라고 말합니다. 또한 "누구든지 내 뒤를 따라오려면, 자신을 버리고 제 십자가를 지고 나를 따라야 한다."(마태 16,24)라고 말씀하시며 예수님은 기꺼이 우리를 초대하십니다. 이제 종교 생활과 믿음 생활에서 편안함과 편리함을 묵상해 보시면서 영광송으로 마칩니다.

Question & Sharing 묻고 나누고

1. 열심한 교우들이 평소에 "은총을 받았다"는 말을 합니다. 내가 받은 은총체험을 이야기 해보세요.
2. 은총의 그리스어 카리스, 복수형 카리스마에 대해 알아보세요.
3. 개신교의 세 가지 '오직'(solus) 곧 오직 믿음, 오직 성경, 오직 은총의 뜻을 살펴보세요.
4. 원죄의 의미에 대해 알아보세요.
5. 은총의 여러 가지 종류를 찾아 써보고, 그 의미를 간략히 알아보세요.

10강

참 행복과 덕행 생활: 그리스도교 개인윤리

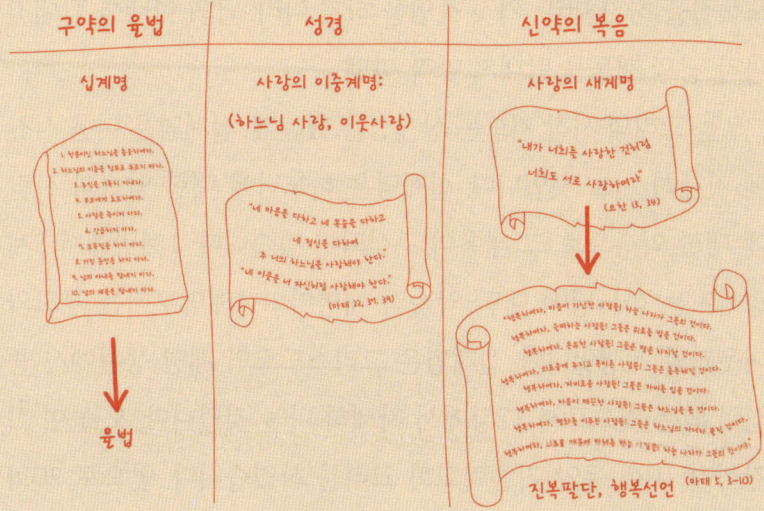

　시작 기도는 십계명을 바치겠습니다. 한 분이신 하느님을 흠숭하여라. 하느님의 이름을 함부로 부르지 마라. 주일을 거룩히 지내라. 부모에게 효도하여라. 사람을 죽이지 마라. 간음하지 마라. 도둑질을 하지 마라. 거짓 증언을 하지 마라. 남의 아내를 탐내지 마라. 남의 재물을 탐내지 마라. 아멘.

　오늘 교리의 시작 기도는 십계명을 했는데, 십계명은 다음 시간에 자세히 나눌 것입니다. 십계명은 하느님에 대한 약속과 사람에 대한 약속으로 그 내용이 구성되어 있습니다. 1계명에서 3계명까지는 하느님에 대한 약속과 계명이고 4계명부터는 부모와 이웃과의 계명입니다. 십계명은 그리스도교의 계명 생활에서 중심이 되는 것으로서 12강에서 자세히 나눌 것입니다. 오늘 이 시간까지 10회 동안 가톨릭교회 교리를 하였습니다. 앞으로 20회까지 가톨릭교회 교리 강의를 매주 할 것입니다. 이는 예비자 교리인 동시에 모든 신앙인들이 신앙 진리를 이해하고 믿음살이를 실천하도록 초대하는 가톨릭교회 교리 강의입니다.

의화란?

가톨릭교회 교리는 4부분으로 구성되어 있는데, 첫 부분은 믿음 편입니다. 믿음은 신앙고백이며 사도신경에 나와 있고 지금까지의 교리는 믿음 편을 말씀드렸습니다. 계시는 특별한 그리스도교의 시작을 말하는 것이고, 교회는 누구인가에 대해서 보이는 교회의 모습으로 시작하기 위해서였습니다. 성령은 에너지, 숨, 하느님의 호흡이므로, 우리는 그 하느님의 호흡을 받아 힘이 나서 하느님의 뜻을 알아들을 수 있습니다. 그리고 성령을 통해서 우리는 교회를 확실하게 알 수 있고 신앙생활을 시작할 수 있습니다. 예수님에 대해서는 3회 강의를 했으며, 은총에 대해서 2번 강의를 했습니다. 그런데 은총에 대한 이해에서 이단 펠라지오(Pellagio)의 주장을 살펴보는 것이 중요합니다. 펠라지오는 오직 의지만으로 구원된다는 주장을 했지만 그리스도교는 믿는 의지와 실천하는 공로 둘 다 조화를 이뤄야 합니다.

은총으로 인한 구원을 받기 위해서는 공로인 우리의 행동과 선행이 있어야 합니다. 부부 사이에도 의지만 가지고 사랑한다는 말만 하면 느껴지나요? 사랑의 표시와 표현의 행동이 있어야 온전히 느끼는 사랑일 것인데, 바오로 사도도 행동이 없는 믿음을 보여 보라고 말했습니다. 그리스도교는 상식의 선에서 균형 있는 사상을 말하고 믿음과 공로로 이뤄지는 구원론을 말합니다. 은총론에서 의롭게 된다는 의화는 개신교에서 칭의(秤義)라고 하는데, 이는 우리의 의로움을 저울로 잰다는 의미입니다. 영어로는 justification이고, 라틴어로 justificatio라고 하는데 정의, 그 뜻은 의로움(justice)을 말하고, 의롭게 되는 것은 구원된다는 것으로 은총론과 직결됩니다.

가톨릭교회 교리의 믿음 편에서 나머지 주제들은 종말, 영원한 삶, 심판, 천국, 지옥, 연옥이 남아 있고, 두 번째 부분인 성사 편은 하느님의 은총에 대한 이해입니다. 안 보이는 은총을 보이게 하는 것이 바로 성사입니다. 곧 비가시적 은총을 보이는 가시적 은총으로 체험하는 것이 성사인데, 계명은 바로 믿음과 하느님의 은총을 받아서 생활하는 것입니다. 오늘 교리부터는 그리스도인들의 생활과 계명에 대해서 나눌 것이고, 다음 시간부터 성사 편으로 7성사에 대해서 자세히 나눌 것입니다. 그리고 영원한 생명과 심판을 나누고, 마지막에는 하느님 이야기를 할 것입니다.

신앙 도덕 생활

그리스도인의 생활은 성령께 이끌려 살아가는 삶이고, 하느님의 사랑과 연대성으로 이루어지며, 거기에는 구원이라는 선물이 거저 주어집니다. 은총 편을 나누기 전 신학적 인간에 대해서 나누었고, 믿을 교리에서 하느님과 종말을 제외한 그리스도교의 신앙에 대해서 배웠습니다. 지금까지 교회, 성령, 예수님, 신학적 인간, 구원과 은총을 배웠는데, 그럼 이제는 어떻게 신앙인으로서 생활해야 하는지 곧 그리스도교 윤리생활에 대해 알아보려고 합니다.

그리스도교의 생활을 윤리생활이라고 하는데, 하느님 앞에서 내가 살아가는 개인윤리와 우리가 사는 사회윤리로 구분합니다. 지금은 신앙과 사회생활의 관계에서 더욱 전문화가 되어서 사회교리를 강조하는데, 이는 신앙을 토대로 해서 개인과 공동체가 어떻게 하느님 앞에서 한 공동체에서 살아가는 것인가 하는 구체적인 방법을 살펴봅니다. 성령은 나도 모르게 움직이는 힘이고, 그 힘을 받는다는 것은 바로 성령을 받는 것입니다.

아인슈타인의 상대성이론도 그리스도교의 가치관 안에서 깊이 있게 이해된 것이라고 생각합니다. 상대성 이론의 $E = mc^2$에서 E는 에너지이고 힘인데, 여러분은 어디에서 힘을 얻으시나요? m은 질량이고, c는 빛의 속도이며, 에너지는 자기 질량에 빛의 속도를 두 번 합치면 에너지가 된다는 이론입니다. 저는 이 에너지를 성령으로 해석해 봅니다. 하느님께서 맨 처음 창조하실 때 "빛이 생겨라." 하셨고, 인간의 입장에서 중력인 인간의 속도가 있지만, 하느님께서 빛의 속도로 만들지 않으셨을까 하는 가설을 생각해 봅니다. 과학은 대화가 가능하고 여러분의 힘도 빛의 속도만 있으면 에너지가 나온다는 것입니다. 빛은 서로를 격려하고 빛의 속도로 사랑을 쏟아 주며, 서로 소통하므로, 힘이 나고, 그래서일까 과학도 다른 세상의 이야기가 아니라 인간의 가치에서 온다는 것을 느낍니다. 인간의 힘은 질량만으로 가질 수 없고 빛이라는 사랑의 속도로 받는 것이며, 그것은 계산하지 않고도 받아들일 수 있습니다.

아이티에서 걸인을 돌보시는 수녀님, 몽골의 천진난만한 아이들, 브라질 시장의 많은 인종의 사람들…. 다양한 인간들이지만 모두 하느님의 모상을 닮아 가는데, 바로 인간 존엄성의 뿌리는 무엇일까요? 인간은 진리와 선을 알고 만나면서 자신의 완성을 추구합니다. 참된 자유는 인간 안에 있는 하느님의 모상이 말해 주는 탁월한 표지이고, 그리스도를 믿는 사람은 성령 안에서 새 생명을 얻습니다. 은총으로 자라고 성숙해진 도덕적 삶은 하늘의 영광 안에서 완성됩니다. 많은 경우에 우리는 만나는 사건과 사람을 잘 모르기 때문에, 판단하고 오해하며 없는 말을 만들어 내기도 합니다. 부부 사이에도 배우자를 잘 안다고 하지만 모든 것을 알 수는 없기 때문에 내가 상대방을 잘 모른다고 생각하고, 만나고, 대화의 과정을 통해 비로소 상대방을 알게 됩니다. 세례 받은 지 30년, 50년이 되었고 또 오래되었다고 다 아는 것이 아닐 것입니다. 오랫동안 살아온 신앙생활은 반드시 존중받아야 하지만 깊이 있게 탐구하며 진정한 자유를 진리와 소망들과 함께 만나서 가는 것이 중요합니다. 인간은 개인의 차이가 있어도 모든 인간은 존엄한 것이고 존엄성은 우리에게 행복을 주기 때문에 그 존엄성의 언어와 마음으로 서로에게 행복을 주어야 합니다.

참행복

　참행복은 예수 그리스도의 참모습을 표현하고, 그 사랑을 묘사합니다. 희미하긴 하지만 이미 제자들이 받은 축복과 약속들을 선포하며, 그것은 동정 마리아와 모든 성인의 삶에서 실현되어 시작되었습니다. 여러분이 성당에 오시면 모든 복음을 알아듣기 힘들고, 우리는 지식으로만 복음을 이해하면 예수님의 행복을 온전히 이해할 수 없습니다. 구약이 외적인 축복의 모습이면, 신약은 축복의 중심에 마음과 영적인 것이 있습니다. 구약에서는 축복의 수량으로 그 나라가 잘되고, 내가 잘 살며, 또한 자손을 많이 낳는 것이 축복입니다. 하지만 신약에서는 물질적 축복만 추구하면 참행복을 잃어버릴 수 있고, 그래서인지 참행복은 마음의 행복이라고 말합니다. 그런 점에서 슬퍼하는 사람이 행복하다고 말씀하시는 예수님이 스스로 슬퍼하시면서 행복을 발견하셨고, 또한 슬퍼하는 사람은 위로를 받아서 행복을 나누는 것으로 주님은 말씀하십니다.

이처럼 예수님이 걸어가신 삶의 가치는 그분만이 완성하는 것이 아니라, 예수님께서 선포하신 가르침은 온전히 알 수 없지만, 제자들이 받아들여서 살아갔고, 그리스도교의 성인, 성녀 그리고 오늘의 신앙인들이 받아 살아가면서 실현됩니다. 에너지는 행복의 토대인데, 내가 누리는 물질적 풍요나 내가 이루어 낸 성공이 행복을 줄까요? 내가 이룬 성공은 존중받아야 하지만, 그렇지 못한 다른 이를 폄하하지 말아야 합니다. 어떻게 하면 신앙생활을 하면서 상처받지 않을까요? 우리 모두는 어떤 이유로든 상처를 주고받지만, 견고한 신앙의 가치로 함께 도와주면서 신앙생활을 합니다. 다른 이에게 실망하지만 극복해서 살아가는 것이 내 모습이며 서로 대화하면서 가르치고 배웁니다. 그래서인지 공동체에서 함께 봉사하면서 서로의 신앙이 커지고, 그렇게 발전되는 영적인 행복을 맛보게 됩니다. 아인슈타인의 상대성 원리에서처럼, m 질량도 많고 빛의 속도인 성령을 풍부하게 받는 우리가 되길 바랍니다.

그리스도인의 참행복은 하느님 나라의 도래이고, "행복하여라, 마음이 깨끗한 사람들! 그들은 하느님을 볼 것이다."(마태 5,8)라는 말씀처럼, 행복이란 하느님을 뵙는 것이며 주님의 기쁨에 참여하는 것입니다. 하느님께서 인식 안으로 들어가는(히브 4,7~10) 말씀을 표현하고 십계명(하느님 사랑, 사람 사랑)과 산상설교(사랑의 새 계명의 내용)와 사도들의 가르침(부활)은 하늘나라로 인도하는 길을 묘사합니다. 마태오복음의 행복 선언은 여덟 가지 행복의 '진복팔단'이라고 부르는데, 참행복인 예수님의 행복은 구약에서 십계명의 완성입니다. 구약의 십계명이 물질적인 행복이고, 외적 관계의 행복이라면, 그것을 전제로 해서 완성되는 것은 예수님의 행복론입니다. 예수님의 행복론은 사랑의 새 계명이고, 슬픈 사람은 위로와 기도로 행복해지는 것이라면 마음의 행복은 식지 않을 것입니다. 예수님을 배반했던 베드로, 그리스도인을 박해했던 바오로도 예수님의 사도로 살았기 때문에, 우리가 지금 성당에 다니지 않고 그리스도를 반대한다고 그런 사람들을 섣불리 판단하지 말아야 합니다. 오히려 그들도 회개하면 구원받는다는 세상에 새로운 복음을 선포해야 합니다. 예수님이 복음을 선포하는 것은 회개의 삶을 살도록 다시 초대하는 것이며, 하느님 나라로 가는 길에 중요한 것이 바로 십계명, 행복 선언, 사도들의 가르침(파스카)입니다. 신학교에서 1학년 신학생들과 함께 찍는 셀카 사진을 유튜브 교리 영상에서 볼 수 있습니다. 그들의 행복한 밝은 모습 속에서 신학생들의 기쁨과 자유가 느껴집니다. 우리는 혼자 있으면 외로운데, 그래서 함께하면 더욱 괴로울 때가 있습니다. 2018년 성탄절에 출판한 저의 새 책 『안아 주는 마음의 말』은 현대인들이 어쩌면 혼자 있어서 '외롭고' 그래서 함께 하니 더 '괴로운' 우리가 '외괴인'이 되어 가는 모습이 아닐까 느껴 본 책입니다. 그래서인지 우리에게 서로에게 용기와 응원을 하는 "안아 주는 마음의 말"이 필요한 걸 느껴서 쓴 책입니다.

자유의지, 행복의 토대

하느님께서 인간에게 자유의지를 갖도록 원하셨고(집회 15,14), 인간이 창조주를 자유로이 따름으로써 완전한 행복에 이르기를 바라십니다(사목 헌장 17항 1). 자유는 행하거나 행하지 않는 능력이며, 스스로 숙고하여 행동하는 능력입니다. 자유는 최고선이신 하느님을 향할 때 그 행위의 완전함에 이르고, 인간에게는 그 자신이 행하는 행동에 대한 책임을 지고 숙고한 후 하는 행위가 그 자신의 것이 됩니다. "그리스도께서는 우리를 자유롭게 하시려고 해방시켜 주셨습니다"(갈라 5,1).

여러분을 성당에 안내해 주신 분들도 계시지만 여러분은 대부분 자유로운 선택으로 성당에 오셨습니다. 자유는 마음의 문제이고, 선택은 마음으로 하는 것이며 그리스도교 가치의 핵심입니다. 다른 이가 강요하고 이끌어도 내 마음으로 오는 자유를 살아가는 것이 그리스도의 자유이며, 하느님께도 기계적으로 따르는 것이 아니고 성당도 기본적으로 자유가 보장되어야 합니다. 많은 경우에 자유의 체험이 익숙하지 않아서 성당에 오셔서 부자연스러운 부분들이 있고, 돌보아 주시는 형제, 자매의 도움을 따르지만, 누군가 상식적이지 않은 말을 한다면, 한 귀로 듣고 한 귀로 흘리시기 바랍니다. 숙고한다는 것은 생각하고 행동하는 자유입니다. 내 마음대로 하는 기준은 하느님의 뜻에 따른 자유이고, 그 책임까지가 자유입니다. 책임도 자유에 속하는 영역이고 책임에도 자비로운 것이 그리스도교입니다. 예수님이 십자가에 돌아가셔서 우리를 구원하시고 해방시키시는 것은 우리가 자유롭게 되었다는 것이고, 이것은 어디에도 매이지 않는 것입니다.

인간 행위의 도덕성에서 열정은 감정이나 감성을 가리키며, 인간은 감정들을 통해서 선을 예감하고 악을 예측합니다. 인간에게 주요한 열정은 사랑과 증오, 욕망과 두려움, 기쁨과 슬픔, 분노입니다. 한편 감각적 충동의 열정은 도덕적으로 선도 악도 아니고, 열정이 이성과 의지로 일어날 때, 그 안에서 선이나 악이 존재하게 됩니다. 감성과 감정들은 덕행 안에 받아들여질 수 있고, 또는 악습 때문에 타락할 수도 있습니다. 그래서 자유롭게 선택하고 결정하기 위해서는 식별을 위해 깊게 생각을 해야 합니다. 생각 없이 가슴으로 하는 것은 영혼이 없는 것입니다.

생각을 하고 마음으로 내려와서 결정해야 하고 가슴에서 느끼는 것들은 감각적인 것들입니다. 열정, 감각, 이성 등 여러분의 능력이 있는데 이것을 총망라해서 움직이는 것이 마음이고, 그 마음은 여러분이 느낀 것을 총망라해서 하나의 사건과 한 사람에 대한 관계에서 결정해야 할 것을 정하는 것이 마음입니다. 결정을 하기 위해서는 마음이 진심으로 움직여야 하는 것인데, 그것이 자유이며, 그래서 마음은 결정의 장소입니다. 생각은 결정할 수 있도록 많은 정보를 분석하게 합니다.

감각적 충동의 열정은 윤리의 영역이 아니기 때문에 감정으로 누군가를 미워했다면 그냥 지나가는 것이지 죄는 아닙니다. 예를 들어 보면, A는 친구 B에게 남편의 험담을 했는데 다음날 B는 친구 A가 남편과 다정하게 손잡고 가는 모습을 보고 '오늘 다정하게 남편과 손잡고 다니면서 어제 나에게 왜 남편 욕을 한 걸까?'라는 생각이 들었지만 친구는 자신의 감정을 나누면서 흘러갔고, 남편에 대한 불만도 사라져 마음이 풀린 것입니다. 친한 친구에게 마음을 털어놓고 나누는 것은 좋은데 비밀이 보장되지 않을 때는 뒷담화가 되면서 오해하고 분열을 일으킵니다. 분열을 일으키려고 의도하는 사람은 없지만, 말이 전해지고 당사자가 곤란할 입장에 처할 거라면 전하지 말고, 말을 털어놓는 사람이 비밀을 원한다면, 다른 이에게 하는 것보다는 고해성사 또는 영적 돌봄을 위한 동반(spiritual direction)을 하는 게 좋은 방법입니다. 감정은 윤리 영역이 아니지만 그 감정이 계속 간다면, 윤리 영역이 되고, 열정이 좋은 이성과 의지로 만나려면 식별이 필요합니다.

양심과 덕

도덕적 양심은 인격이 구체적 행위의 가치를 알아볼 수 있도록 해 주는 한 가지 이성적인 판단입니다. 인간에게 양심은 가장 은밀한 방이요, 인간이 혼자서 하느님을 대면하는 지성소입니다. 인간은 그 깊은 곳에서 하느님의 목소리가 들려와 경청합니다. 잘 교육된 양심은 바르며 진실하고, 양심은 하느님의 지혜가 원하는 참된 본성에 부합하도록 이성에 따라 판단을 이룹니다. 양심은 진실한 마음으로 말하고 행위를 하는 것이며, 마음에서 우러나는 가치이고 바른 판단입니다. 여러분의 마음과 양심이 성전이고 주님은 항상 여러분 마음 안에 계시기 때문에 내 마음 안에 계신 주님과 대화하는 방법과 주님의 뜻을 찾는 방법이 성전에서의 기도입니다. 양심은 성경 이상의 하느님께서 여러분에게 말씀하시는 거룩한 공간입니다.

덕이란 무엇일까요? 선을 행하겠다고 하는 몸에 밴 확고한 마음가짐입니다. 인간의 덕은 지혜, 정의, 용기, 절제의 사추덕을 중심으로 분류할 수 있습니다. 지혜는 참다운 선을 식별하고 그것을 행할 바른 방법을 선택하도록 실천을 위해 이성을 준비시킵니다. 정의란 하느님께 마땅히 드려야 할 것을 드리고, 이웃에게 마땅히 주어야 할 것을 주려는 꾸준하고 굳은 의지입니다. 용기는 어려움에서도 단호하고 꾸준하게 선을 추구하도록 보장해 주고,

절제는 감각적 쾌락의 유혹을 조절하고 창조된 재화를 사용하는 데에 균형을 제공해 줍니다.

그러면 악덕은 어디서 올까요? 이는 내 습관대로 하는 것이고 부모로부터 옵니다. 어린 자녀들은 표현을 다하지 않아도 느끼고, 부모로부터 받은 좋고 나쁜 습관들은 성장하면서 드러납니다. 선은 양심이 알고 지식은 지혜가 될 수 있지만 진정한 지혜는 나도 살고 너도 살리는 것입니다. 예수님을 총독에게 넘기려고 선량한 사람처럼 꾸민 앞잡이를 예수님에게 보내어 "황제에게 세금을 내는 것이 합당합니까, 합당하지 않습니까?" 하고 물으니 예수님은 "황제의 것은 황제에게 돌려주고, 하느님의 것은 하느님께 돌려 드려라." 하시며 정의의 근본을 말씀하셨습니다. 절제는 균형이지 막고 참는 것이 아니며, 견디어 내는 것이 절제이고 조절입니다. 중독도 막으면 더 하고 싶은 충동이 생기며, 내가 내 뜻대로 사는 것과 남의 뜻대로 사는 것을 잘 조절하고 편중되지 말아야 합니다. 그러므로 창조되지 않은 은총은 하느님이고, 창조되지 않은 하느님의 은총이 나에게 오면 창조된 은총이 되는 것입니다.

향주덕(向主德)

은총 중 가장 중요한 은총은 향주덕인데, 이것은 믿음, 희망, 사랑(신망애)입니다. 향주덕은 모든 윤리덕에 의미와 생명을 주고 신자들을 거룩한 삼위일체와 관계를 맺으며 살아가도록 준비시킵니다. 우리는 사랑으로써 하느님을 모든 것 위에 더 사랑하고, 하느님을 사랑하기 때문에 이웃을 우리 자신과 같이 사랑합니다. 사랑은 "완전하게 묶어 주는 끈"(콜로 3,14)이며, 모든 덕의 근본입니다. 그리스도인들이 받은 성령의 일곱 가지 선물은 슬기, 통달, 의견, 지식, 효경과 하느님에 대한 경외심입니다. 내 뜻과 상대의 뜻을 잘 듣고 대화하면 내 뜻을 내려놓을 수 있고, 이런 사람을 성숙한 사람이라고 부릅니다. 내 뜻을 주장하다가도 다른 사람의 의견을 듣고 나의 주장을 내려놓을 수 있는 것은 논리가 없는 것이 아니라 성숙함입니다. 하느님은 아담과 하와를 살리셨고, 요셉 성인도 자신의 아이가 아닌 예수를 키우셨던, 우리의 시선으로는 이해할 수 없는 모습이지만 우리도 급하지 않게 천천히 바라보면서 통합적 능력으로 함께 나아가도록 주님께 초대받았습니다.

죄는 무엇일까요? 영원한 법에 어긋나는 말과 행위 그리고 욕망과 하느님에 대한 모독입니다. 죄는 그리스도의 순명과 반대되는 불순종 안에서 하느님과 맞서고 이성을 거스르는 행위입니다. 죄는 인간의 본성을 훼손하며 인간의 연대성을 해치고, 그래서일까 모든 죄의 뿌리는 인간의 마음속에 있으며 죄의 종류와 경중은 주로 그 대상에 따라 판단됩니다. 구약의 죄는 실행에서 오는 실행법이지만 신약의 죄는 마음에서 옵니다. 대죄 곧 죽을죄는 하느님의 법을 크게 어기어 인간의 마음 안에 있는 사랑을 파괴합니다. 인간이 하느님을 보다 낮게 여기게 함으로써 그의 최종 목적이며 그의 참행복이신 하느님께 등을 돌리게 합니다. 소죄는 사랑을 어기고 해치기는 하지만 사랑을 사라지게 하지는 않습니다. 따라서 그 무질서는 사랑으로써 회복될 수 있지만 소죄일지라도 죄를 되풀이하는 것은 악습을 발생시키는데, 그중에서 죄종들을 판별해 낼 수 있습니다. 혹시 요즘 여러분이 다른 사람을 미워했다면, 미사 중 특히 "제 탓이요, 제 탓이요, 저의 큰 탓이옵니다." 하고 자비를 구하는 기도를 드릴 때, 또는 영성체 직전 "주님, 제 안에 주님을 모시기에 합당치 않사오나 한 말씀만 하소서. 제 영혼이 곧 나으리이다." 하고 기도하시면 죄의 용서를 받게 됩니다. 영광송으로 마칩니다.

Question & Sharing
묻고 나누고

1. 그리스도교는 개인윤리와 공동체윤리의 생활로 구분합니다. 그리스도교에서 말하는 개인윤리를 설명해보세요.

2. 그리스도인의 참행복은 하느님 나라의 도래고, 구약의 십계명과 복음의 행복선언과 깊은 관련을 맺습니다. 신자로서 당신의 참행복이란 무엇인가요? 인생에서 만난 행복한 경험을 나누어 보세요.

3. 완전한 행복에 이르도록 하느님은 인간에게 자유의지를 주셨습니다. '자유의지'란 무엇이가요? 나에게 참자유를 만난 경험이 있다면 나누어 보세요.

4. 도덕적 양심이 나를 행동하도록 이끌어줍니다. 그러면 덕이란 무엇이고? 악덕은 어디서 오는지 찾아보세요.

11강

하느님 구원의 법과 은총: 그리스도교 공동체 윤리

인격이란?

시작 기도는 영광송으로 바치겠습니다. 오늘 처음 오신 분들은 시작도 하기 전에 마치나 하는 생각을 하실 것 같은데 성호경으로 시작해서 영광송을 통해 다시 성호경으로 한 기도가 마침 기도로 들렸을 듯합니다. 성호경과 영광송은 그리스도교 신앙의 가장 핵심을 담고 있습니다. 두 기도문의 공통점은 그리스도교의 신앙 진리를 가장 중심에 두고 고백하는 기도문이고, 삼위일체의 신앙을 나타냅니다. 삼위일체는 성부, 성자, 성령께서 한 하느님이라는 뜻이고 한 하느님이시지만 성부, 성자, 성령은 각각의 독립적인 인격체로서 구원의 역사 안에서 현존하고 활동하십니다.

인격체라는 말이 생소하시겠지요? "위격"의 영어 표현은 person, 라틴어는 페르소나(persona), 그리스어는 프로소폰(prospon)이라고 합니다. 위격인 페르소나의 가장 핵심은 독립체이고 우리 인간들은 같은 본성을 가졌지만, 인간 전체를 페르소나라고 하지 않고 사람people이라고 합니다. "사람"은 독립된 개인이 아니라 보편적 가치를 말합니다. 사회주의는 사람 중심의 가치를 두기 때문에 모두를 위한 사회적 관점들을 향해 가고, 서구 문화는 두 가지의 인간 이해의 조합을 가집니다. 하나는 인격적인 차원이 강조되는 페르소나의 개념으로서 개별체이고 인격적인 각각의 가치인격입니다. 다른 한 가지는 사람이라는 공통적 본질입니다. 라틴어로 나투라(natura), 영어로 네이처(nature)는 인간 본질로서의 사회적 관점을 강조합니다. 사회주의와 개별성의 인격주의는 갈라져 있는 것이 아니므로, 보편적 가치를 지닌 사람이 존중받아야 하지만 유일한 가치를 지닌 개별적인 한 사람 한 사람도 소중합니다. 이 한 사람이 페르소나이고, 여러분도 같은 인간이지만 각자는 독특한 가치를 가졌습니다. 우리는 공동체에서 각자 한 사람 한 사람을 귀하게 여겨야 하는데 많은 경우에 다수결과 선착순으로 누군가는 소외되는 상황이 생기기도 합니다. 교회는 이런 가치들을 경계하고 예수님이 길 잃은 한 마리의 양을 찾아 나서신 것처럼 소외된 사람을 찾아가야 합니다. 우리의 사고방식에는 '뭐, 한 사람쯤이야…' 생각할 수 있는데 한 개인에게도 존중받는 가치가 있는 것입니다. 우리는 자신도 모르게 무가치한 인간의 모습을 비평하며 사랑을 이야기하고, 사랑과는 반대되는 행동을 할 수도 있습니다. 지난 시간에는 개인윤리인 사추덕(예지, 정의, 용기, 절제)을 나누었고 오늘은 개인윤리를 토대로 한 사회윤리에 대해서 나누겠습니다. 지난 시간에는 인간(Person)의 개별 가치를 나눈 것이고, 오늘은 인간(Person)이 모인 사회(Society) 곧 공동체에 대한 그리스도교의 가치를 나누려고 합니다.

성경에서 공동체 윤리

인간 사명의 공동체적 특징은 모든 사회제도의 근원도 주체도 목적도 인간이며, 또한 인간이어야 한다는 것입니다(사목 헌장 25항 1절). 민간 협의체들이나 기구들의 폭넓은 참여를 장려해야 합니다. 보조성의 원리에 따르면 국가나 더 넓은 사회가 개인들과 중간 집단의 자발성이나 책임을 대체해서는 안 되고, 사회는 덕을 닦는 것을 방해하지 말고 도와주어야 하며, 정의로운 가치 체계로 이를 고쳐하여야 합니다. 회개와 사랑은 정당한 개혁을 촉진하며, 그 가치를 담고 있는 복음 외에는 사회문제에 대한 해결책이 없다는 것을 보여 줍니다.

창세기 2장 18절에 "사람이 혼자 있는 것이 좋지 않으니, 그에게 알맞은 협력자를 만들어 주겠다."라고 하느님께서 말씀하셨습니다. 그래서 아담이 함께할 수 있는 공동체를 마련해 주셨습니다. 우리는 혼자 있으면 외로워하지만 함께하면 더 괴로울 때도 있어서 외롭고 괴로운 "외괴인"(?)으로 살아가는지도 모릅니다. 우리는 이것을 뛰어넘어야 하고, 그래서인지 하느님은 동반자이자 협력자인 사람을 짝으로 선물해 주셨습니다. 사람은 혼자 존중받는 것이 중요한 가치입니다. 그처럼 동반자인 상대방도 같은 존엄성을 가진 존재입니다. 그러므로 그리스도교는 사회주의는 아니지만 사회가 중요하다는 것을 수락합니다. 그런데 이즘(ism)을 내세우거나 따르면서 서로가 갈라지는 현상이 일어납니다. 혼자 있기를 좋아하는 사람도 있고 다른 사람들과 함께해야 힘이 나는 사람이 있습니다. 여러분도 자신이 어느 쪽의 성향인지를 생각해 보시고 내가 어떤 모임에 참석했을 때 내가 있으므로 해서 방 분위기가 환해지는지 아니면 내가 그 모임을 나와야 환해지는지를 파악해 보시길 바랍니다. 그래서 저는 장난삼아 모임을 마친 후에는 꼭 모임방의 불을 끄고 나옵니다.

우리는 다른 이들과 함께 살아야 하는 존재인데 "우리"만 강조되면 어느 누군가는 소외될 수 있습니다. 교리 강의를 통해서 배운 것을 완벽하게 실천할 수는 없어도 하나씩 실행하면 성장할 수 있습니다. 좋은 강의를 아무리 많이 들어도 실천하는 변화가 없다면 하느님께 은혜를 청해야 합니다. 저도 변화되기 힘든 부분들이 있기에 우리는 모두 자신의 의지만으로 할 수 없다는 것을 알고 주님께 도움의 은총을 청해야 합니다. 가톨릭 신자들은 성당 활동 외에도 생태 운동과 사회운동에도 적극적으로 참여하는 분들이 많습니다. 사람이 혼자 있는 것은 좋지 않다는 하느님의 말씀을 잘 실천하고 함께 사는 공동체를 위해 노력하는 모습입니다.

　사회는 인간 개인을 뛰어넘는 일치의 원리로 살아가는 것이고 인간은 혼자 살 수 없습니다. 일치하는 사회는 인간 개인을 토대로 해서 인격(person)의 윤리덕인, 개인윤리를 기초로 해서 일치의 원리에 따라 유기적으로 연결된 사람들의 사회입니다. 우리 그리스도교 공동체도 사회이고 개인과 사회의 관계는 함께 걸어가야 하는 공동선을 목표로 합니다. 개인과 사회는 서로가 공동선을 이루도록 돕고, 인간 사회는 공동선의 실현을 통해서 유지됩니다. 나 자신을 위해서 살지만, 우리를 위해서도 살아가는 것이 인간의 삶이고 이것은 절제가 요청되며 개인의 윤리가 토대로 이루어집니다. 개인윤리가 토대가 되지 않으면 사회윤리는 세워질 수 없고 그래서 공동체의 권위는 중요합니다. 사람은 나이가 들어가지만 사람의 정신과 영혼은 나이를 먹지 않기 때문에 삶의 내용과 질을 추구할 때 정신과 영혼은 맑고 순수하게 유지됩니다. 권위는 정치, 사회, 공동체 안에서 얼마나 공동선을 위하느냐에 달려 있습니다. 제가 싫어하는 말 중의 하나는 "소비자"입니다. 사람은 단지 소비하는 존재인가요? 소비가 왕이고 미덕이라는 말은 수십 년 전 경제가 발전되는 시기의 사회에서 '소비가 왕이다.'라는 인식이 생겨났지만, 사람을 외적인 생산자와 소비자만으로 바라보지 말아야 합니다. 공동선을 위해 행사할 때, 권위가 정당하게 드러나고 그 공동선이 한 개인을 어렵게 한다면 다시 생각해 보아야 합니다.

그리스도교 공동체 윤리

모든 가치와 원리가 한 개인과 단체에 적합할 수는 없지만 기본적으로 공동선, 보조성, 연대성은 그리스도교 사회윤리의 토대를 이루고 있습니다. 공동선은 개인과 집단의 자기완성을 향해서 충만히 이룰 수 있고 그것을 이루는 과정에서 한 사람이라도 도태가 되어서는 안 됩니다. 집단이든 개인이든 자기완성을 충만히 이룰 수 있게 하는 사회생활의 총체적인 것이 공동선입니다. 양비론도 아니고 모든 것이 다 좋다는 것도 아니며 사회나 개인이 지켜야 할 원리는 보조성과 연대성의 원리입니다. 가정도 공동체이기 때문에 공동체의 원리들이 충분히 발휘될 수 있고, 개인의 윤리인 사추덕과 향주덕(신망애 - 믿음, 희망, 사랑)을 기본으로 한 인간 개인에 대한 사회윤리의 덕이 있으며, 그리스도교 공동체의 중요한 덕목도 공동선입니다. 가정에서 부모에게 힘이 있고 자녀는 힘을 가지고 있지 않지만 언젠가는 역전된다는 것을 알아야 하고, 보조성의 원리는 부모가 책임과 권위를 가지고 있지만 그것을 포기하고 자녀의 뜻에 따라 사는 것입니다. 매번 그럴 수는 없지만 부모가 받아들이기 힘든 것이라도 자녀가 원하는 뜻을 받아 주는 것이 보조성의 원리이고 그리스도교의 가치입니다. 본당의 경우에는 사목위원들이 큰 결정들을 하지만 어떤 경우에는 작은 레지오 마리애 쁘레시디움의 결정도 따를 수 있는 것이 보조성의 원리입니다. 그리고 사목위원이 한 신자의 신심 행위를 막을 수 없고 오히려 존중하여야 하며 만약 그 신심 행위가 그릇되어 이치에 어긋난다면 마음이 상하지 않게 알려 주면 됩니다. 회개는 개인만이 아니라 사회도 성찰해야 합니다. 공동체적인 회개도 필요하며 그런 점에서 사랑의 정당한 개혁을 살고 있는지 살펴볼 필요가 있습니다.

모든 인간 공동체가 유지되고 발전하기 위해서는 공권력이 필요합니다. 정치 공동체와 공권력은 인간 본성에 바탕을 두고 있으므로 하느님이 정하신 질서에 속해 있음이 명백합니다. 공동선을 이룩하기 위해서 공권력은 도덕적으로 정당한 방법들을 사용해야 합니다. 곧 공동선은 세 가지 중요한 요소를 가지는데, 인간 기본권의 존중과 기본권 신장, 기본권 번영, 곧 사회적 정신적 선익의 발전, 사회적 물질적 선익의 발전과 집단의 평화와 집단 구성원들의 안전이 그것입니다. 시민사회의 공동선을 보호하고 증진하는 것은 국가의 역할이고, 전 인류 가족의 공동선은 국제적 사회 기구의 존재를 요구합니다. 가정 안에서 자녀가 힘들게 하면 부모의 뜻대로 되지 않는 것에 화내기보다는 먼저 자녀의 성향과 바람을 아는 것이 중요하고 그러면 부모의 권위는 드러납니다. 공권력을 정당하게 실행하려면 보조성을 주장할 때 이루어질 수 있고, 사람들이 모여 있는 공동체는 안전한 가치들을 보아야 합니다. 만약 우리 본당도 오백 명의 어르신들을 모셔서 행사를 할 구조가 아닌데 무리하게 추진한다면, 공동선을 해치는 것이고 안전을 보장받지 못하기 때문에 제한은 안전을 위해서 필요합니다.

성경에서 삼위일체는 사랑을 이야기합니다. 어느 어린이가 삼위일체를 삼각형을 그려서 설명한 것을 보고 마음이 좋지 않았습니다. 과학적인 이론으로 정의하는 것이 삼위일체가 아니고 삼위일체의 사랑은 마음과 영혼의 문제입니다. 사랑은 마음속 깊이 채워져 전해지고 있는지도 모르면서 성장하는 것이며 마음이 얼마나 맑고 투명하며 따뜻하냐가 삼위일체 내용에 대한 이해입니다. 성경에서 말하는 삼위일체의 사랑은 비움의 사랑이고 이 비움의 사랑은 아버지가 아버지로 계시지 않고 아들이 되어 상대방이 되는 것이며, 아들은 아들로 있지 않고 인간들을 위해서 목숨을 내어 주는 사랑입니다. 그리고 성령은 아버지와 아들처럼 명백한 모습도 아니지만 뒤에서 밀어주고 도와주는 역할을 하십니다. 삼위일체는 외적으로 보이는 삼각형의 원리가 아니며 기계적으로도 이해하는 것이 아닙니다. 즉 성경의 삼위일체를 한마디로 정의하면 내어 주는 사랑의 총체입니다. 친교는 내어 주는 사랑이고 무소유 곧 비움의 사랑이 삼위일체의 사랑입니다. 내 것을 챙기면서 사랑이 될 수 없습니다. 성경에는 많은 이들이 자신의 목숨을 내어놓고, 하느님께서는 인간으로 오셨으며 예수님은 내어 주는 사랑으로 우리를 구원하셨습니다. 오늘날은 성령의 시대인데 아버지와 아들처럼 보이지 않지만 계속 우리를 위해서 내어 주는 사랑으로 삼위일체는 형성됩니다. 이것은 이론적인 이해보다는 깊은 사랑에서 드러나기 때문에 마음이 깨끗하고 따뜻하며 영혼이 맑을 때 삼위일체의 사랑을 만납니다. 그런데 사랑을 실현하는 국제기구들의 한계성은 실행하지 않으면 그만이기 때문에 그 기구에 속하고 그 실천을 위한 해당 국가는 책임을 지고 참여해야 합니다. 그래서 사회윤리의 바탕은 개인윤리에 있고 정의는 인격이 존중되어야 합니다.

인간의 존엄성과 연대성

전에도 말씀드렸던 이야기인데, 몇 년 전에 우연히 보게 된 어린아이의 엄마가 아이에게 다그치며 "결정해라! 할래? 말래?" 하는 모습에 전 마음이 너무 아파 기도를 했습니다. 어찌 어린 자녀라고 내 맘대로 하는 것이 정의이고 옳은 양육인가요? 자신이 부모에게 받은 상처를 자녀에게도 대물림하는 경우도 있습니다. 그러므로 신앙으로 나를 바라보면서 교회의 가르침과 인간을 이해할 때 인격적 장애를 이겨내는 것이 가능합니다.

인격을 존중하는 사람은 남을 "또 다른 나"로 여기게 될 것이며, 그 자체에서 유래하는 기본권도 존중하게 될 것입니다. 평등에는 그들의 인간적 존엄성과 그 존엄성에서 유래하는 권리의 평등도 따르고, 차이는 그들이 서로 도움을 주고받을 필요를 느끼도록 하는 하느님의 계획에 속하는 것입니다. 그 차이들은 사랑을 북돋아 주고, 인간 존엄성은 극심한 불평등의 퇴치를 촉구합니다. 인간의 연대성은 그리스도교의 뛰어난 덕목이고, 연대성은 물질적 재화보다는 영적 재화의 분배를 더 실천합니다. 평등은 사회주의 관점이 아닙니다. 다수결로 결정할 때 한 사람의 생각이 다르지만 그 다수결의 의견에 동의하겠다는 것이 사랑으로 시작된 평등입니다. 동의는 생각이 달라도 함께 하겠다는 뜻이고 인간의 존엄성은 남녀가 같지만 내용과 방법은 차이가 있습니다. 어느 영화는 남성이 아이를 출산하는 이야기로 남녀평등을 이야기하고자 했지만, 가치의 차이를 무시하는 모습이었고 육아는 더 이상 여성의 일이 아니며 부부가 함께하는 것입니다. 이제는 남편과 아내는 바깥사람, 안사람의 개념으로 이해하지 않으며 서로 배우며 이해하는 관계이고 서로의 차이를 도와주는 것입니다. 부부가 연애할 때는 서로의 차이가 좋아서 결혼했는데 살고 보니 짜증이 나시나요? 서로의 차이를 인정할 때 차별은 없는 것인데 차이를 못 느끼니까 차별을 하게 되는 것입니다. 남녀도 서로의 가치가 있는데 제가 신자들을 보면 많은 부부는 얼굴이 닮아 보입니다. 닮아서 결혼했거나 살면서 닮아 가는 것이겠지요. 그러므로 부부는 차이는 있지만 서로서로 닮아가는 짝들입니다.

무소유는 단순히 아무것도 가지고 있지 않은 것이 아니라 불필요한 것을 소유하지 않는 것입니다. 불필요한 것은 물질만을 이야기하는 것이 아니라 지식, 사고방식, 사람에 대한 이해도 그렇습니다. 펜을 선물 받으면 소중하게 쓰고 있다가 같은 펜을 두세 개를 선물 받는다면 처음에 하나를 가졌을 때처럼 느끼는 소중한 기쁨은 같지 않습니다. 무소유를 실천하는 것은 남은 두 개를 다른 사람에게 줄 수 있는 것이고 나눔이 무소유입니다. 본당에서 많은 봉사를 해도 상대방이 필요한 것이 무엇인지 정확하게 알아서 봉사해야지, 나만이 좋고 만족하는 것이 봉사로 이루어지면 무소유 나눔의 봉사가 아니라 소유하는 봉사가 됩니다. 우리에게 가장 값진 것은 마음이고 남을 사랑하는 것인데 우리가 모두 평화를 갈망하면서도 평화가 없는 것은 서로 나눌 줄 모르기 때문입니다. 개인윤리와 사회윤리를 종합해서 인간이 하느님의 모습으로 살아갈 수 있는 하느님의 구원인 법과 은총을 보겠습니다.

도덕률은 하느님 지혜의 작품이고 하느님의 자애로운 가르침입니다. 자연 도덕률은 모든 인간 개개인의 양심에 적혀 있고 새겨져 있으며, 자연법은 불변하고 역사를 통해서 변함없이 지속합니다. 도덕률은 자연법의 윤리 규칙들의 방향 설정과 국법에 반드시 필요한 기초입니다. 옛 율법은 계시가 된 법의 첫 단계로서, 그 윤리적인 명령은 십계명에 요약되어 있고, 모세의 율법은 인간이 이성으로 자연히 알 수 있는 여러 가지 진리를 담고 있습니다. 사람들이 그들의 마음속에서 그 진리를 깨닫지 못했기 때문에 하느님께서 그것들을 계시해 주셨습니다. 새 율법인 복음의 법은 그리스도께 대한 신앙으로 받은 성령의 은총으로서, 이 은총은 사랑을 통해 작용하고 하늘나라의 참행복으로 그 약속들을 완성하며 인간 행위의 근원인 마음을 새롭게 해 줌으로써 그 계명들을 완성합니다. 새 율법은 사랑의 법, 은총의 법, 자유의 법입니다. 교회 안에는 자비가 모든 가치의 중심으로 자리 잡아야 하고, 모든 본당 단체의 규칙도 자비로운 체계와 제도로 이루어져야 합니다. 십계명은 가정교육과 인간의 이해가 충분히 반영하는 계명입니다. 또한 구약에서 "헛맹세와 거짓 증언을 하지 마라." 하는 것은 맹세의 가치를 강조하는 것이지만, 신약에서 맹세하지 말라는 것은 지금 이 시대는 근본적으로 하느님의 가치를 실행하고 성취하며 완성하는 시대이지 맹세하는 시대가 아니라는 의미입니다. 우리 신앙인은 성사들을 통해서 많은 약속과 맹세를 하는데 이해해야 할 것은 이해하고 아닌 것은 아니라고 해야 합니다. 이해할 것은 약속에 대한 구원의 이해이며, 구원에 반대되는 것은 아니라고 해야 하고 그 이상의 것은 악에서 나오는 것입니다(마태 5,37). 우리는 많은 은혜를 청하지만 이미 받은 것을 잘 보존하여 은총과 의화 그리고 공로와 성덕을 쌓도록 초대받았습니다.

어머니요 스승인 교회의 윤리 생활은 하나의 영적 예배이고, 그리스도인의 행위는 전례와 성사 거행에서 활력을 얻습니다. 윤리 문제에 대한 교회의 교도권은 모든 사람에게 통용되는 윤리 생활의 원칙을 규정하고 있는 십계명을 바탕으로 일반적으로는 교리 교육과 설교를 통해 행사됩니다. 교회의 법규는 언제나 전례와 연결되고 또한 전례에서 양육되는 윤리 생활과 그리스도인의 생활에 관련된 것입니다. 그리스도인은 그리스도를 따르는 생활로써 하느님의 나라, "정의와 진리와 평화의 나라"가 다가오기를 재촉하고 그들이 이 세상에서 져야 할 책임을 다하면서 스승에게 충성을 다하는 공정과 인내와 사랑의 임무를 완수합니다. 개인윤리와 사회윤리가 영적인 예배 안에서 통합되어야 하고 그래서 우리는 주일미사에 참례하며 세례성사를 통해 입문하여 중요한 교리 강의, 강론 등을 통하여 배우고 성장하여 나갈 수 있습니다. 아무리 신앙생활을 오래 하였다고 해도 내가 믿음을 찾아 나가고 채워 나가야 합니다. 신앙생활은 전례 안에서 성장하는 것이며 우리가 윤리적이고 도덕적인 삶을 살아가는 이유는 선교의 삶과 복음의 가르침을 나누기 위해서입니다. 이것은 교회의 확장이라기보다 복음의 확장이며, 사회윤리와 함께 인류 공동체를 위한 나눔의 삶이었지만, 하느님 앞에서 개인의 삶인 개인윤리 그리고 사회윤리도 다를 것이 없고 결론은 하느님과 함께 나와 우리가 살아간다는 것은 맑고 따뜻하게 사는 것입니다. 마음이 맑고 따뜻해지면 세상도 맑고 따뜻해지며 우리가 사는 지구도 맑고 따뜻해질 것입니다. 우리는 성당에 왜 나오는 걸까요? 그리스도교 가치를 맑고 따뜻하게 이해하면서 나눔을 지향하면 우리는 행복과 자유로 나아갑니다. 천국으로 가는 티켓은 가진 것에 대한 양의 문제가 아니라 이미 내가 받은 것을 함께 나누는 것이고, 개인윤리는 개인이 무엇을 소유하는 것이 중요하지만 그 재물과 자녀도 모두 하느님의 것이라고 받아들이는 것입니다. 최후의 심판 때 우리는 어려운 한 사람에게 베푼 선행과 사랑으로 이웃이 되고 친구가 된 것을 확인받습니다. 인생이 이해관계로 맺어지지만 그 이해가 어긋나면 깨질 수 있어서, 비움의 사랑인 삼위일체의 사랑은 우리가 모두 하나 되는 것을 도와줍니다. 작고 적은 것에 감사하며 우리 삶의 뿌리에 담겨 있는 맑고 따뜻한 것을 가로막지 맙시다. 죄의 뿌리는 필요에 의해서 쓰는 것이 아니라 욕망에 따라 쓰기 때문에 일어나고 칠죄종인 교만, 인색, 질투, 분노, 음욕, 탐욕, 나태는 죄의 뿌리에서 나오는 것이기에 잘 다듬는 무소유의 삶을 통하여 우리는 꼭 필요한 것들과 나눌 수 있습니다. 영광송으로 마칩니다.

Question & Sharing
묻고 나누고

1. 사람이 혼자 있어서 "외롭습니다." 그래서 사람들과 함께 하니 "괴롭습니다." 이렇게 외롭고 괴로운 삶을 어떻게 견딜 수 있을까요? 각자의 경험을 나누어 보세요.
2. 그리스도교 공동체 윤리의 토대, 공동선에 관해 간략하게 설명해보세요.
3. 그리스도교 공동체 윤리의 토대, 보조성에 관해 간략하게 설명해보세요.
4. 그리스도교 공동체 윤리의 토대, 연대성에 관해 간략하게 설명해보세요.

12강

마음과 목숨 그리고 뜻을 다하여 하느님을 사랑하라!

십계명의 1~3계명

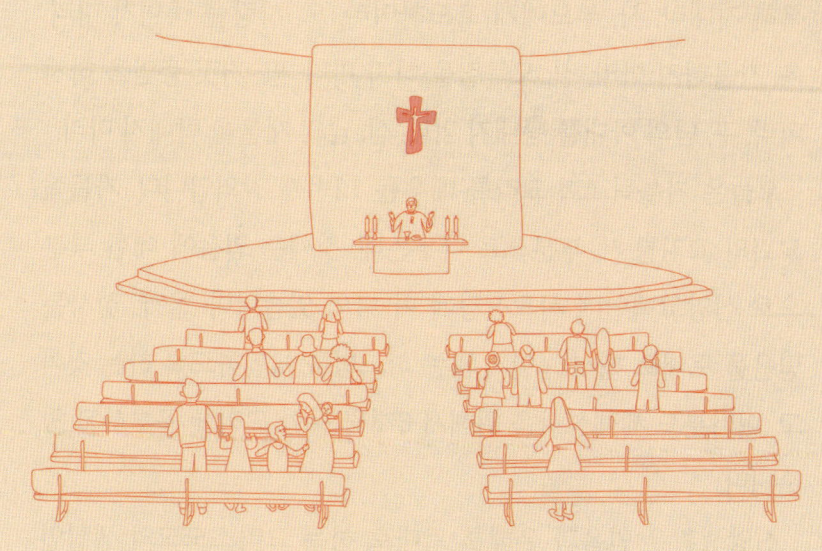

3계명 주일을 거룩히 지내라.

십계명의 뿌리, 하느님사랑과 이웃사랑

　시작 기도는 십계명을 바치겠습니다. 일, 한 분이신 하느님을 흠숭하여라. 이, 하느님의 이름을 함부로 부르지 마라. 삼, 주일을 거룩히 지내라. 사, 부모에게 효도하여라. 오, 사람을 죽이지 마라. 육, 간음하지 마라. 칠, 도둑질을 하지 마라. 팔, 거짓 증언을 하지 마라. 구, 남의 아내를 탐내지 마라. 십, 남의 재물을 탐내지 마라.

　오늘은 가톨릭교회 교리를 배우는 12번째 강의입니다. 가톨릭교회의 교리를 세 부분으로 나누는데, 첫째는 믿음에 대한 부분으로 신앙고백인데 사도신경에 다 나와 있습니다. 둘째, 성사는 믿음을 토대로 해서 보이지 않는 하느님을 체험하도록 하는 것이고, 여러분도 세례성사를 위해서 6개월 동안 교리를 공부하고 있습니다.

　신앙생활은 믿음과 은혜를 토대로 하는 그리스도교의 생활인데, 곧 계명을 실천하는 개인윤리와 사회윤리를 말합니다. 계명편의 토대는 두 가지인데 첫째는 구약의 십계명이고, 둘째는 신약의 행복 선언, 진복팔단입니다. 어떻게 보면 반대되는 이야기로 들리는데, 왜냐하면 십계명은 '하지 마라'는 계명이 많기 때문이고, 행복 선언은 할머니가 무조건 잘한다고 지지해 주는 것처럼, '하여라'는 이야기가 많기 때문입니다.

오늘 강의에서, 십계명은 그리스도인 삶의 토대이고 개인윤리와 사회윤리도 십계명을 토대로 이루어진 것입니다. 십계명의 첫째 계명부터 셋째 계명까지는 하느님을 사랑하라는 것이고, 넷째 계명부터는 사람을 사랑하라는 계명입니다. 하느님과 사람을 사랑하는 것이 십계명의 기본 토대로서 신약에서도 같은 가치를 말합니다. 우리는 하느님을 사랑한다고 고백하지만 사람을 사랑하는 것은 힘들 수 있고, 사람을 사랑한다고 하면서 하느님을 사랑하지 않을 수 있습니다. 하지만 그리스도교 실천 계명의 토대는 참으로 하느님을 사랑하면 사람을 사랑할 수 있는 것입니다. 또 인간을 진심으로 사랑하면 하느님을 사랑할 수 있습니다.

"어떤 사람이 예수님께 다가와, '스승님, 제가 영원한 생명을 얻으려면 무슨 선한 일을 해야 합니까?' 하고 물었다. 그러자 예수님께서 말씀하셨다. '어찌하여 나에게 선한 일을 묻느냐? 선하신 분은 한 분뿐이시다. 네가 생명에 들어가려면 계명들을 지켜라'"(마태 19,16~17). 계명을 지키려면 그 내용을 알아야 하는데 이 사진에 있는 문구에는 무엇이 쓰여 있나요? I am third(첫째 하느님, 둘째 이웃, 셋째 자신)라고 적혀 있는 이곳은 제가 2017년에 방문한 캐나다 에드먼턴(Edmonton)에 있는 '마리아 센터'라는 가톨릭 복지시설입니다. 이곳은 복지만 실현하는 곳이 아니라 인간의 몸 전체 곧 전인적으로 사람에 해당하는 모든 것을 함께 통합하여 기도하고 봉사하는 곳입니다. 일 층은 노숙자들을 위한 공간으로, 식사와 의복을 나누는 공간인 몸에 대해 봉사를 하는 곳입니다. 이 층은 마음을 다스리는 공간으로, 이콘을 그리고 마음을 바라보는 공간이고, 삼 층은 정신과 영혼을 돌보는 영적 동반을 하는 공간입니다. 몸과 마음과 정신이 따로 생활하다 보면 사람은 아프게 됩니다. 교회도 온전히 상대방을 위한 봉사를 해야 하는데, 음식이 필요한 사람에게는 식사를 제공하고, 마음이 힘든 사람은 마음을 치료해 주며, 영혼이 막막하면 영혼을 돌보아 주는 이곳은 모든 것을 통합적으로 이루는 센터입니다. 마리아 센터의 일 층 벽에 붙어 있는 "나는 세 번째다."라는 문구는 그리스도교의 가치이고, 이곳은 통합적인 돌봄과 봉사가 이루어지는 아름다운 곳입니다.

　예수님 말씀의 실천 및 십계명의 영속성은 성경에 충실하며, 교회는 예수님의 모범을 따라, 십계명의 중요성과 그 중추적 의미를 인식해 왔습니다. 십계명은 하느님의 계시와 인간의 이성을 통해 우리에게 알려지고, 예수님은 율법을 없애러 온 것이 아니라 율법을 완성하러 왔다고 말씀하셨습니다. 완성은 있는 것을 없애는 것이 아니라 보존하면서 참고하는 것입니다. 국가의 헌법도 새로운 규칙이 생기면 옛 법은 폐기하지 않습니다. 헌법을 보완하는 규칙은 지금의 삶에 기준이 되지만, 그전의 규칙은 폐기되는 것이 아니라 보존하고 참고하듯이, 우리의 몸도 옛 몸에 새롭게 세포가 생기고 성장합니다. 많은 분열의 원인은 새로 시작한다고 하면서 옛것을 다 없애 버리는 것에서 일어날 수도 있습니다. 성경과 교회의 역사는 이런 것을 자주 경험했고, 어디서든 갈등은 있습니다. 갈등이 없는 것이 중요한 것이 아니라 그것을 어떻게 해결하느냐가 더 중요합니다. 그런 점에서 문제와 갈등의 요소가 생기면 사도들과 원로들이 한데 모여서 기도하고 서로 대화를 했다는 대목이 사도행전에 나옵니다. 오늘날의 사도는 누구입니까? 봉사자들입니다. 성당에서는 사목위원과 봉사자들입니다. 그러면 원로들은 누구입니까? 그전에 봉사했던 분들인데, 중요한 것은 함께 모여서 대화를 나누는 것입니다. 이 사진은 칠레의 산티아고에 있는 산크리스토발 언덕에 케이블카를 타고 올라가면 있는 성당의 내부 모습입니다. Yo soy la Vid verdadera라는 스페인어로 "나는 생명이다."라는 뜻으로 Verdadera는 영어로 'real, 참' '생명이다'라는 뜻입니다. 참 생명의 토대는 십계명이고, 이곳은 많은 신자들이 위로와 힘을 얻는 성당입니다.

십계명의 기반

1장: "네 마음을 다하고 목숨을 다하고 뜻을 다하여 주님이신 너의 하느님을 사랑하라."

첫째 계명, 한 분이신 하느님을 온전히 흠숭하고 사랑하라! 둘째 계명, 하느님의 이름을 함부로 부르지 마라! 셋째 계명, 주일을 거룩하게 지내라. 성경을 읽고 필사하며 유튜브의 신앙 강좌를 들어 보면 안 보이는 것이 들리면서 그 뜻이 새로워집니다. 인생을 살면서 내가 느끼지 못한 나를 발견하듯이 성경도 마찬가지입니다. 처음에 성경을 읽으면 구약에는 전쟁만 보이고 신약에서 구체적인 사랑의 말씀을 읽지만 계속 읽다 보면 새로움을 발견합니다. 하느님을 사랑하는 것은 마음과 목숨과 뜻을 다하는 것인데, 우리는 사랑을 체험하지만, 그 뜻대로 사랑하는 것을 배운 적이 있나요? 부모님이 자녀에게 하는 사랑을 신앙적으로 나눈 적이 있나요? 성당에서 사랑의 뜻을 정확히 배운 적이 있나요? 없었다기보다 그것을 발견하지 못한 것인데 지금 발견하면 됩니다. 하나하나를 자세히 보면 그 사랑의 뜻을 알 수 있습니다. 그리스도 종교는 지금 성경과 교리서처럼 처음부터 개념과 이론이 만들어진 것이 아닙니다. 하느님 사랑과 생명에 대한 인간 삶의 경험이 몇 천 년 동안 성경 안에 담겨졌습니다. 인간들 사이에서 발생하는 사랑과 갈등의 체험이 성경 안에 요약되어 온 것입니다. 하느님을 사랑하는 것은 추상적인 것이 아니라 구체적인 것입니다. 마음과 목숨과 뜻을 다하는 사랑을 우리가 하기에 부족하다면 이것을 가지고 기도하십시오. 기도는 내가 하지만 그 뜻을 이루어 주시는 분은 주님이시며 '온전히' 마음을 다하는 기도 자세가 중요합니다. 우리는 많은 경우에 내가 볼 수 있는 것만 봅니다. 나쁜 것은 아니지만 조금 더 성장하면 우리는 깊게 볼 수 있고, 사실 여러분의 일과 생활에서 모두 다 보시면서 살아오셨습니다. 어린이는 부모에게 맡겨져 있으므로 자신한테 집중되어 있는데, 온전히 보지 못한다면 나 자신이 더 성장해야 한다는 것입니다.

둘째 계명은 "하느님의 이름을 함부로 부르지 마라."입니다. 이것은 한국 문화와 유사한 면이 있습니다. 우리는 부모의 이름을 함부로 부르지 않는데, 만일 부른다면 버릇이 없다고 혼쭐날 일입니다. 하느님은 이름이 없는 분이시고 본래 이름이 없으십니다. 이름을 부른다는 것은 내 속에 나를 가둔다는 뜻이기도 합니다. 한국 문화에는 이름에 대한 존엄성이 있습니다. 성경에서도 모세는 하느님의 이름을 물어보았습니다. 탈출기 3장 14절에서 하느님께서는 "나는 있는 나다." 하고 대답하시고, "너는 이스라엘 자손들에게 "있는 나'께서 나를 너희에게 보내셨다.' 하여라."라고 하셨습니다. 야훼는 네 개의 자음자 YHWH로 구성된 이스라엘 주님의 고유한 이름입니다. 유다인들이 믿는 신(YHWH)은 그분의 절대적이고 필연적 존재를 가르치고, 모든 피조물의 원천이신 하느님으로 이해할 수 있습니다. 나중에는 야훼라는 이름을 경외하여 하느님의 이름을 함부로 부르지 않기 위해 야훼를 아도나이(Adonai)로 발음하며 그 뜻은 '나의 주님'입니다. 야훼(YHWH)는 히브리어로 하야(Hayah) 동사인데 이는 상태를 나타내는 영어의 be 동사와 같고, 그리스도교에서 고백하는 하느님의 언어적 이해 역시 have 동사와 같은 소유하는 것이 아니라 be 동사로서, 하느님께서는 백성과 '함께하는 분' 임마누엘(God will be within us)입니다. 히브리말의 하야 동사는 그 뜻이 다음과 같습니다. 펜이 책상에서 굴러가다가 책상 끝에 있으면 떨어지겠죠? 그 떨어지는 것이 '하야' 동사의 의미입니다. 위에만 있으면 함께할 수가 없고 우리와 함께하는 야훼는 위에서 떨어져서 우리와 함께한다는 것입니다. 임마누엘도 하야 동사의 그런 의미로서 "우리와 함께 계시는 하느님", "하느님이 우리와 함께 계신다."는 뜻입니다. 주일을 거룩하게 지내는 것은 하느님께서 우리에게 주신 계명이고 또한 우리는 주님과 함께하면서 힘을 얻기 때문입니다.

2장: "네 이웃을 네 몸같이 사랑하라."
넷째 계명: 부모에게 효도하라. 다섯째 계명: 사람을 죽이지 마라. 여섯째 계명: 간음하지 마라. 일곱째 계명: 도둑질하지 마라.

여덟째 계명: 거짓을 증언하지 마라. 아홉째 계명: 남의 아내를 탐내지 마라. 열째 계명: 남의 재물을 탐내지 마라. 이웃은 남이 아니라 제2의 나입니다. 신앙생활을 하면서 내가 이웃에게 어떻게 대했나를 알아차리는 것이 중요한데, 오늘날 우리는 신앙인으로 살지만 남에게는 관심이 없습니다. 자신과 자기의 것에만 집중되어 있고, 삶이 바쁘다는 이유로 여러 사건과 사람들에게서 'passing!' 하면서 지나쳐 버리는데, 그것은 그리스도교의 가치가 아닙니다. 그리스도교는 단지 하느님을 보는 종교가 아니라 하느님이 우리와 함께하시는 종교입니다. 하느님께서 인간과 함께하시면서 안 보이는 존재란 우리가 숨을 쉬지만 그것을 느끼지 않는 것처럼 우리에게 부담 주지 않으시고 늘 우리를 돌보시는 분이십니다. 그런 하느님의 사랑을 받아서 사람이 사람을 사랑한다는 것은 실제로 또 다른 나로 살아가는 것입니다. 그래야 상대방을 어떻게 대해야 하는지 알고 내가 내 속에 있는 나를 만나듯이 이웃도 그렇게 만나는 것이 예수님이 말씀하시는 이웃 사랑입니다. 이것은 의무라기보다는 인간 존재의 본질을 말하는 것이고, "네 이웃을 네 몸같이 사랑하라."의 구체적인 계명입니다. 곧 이웃을 사랑하는 구체적인 계명이 십계명 중 다음의 7가지입니다. 바로 부모에게 효도하라. 사람을 죽이지 마라. 간음하지 마라. 도둑질하지 마라. 거짓 증언을 하지 마라. 남의 아내를 탐내지 마라.

남의 재물을 탐내지 마라.

사람들은 흔히 "사람을 죽이지 마라."가 가장 쉬운 계명이고 가장 지키기 어려운 계명이 "주일을 거룩히 지내라."라고 말하는데, 이는 우리 인간의 경험에서 나온 계명이라고 말할 수 있습니다. 하느님을 사랑하는 세 계명과 인간을 사랑하는 일곱 계명을 큰 차원으로 보았습니다.

이 사진에 저와 함께 있는 캐나다 신부님은 치과의사였는데 신학교에 가셔서 사제가 되었고 여기 마리아 센터의 책임자로 사목하고 계시고, 뒤에 있는 분들은 이곳의 봉사자들입니다. 이곳의 봉사 공간 마리아 센터는 몸으로 봉사하는 곳이기에 몸 기도를 하는 곳이라고 생각합니다. 몸 기도는 한국 신앙인들이 잘하는 기도입니다. 이곳에서 밝은 웃음과 미소로 봉사하시는 이분들만 보아도 하느님이 함께하심을 느낄 수 있었습니다.

1계명

1장: "네 마음을 다하고 목숨을 다하고 뜻을 다하여 주님이신 너의 하느님을 사랑하라." 마음은 온전한 내면의 세계이고 목숨은 영혼이라고 할 수 있습니다.

첫째 계명: 한 분이신 하느님을 온전히 흠숭하고 사랑하라. 너희 하느님이신 주님을 흠숭하고 섬겨라.

"너희는 마음을 다하고 목숨을 다하고 힘을 다하여 주 너희 하느님을 사랑해야 한다"(신명 6,5). 너희 하느님은 우리 하느님인데 이스라엘의 구약은 우리나라의 정서와 비슷합니다. 많은 분들이 자신의 아내와 남편을 소개할 때에 "우리 부인/남편입니다."라고 하는 경우가 많은데 그러면 저는 농담으로 "우리 공용의 부인이고 남편입니까?" 합니다. 우리는 하느님을 사랑하는 길을 이야기하지만, 하느님께서 먼저 온 힘으로 우리를 사랑하셨습니다. 온 힘과 정성으로 하느님이 먼저 우리를 만드셨고, 먼저 우리에게 오셨으며, 먼저 우리를 불러 주셨습니다. 하느님께서 먼저 우리를 불러 주지 않으시면, 우리가 하느님께 갈 수 없고, 여러분도 스스로 성당에 오셨지만, 하느님의 계획 안에서 여러분 한 분 한 분을 불러 주신 것입니다. 그런 점에서 성경에서 '해라' 하는 것은 명령으로 들리지만, 이것은 의무가 아니라 하느님의 초대입니다.

어느 한 부자 할아버지가 천국에 갔는데, 천사가 할아버지에게 하느님은 건축가 같으셔서 집을 한 채 지어 주신다고 말했습니다. 할아버지의 종도 죽어서 천국에 왔는데, 그 종의 집은 작지만 아주 아담하고 아름다웠습니다. 그래서 부자 할아버지는 '내 집은 아주 크고 좋겠지.'라고 생각하고, 그 옆에 있는 아주 큰 집을 보았는데, 그 집은 마을에서 제일 가난한 사람의 집이었습니다. 그러다가 아주 초라한 짚단으로 꾸며진 집을 보면서 '설마 내 집은 아닐 거야….' 했는데 그 집이 부자 할아버지의 천국의 집이었습니다. 화가 난 할아버지가 "왜 내 집이 이렇게 초라한 것이오?" 하고 천사에게 물으니 천사는 "할아버지가 지상에서 살 때 건축 재료로 하늘에 올려 준 만큼 하느님께서 집을 지어 주십니다."라고 대답했습니다. 슬퍼했던 할아버지는 잠에서 깨어 꿈인 것을 알고, 살면서 자신의 가진 것을 마음껏 나누고 살았다는 이야기입니다. 그러면 건축 재료는 무엇일까요? 그것은 사랑하면서 사는 것입니다. 시작과 마침은 누구나 같고 우리는 모두 빈손으로 왔다가 빈손으로 갑니다. 지상에서 우리의 시간은 영원하지 않고 한정적인데, 우리가 얼마나 하느님을 사랑하고 이웃을 사랑하느냐가 천국 생활을 좌우합니다. 인간은 나이를 먹지만 영혼은 나이 들지 않기에 시간은 나이와는 관계되지 않습니다. 일반적으로는 나이와 남은 시간이 관계가 있다고 생각하지만, 항상 그렇지는 않기 때문에 나의 한정된 시간에 사랑하면서 사느냐가 인생에서 중요한 가치입니다. 그래서 믿음은 무엇보다 중요하고 어떤 일을 할 때는 계획도 중요한데, 더욱더 중요한 것은 신뢰입니다. 바벨탑 사건에서 사람들이 하느님께 가기 위해서 집을 지었지만, 서로 믿지 않기 때문에 분열된 것이고 각자의 생각이 달랐습니다. 자신의 것만 주장하면 분열의 토대가 되고, 그런 점들은 성경과 교회의 역사 안에서 많이 경험했습니다. 우리는 혼인을 하고 가정을 이루고 집을 장만하며 자녀를 낳고 여행 계획 등 보이는 많은 계획 곧 결혼식 준비는 잘하지만 안 보이는 계획 곧 결혼 준비는 잘 못하는 경우도 많습니다. 이제 한국의 이혼율은 OECD 국가 중 상위권에 속하는 안타까운 현실인데, 우리는 보이지 않는 것에 대한 준비가 필요하고, 그것은 믿음과 사랑과 희망입니다. 안 보이는 것을 철저하게 준비하고 배우며 사랑해서 결혼한 부부의 목표는 사랑입니다. 사랑의 언어를 배울 수 있는 곳이 가정이고 교회입니다. 가톨릭교회 교리도 단순히 세례를 받기 위해서만이 아니라 사랑의 언어를 배우고 이해하며 설명할 수 있어야 하며, 남을 가르치는 것이 아니라 설명하고 대화할 수 있는 우리가 되어야 합니다. 그렇지 않으면 안 보이는 것은 없다고 치부하고, 보이는 것만을 추구하면서 문단속은 하지만 마음 단속은 못하게 됩니다. 왜냐하면 보이지 않기 때문에 영혼의 단속은 못하게 됩니다.

　제가 신학교에서 23년을 살았고, 특강과 상담은 많이 했지만, 본당 사목을 하시는 신부님보다는 신자들을 많이 만나지는 못했습니다. 제가 2018년 안식년을 맞아 해외에 사시는 교우들을 많이 만나면서 마음이 순수하고 좋은 분들인데 이런 강의의 기회가 없어서 마음이 힘든 분들이 많다는 것을 알았습니다. 그래서 저는 시드니 본당에 부임해 와서 우리 교우들과 우리 성당에 관심이 있으신 분들을 예수님처럼 섬기려고 합니다. 그리고 사람을 믿고 사랑하는데 아무리 성경과 교회 가르침의 이론이 맞고 좋아도 말, 행동, 표정으로 의미를 표현하도록 노력합니다. 한편 믿음은 보이는 것이 아니지만 내가 얼마나 상대방을 믿느냐에 따라서 일과 봉사도 더 잘할 수 있습니다. 곧 서로에 대한 믿음이 있다면 보이는 것은 더 잘할 수 있게 됩니다. 보이지 않는 하느님을 모르면서 하느님을 어떻게 사랑하나요? 그래서 우리는 이 교리 시간을 통해서 하느님을 알아 가고 사랑할 수 있습니다. 하느님에 대한 무지가 모든 도덕적 탈선의 시작이라고 바오로 성인이 말씀하셨기에 믿음은 중요하고 희망은 축복, 확신, 대망이지만 절망과 자만은 희망을 거스르는 죄입니다. 사랑이 없으면 무관심, 냉담, 영적 게으름, 하느님에 대한 증오로 이어집니다.

한국의 가톨릭 학교에서 사랑 교육을 하기가 쉽지 않은 것은 한국의 입시제도 때문이기도 합니다. 제가 이곳에 와서 보니까 가톨릭 학교는 물론이고 일반 공립학교도 선택하면 종교 공부를 할 수 있다는 것에 부러움을 느꼈는데 이것이 호주라는 나라의 힘이라는 생각을 했습니다. 종교 교육은 사랑, 인간, 믿음 교육이고, 그렇게 성장한 학생들이 이 사회에 나와 그렇게 실천하며 살아가는 것입니다. 하느님을 안다는 것은 사랑을 알고 배우는 것입니다. 우리에게는 허영심이 있으며, 대체로 사람들의 대화 내용은 자기 자랑이나 남을 욕하는 경우가 많습니다. 우리는 있는 그대로 자기 모습을 보여 주고 싶어 합니다. 마치 아기가 태어날 때 울면서 자신을 드러내듯이 우리는 자신을 드러내고 싶은 욕구가 있습니다. 자신을 드러내는 능력이 허영이고 덕행과 사랑은 남을 드러내는 능력입니다. 자신이 허영으로 가득 찼다면, 하느님과 이웃 사랑으로 방향을 바꾸어 마음의 단속과 영혼을 돌보면 자신의 능력으로 남을 드러내는 능력을 발휘할 수 있습니다.

사랑의 결핍은 무관심, 냉담, 영적 게으름, 증오를 낳습니다. 오직 하느님만을 섬겨라(마태 4,10)는 흠숭 기도, 예배의 약속이고, 서원을 지키는 것은 첫째 계명을 준수하는 경신덕의 행위들입니다. 흠숭은 존경, 순명, 기도이고, 기도는 찬미, 감사, 전구, 청원이며, 희생 제사는 내적 참여와 이웃 사랑이고 약속과 서원은 하느님께 약속하는 신심입니다. 너희는 내 앞에서 다른 신을 모시지 못한다는 말씀도 있지만, 미신인 우상숭배, 점과 마술 등 여러 행태에서 두드러지게 나타납니다. 이것은 신의 존재에 대한 신앙을 부정하는 무신론이고 불경스러운 것입니다. 너희는 어떤 모습을 본떠서든지 새기지 말라고 하셨습니다.

유태인을 잔악하게 학살한 오토 아돌프 아이히만(Otto Adolf Eichmann 1906~1962)은 그저 평범해 보이는 사람이었습니다. 왜 그는 그토록 잔악한 일을 저질렀을까요? 6백만 명의 유태인을 살해한 아이히만은 홀로코스트(holocaust) 유태인 대학살을 기획하고 실행한 전범이었습니다. 유태인 문제에 대한 '최종 해결'이라는 유태인 박해의 실무 책임자였던 그는 1950년 가족들과 함께 아르헨티나로 도주하여 10년간 건설사 직원, 유통 업체 감독으로 평범한 삶을 살았는데 1960년에 이스라엘 정보기관 모사드에 의해 체포되어 1962년에 교수형에 처해졌습니다. 그저 평범한 얼굴의 그 모습으로 그런 잔악한 일을 저질렀다는 사실은 그에게 어떤 결핍이 있지 않았을까하는 생각을 하게 합니다.

부부들의 삶도 밀고 당기며 자존심을 부리지만 자존심을 내려놓을 때 부부의 사랑은 자랍니다. 남자는 여자를 알고 여자도 남자를 알아야 하고 상대방을 알려면 배워야 합니다. 하느님을 알아야 사랑을 배우듯이 서로를 배워야 내 몸처럼 사랑할 수 있는 것입니다. 직장과 사업을 위해서는 열심히 배우며 살지만 안 보이는 인간의 희망, 사랑, 믿음도 배우면 보이는 것은 저절로 잘됩니다. 문제는 안 보이는 것을 모르기 때문에 어려움을 겪고 하느님의 초대도 알아차리지 못하게 됩니다. '오직 주님만'이라는 말씀은 이기적인 하느님이 아니라, 하느님을 만나면 하느님은 사랑이시니까 우리가 사랑하게 된다는 것입니다. 경신덕은 하느님의 덕을 공경하는 행위이고, 흠숭은 공경하는 것이며, 순명은 아버지의 뜻을 받아들이는 것입니다. 순명보다 순종이 맞는 표현이고, 순종은 맹종이 아니라 대화를 통해서 동의하는 것입니다. 성당의 단체에서 "무조건 순종하세요!" 한다면 그것은 폭력이고 그래서 가브리엘 천사와 마리아의 대화(루카 1,26-38)에서처럼 순종의 가치는 대화를 통해서 동의하는 것입니다.

기도는 청하는 것만이 아니라 인간 존재 자체가 고요한 시간을 갖는 것이고, 전구는 성모님과 성인들을 통해서 청원하는 것입니다. 자녀가 아버지와 하는 직거래가 힘들다면 누구의 도움을 청합니까? 엄마한테 이야기해서 해결하려 하지요. 엄마는 아버지를 설득할 수 있으니까요. 이렇듯 전구는 통해서 한다는 것이고, 삼위일체 하느님께서 직접 하실 수 있지만 '통해서' 하는 것은 그리스도교 신앙의 전통입니다. 개신교는 통하는 신앙이 아니고, 기도와 신앙 행위가 직거래인데 좋은 점이 있지만 검증이 안 되는 게 단점입니다. 그래서 주관적입니다. 하지만 통해서 하는 기도는 객관적인 성인들의 모범적인 삶이 있어서 정확하게 볼 수 있습니다. 국민이 검증된 잘 뽑은 국회의원이 국정을 잘 보듯이 말입니다. 청원 기도로 필요한 것도 청하지만 우리에게 불필요한 것이 무엇인지 알도록 청해야 합니다. 불필요한 것을 알아보고 내려놓는 것이 필요한데 저도 시도는 하지만 정리 정돈이 안 될 때가 있습니다. 한국의 가톨릭 교구 사제는 5년마다 새 부임지로 이동을 하면서 자기의 살림살이를 정리하게 되는데 저는 신학교에서만 20년을 넘게 살다 보니 정리가 안 돼서 이곳으로 부임할 때 아무것도 가져오지 않았습니다. 제가 읽었던 책들은 학교 도서관에 기증하고 왔는데, 이는 소유하려는 마음의 기도보다는 필요한 이들에게 나누어 줄 수 있도록 하느님께 청원하는 기도였습니다. 우상숭배는 그리스도교 안에서 몰라서 행하는 경우가 많습니다. 구약에서도 유다인들도 이집트 탈출 이후 힘든 시기를 보내고 하느님께 감사한다고 기도하면서 황금 송아지를 만들었습니다. 우상숭배를 하려고 한 것은 아니었지만 인간의 방식으로만 가면 그렇게 됩니다. 우리도 믿음과 기도와 나눔 생활을 한다고 성당에 다니지만, 자기 일에 집중하고 몰입하면서 완고해지는 것이 우상입니다. 우상은 어떤 형상이라기보다는 내 마음 안에서 하느님을 멀게 하는 것입니다. 그래서 하느님은 어떤 모습이 아니며, 우리 인간은 하느님의 모습으로 창조된 존재니까 여러분이 하느님의 이미지입니다. 그러므로 내 옆의 형제, 자매와 아내, 남편의 모습에서 하느님을 만나십시오.

2계명

둘째 계명: 하느님의 이름을 함부로 부르지 마라. 하느님의 이름은 거룩하십니다. "주 저희의 주님, 온 땅에 당신 이름, 이 얼마나 존엄하십니까!"(시편 8,2). 하느님의 이름을 헛되이 부르지 말고,

하느님의 이름을 존경할 것을 명합니다. 주님의 이름은 거룩하십니다. 하느님의 이름을 부당하게 부르는 모든 것을 금합니다. 진실과 필요성과 존경심이 없이는 창조주의 이름으로 피조물의 이름으로도 맹세하지 말라고 하십니다(영신 수련 38). 세례를 받을 때, 그리스도인은 교회 안에서 자기의 이름을 받고 부모와 대부모와 본당신부는 그가 세례명을 받도록 보살펴야 합니다. 성인의 수호는 사랑의 본보기를 보여 주며, 성인의 전구를 보장해 줍니다. 그리스도인은 기도나 활동을 할 때 십자성호로 시작하고, 하느님께서는 각 사람을 제 이름으로 부르십니다. 거룩하다는 것은 구별되면서도 함께하는 것입니다. 미사 통상문에 "거룩하시도다! 거룩하시도다! 거룩하시도다! 온 누리의 주 하느님! 하늘과 땅에 가득 찬 그 영광"이라고 합니다. 하느님은 본래 하늘에 계시지만 땅으로 내려오신 것이 '거룩하다'라는 것입니다. 거룩하다는 것은 땅과 무관하게 공중 부양하는 것이 아니라, 참하느님이 하늘에서 땅으로 내려오신 사건이 거룩한 것입니다. 이것은 겸손이고 자신의 위치를 내려놓고 무소유의 삶을 살면서 인간 모습을 취하시고 세상에 내려오는 삶인데 이런 거룩함의 정점에 예수님이 계십니다. 인간의 모습으로 내려오신 성탄절, 곧 사람이 되신 것이 최고의 거룩함입니다. 여러분이 세례명을 정하실 때 많은 분은 자신의 생일에 가까운 날의 성인으로 세례명을 정하시는데 그것보다는 자신이 닮고 싶은 성경의 인물, 신앙 역사 안의 인물, 한국 성인들을 잘 살펴보시길 바랍니다. 그러면서 자신이 선택한 성인이 자신의 생일과 가까우면 더 좋을 것입니다. 저의 세례명 성인은 비오 10세 성인인데 교황이셨습니다. 전 마음을 다해 온전히 기도하면서 성인께 전구를 청합니다. 신약에서 목자는 양 한 마리의 이름을 불러 찾고, 양들은 목자의 목소리를 알아듣습니다. 제가 학교 다닐 때, 싫었던 것은 선생님이 학생을 이름이 아니라 번호로 불렀던 것이어서 선생님께 이름을 불러 달라고 청했다가 혼난 기억이 있습니다. 사람은 번호로 불리는 것이 아니고 이름을 불러 주는 것이 중요합니다. 서양 문화는 나이와 상관없이 서로의 이름을 친구처럼 다정하게 부르지만, 한국인의 정서는 이름을 부르지 않는데, 그 역시 존중하는 마음으로 부르지 않기 때문에 이름을 존귀하게 여기는 것이라고 생각됩니다.

3계명

셋째 계명: 주일을 거룩하게 지내라. 안식일을 거룩하게 지켜라 (신명 5,12; 탈출 31,15).

주님의 날은 부활의 날이고 새로운 창조의 날입니다. 주일은 안식일의 완성이고 성찬례를 거행합니다. 신자들은 주일과 그 밖의 의무 축일에 미사에 참여할 의무가 있습니다(교회법 1247조). 주일은 은총의 날, 휴식의 날이기에, 주일의 제정은 모든 사람이 그들의 "가정, 문화, 사회 그리고 종교 생활을 영위하기에 충분한 휴식과 여가 시간을 제공하는 데"(사목 헌장 67항 3) 이바지합니다. 각 그리스도인은 주일을 지키지 못하게 하는 일을 쓸데없이 남에게 강요하지 않도록 해야 합니다. 유다인은 토요일이 안식일이지만 예수님은 안식일을 좋아하지 않으셨습니다. 왜냐하면 안식일이 사람 중심이 아니고 사람을 도구로 쓰기 때문입니다. 그래서 예수님은 안식일에 하지 말라는 것을 하셨으며, 그리스도교의 안식일은 예수님이 부활하신 날, 안식일 다음 날 주일이 되었습니다. 하느님께서 6일을 창조하시고 쉬신 날이 안식일인데 예수님은 그 시대의 형식에 매어 있고 경직되어 있는 안식일 다음 날에 부활하셨습니다. 예수님은 구약의 계명과 율법을 완성하셨고, 안식일을 완성한 주님의 날로 세우고 새로운 창조의 날로 만드셨습니다. 주님의 날은 그러므로 의무로 정해져 지키고, 직장과 학교는 쉽니다.

  제가 유학 시절 이탈리아 로마에서 주일에 모든 상점이 다 문을 닫아서 먹을 곳이 없었는데, 그렇다고 현재 이스라엘의 유다인처럼 형식화되지는 않았습니다. 이스라엘에 성지순례를 가면 현지인 유다인들이 외국인에게 친절한 모습을 보일 때는 안식일에 그러는데, 그 이유는 유다인들은 안식일에 건물의 엘리베이터

버튼도 누르지 않고 순례하는 외국인이 눌러 주기를 기다리고 어떠한 노동도 하지 않기 때문입니다. 예수님 시대에 유다 땅에서는 613개의 계명이 통용되어 있었고 248개는 단순 실천명령이고 365개는 금지 명령이었습니다. 그래서 일은 해야 하는데 안식일에 못하니까 자신의 몸을 끈으로 연결해서 집 안의 기둥에 묶어 놓고 집 밖, 밭으로 가서 일하지만 몸이 집 안에 묶여 있으니 집 안에 있는 것이라고 말했답니다. 그렇게 철저히 계명의 정신이 아니라 글자대로만이라도 지키려는 유다인들을 하느님이 선택한 민족인가 싶습니다. 오늘날 우리는 편리함을 찾으면서 쉽게 바꾸는 모습이 있습니다. 다음 시간은 4계명에서 10계명까지 하겠습니다. 영광송으로 마칩니다.

Question & Sharing
묻고 나누고

1. 전능하신 하느님을 흠숭하라! 일 계명을 설명하고, 하느님을 흠숭한 경험이 있다면 나누어 보세요.
2. 하느님의 이름을 함부로 부르지 마라! 이 계명을 설명하고, 그 경험이 있다면 나누세요.
3. 주일을 거룩히 지내라! 삼 계명을 설명하고, 앞으로 세례를 받고, 주일을 어떻게 빠지지 않고 지낼지 마음의 결심을 나누어 주세요.

13강

부모에게 효도하라! 네 이웃을 네 몸같이 사랑하라!

십계명의 4~10계명

8계명 거짓증언을 하지 마라.

시작 기도는 십계명을 바치겠습니다. 일, 한 분이신 하느님을 흠숭하라. 이, 하느님의 이름을 함부로 부르지 마라. 삼, 주일을 거룩히 지내라. 사, 부모에게 효도하라. 오, 사람을 죽이지 마라. 육, 간음하지 마라. 칠, 도둑질을 하지 마라. 팔, 거짓 증언을 하지 마라. 구, 남의 아내를 탐내지 마라. 십, 남의 재물을 탐내지 마라.

지난번 교리 강의에서는 십계명 중 첫째 계명부터 셋째 계명까지 하느님에 대한 계명을 말씀드렸고, 이번 시간은 넷째 계명부터 열째 계명까지 사람에 대한 계명을 나누겠습니다.

제2장 "네 이웃을 네 몸같이 사랑하라!"

첫째 계명부터 넷째 계명까지는 '하라'는 실행 계명이고 다섯째 계명부터 열째 계명까지는 '하지 마라'는 금지 계명입니다. 다섯째 계명의 "살인을 하지 마라."에서 살인은 보통 우리에게는 멀리 있는 계명이기 때문에, 사람에게 폭력을 하지 말라는 말씀으로 이해한다면, 자녀인 내 아이들에게도 폭력을 쓰면 안 됩니다.

여섯째 계명과 아홉째 계명은 유사하게 볼 수 있고, 일곱째 계명과 열째 계명도 관련이 있습니다. 우리가 인생을 살면서 어떻게 살아야 하는지가 궁금한데 십계명을 잘 지키고 산다면 잘 살고 있는 것입니다. 첫째 계명부터 셋째 계명까지는 하느님을 사랑하는 계명으로 우리의 성숙하고 내적인 마음가짐에서 온다고 한다면, 나머지 일곱 계명은 이웃에 대한 아주 구체적인 사랑의 계명이라고 할 수 있습니다. "간음하지 마라."는 상대방이 싫다는데 따라다니지 말라는 뜻도 포함됩니다. 상대방이 원하지 않는데 그런 행동을 계속한다면 성추행이 될 수 있으며 대처하는 방법은 단호하게 "노 땡큐(No Thank you)."라고 거절하면 됩니다. "왜 이러세요?"라고 반응하면 혹시 '좋은데 저러는구나!'라고 생각할 수 있으니 당신의 호의를 거부한다고 정확하게 의사 전달을 하여 거절해야 합니다. 여덟째 계명 "거짓 증언을 하지 마라."는 거짓말 외에 욕설도 포함되어 있습니다. 요즘 유튜브에 악성댓글을 다는 행위는 이 계명에 해당됩니다. '탐내지 마라'는 아홉째 계명과 열째 계명은 음주, 도박, 쇼핑 등 중독성이 있는 행동들을 잘 보아야 합니다. 요즘은 음주에 관한 법이 많이 엄격해졌지만 과거에는 음주 후에 한 실수에 대해서 많이 관용으로 대했습니다. 술기운에 실수였다고 한다면 그것은 용서가 되는 일인가요? 개인적으로 술을 마시지 않는 저로서는 이해되는 행동이 아닙니다. 여섯째 계명과 아홉째 계명은 상대방이 원하지 않는데 치근대지 말라는 것이 오늘날에 더 적합한 표현이고, 그러한 문제들은 심각하게도 인간의 됨됨이가 덜 돼서 나올 수 있습니다. 그러므로 십계명은 아주 구체적이며 하나하나의 계명을 나의 실생활에서 기준으로 삼아야 합니다. 일곱째 계명과 열째 계명도 같이 연결되는데 남의 것은 내 것이 아니고 단순히 훔치는 것 외에도 세금을 포탈하고 공과 사를 구별하지 않으며 착복을 하는 것도 이 계명들에 포함되며, 개인의 문제만이 아니라 기업과 공동체에도 해당되는 계명입니다.

예수님은 제자들에게 이렇게 말씀하십니다. "내가 너희를 사랑한 것처럼 너희도 서로 사랑하여라"(요한 13,34). 우리가 서로 사랑하는 기준으로 보았을 때, 이 말씀은 십계명의 넷째 계명부터 열째 계명의 기초가 되어야 합니다. 그러면 이웃을 내 몸처럼 사랑하라는 큰 전제로서 추상적인 이 말씀을 어떻게 실천합니까? 부모에게 효도하고, 살인하지 말고, 간음하지 말고, 도둑질하지 말고, 거짓 증언을 하지 말고, 남의 아내와 남의 재물을 탐내지 말라는 계명인데, 누군가는 "그러면 남의 남편은 탐내도 되나요?"라고 물을 수도 있겠지만, 당연히 하지 말아야겠지요. 왼쪽 사진은 아이티에 계신 꽃동네 수녀님이 거리의 걸인을 돌보시는 모습인데 수녀님은 먼저 그에게 동행하겠냐고 묻고, 동의를 얻으면, 그를 쉼터로 이동하게 하여 돌보셨습니다. 깨끗이 목욕하고 이발하고 새 옷을 입고 숙소에서 밝은 얼굴로 묵주기도를 하는 걸인의 모습에서 우리는 저절로 미소가 지어집니다. 그래서 내가 선한 의지로 사랑을 실천한다고 해서 상대방이 원하지 않는데 강요하거나 강제로 하는 봉사와 선행은 하느님의 뜻에 어긋날 수도 있습니다. 오른쪽 사진은 몽골에서 선교하시는 신부님이 어린이들과 함께 즐겁게 식사하며 나누는 모습입니다. 이 사진들을 보시게 되면 하느님이 원하시는 이웃 사랑이 드러납니다.

4계명

넷째 계명, 부모에게 효도하라. 신명기 5장 16절에는 "주 너의 하느님이 너에게 명령하는 대로, 아버지와 어머니를 공경하여라. 그러면 너는 주 너의 하느님이 너에게 주는 땅에서 오래 살고 잘될 것이다." 하고 말씀하셨고, 마르코복음 7장 10절에는 "모세는 '아버지와 어머니를 공경하여라.' 그리고 '아버지나 어머니를 욕하는 자는 사형을 받아야 한다.' 라고 말하였다."고 하였습니다. 하느님은 당신 다음으로 우리의 부모와 우리의 선익을 위해 당신께서 권위를 부여하신 분들을 공경하기를 원하셨습니다. 하느님의 계획에 따른 가정의 본질은 다음과 같습니다. 개인, 일반 사회 및 그리스도교 사회의 구원은 부부 공동체와 가정 공동체의 행복한 상태에 직결되어 있습니다(사목 헌장 47항 1절). 개인과 사회, 그리스도교 사회의 구원은 부부와 가정에 직결되어 있고 자녀들의 의무는 부모에게 존경과 감사와 올바른 순종과 도움을 드리고, 그들의 효도는 가정생활에서 조화를 돕고 있습니다. 부모의 의무는 자녀에게 신앙, 기도, 교육, 덕을 가르칠 책임과 물질과 영적으로 필요한 것을 제공해 주며 예수님을 따르는 것입니다. 그렇듯 가정과 하늘나라의 관계는 예수님의 제자 됨, 가족의 일원됨, 예수 생활의 방식과 삶을 따르는 것입니다. 시민사회, 공권력의 의무, 시민의 의무, 정치 공동체와 교회는 사람에게 복종하는 것보다 하느님께 복종해야 합니다(사도 5,29).

  부모에게 공경하라는 계명은 아시아 문화에서도 중요한 부분인데, 의아한 점은 어린이를 사랑하라는 계명은 없습니다. 그래서 어느 신자분이 다윗과 골리앗의 싸움을 이야기하면서 왜 전쟁에 어린 소년 다윗을 내보냈냐고 하셨다는데, 당연히 지금의 상식으로는 이해 가지 않는 행동입니다. 물론 성경에서 소년 다윗의 용기는 하느님에 대한 자신의 체험과 하느님에 대한 믿음을 드러낸 행동을 말합니다. 그러나 그 시대는 어린이에 대한 부분이 소홀하지 않았나 하는 생각도 해 봅니다. 부모를 공경하라는 계명은 하느님이 아버지이기 때문입니다. 유교적 사고방식도 연관이 있겠지만 하느님이 우리를 너무나 사랑하셨기 때문에 부모를 공경하는 것입니다. 우리가 완전하게 창조되었지만 온전하지 못하게 살아가는 것은 우리에게 부족한 부분들이 있기 때문입니다. 인간은 잘못도 하고 실수를 하며 죄를 짓기 때문입니다. 그러나 나를 가장 잘 아시는 분이 하느님이시고, 나를 완벽하게 아시는 하느님이 나를 용서하시고 사랑하십니다. 그래서 우리는 나의 부모와 이웃을 용서하고 사랑해야 합니다. 하느님은 사랑이시기에 부모 공경도 마찬가지입니다. 물론 부모가 부모 노릇을 하지 않으면서 무조건 자녀에게 공경하라고 일방적인 강요는 할 수 없습니다. 부모가 참사랑으로 자녀를 대할 때, 자녀는 받은 사랑으로 부모를 공경하며 가정은 하느님 중심의 삶을 살아가는 것입니다. 우리는 독재자로서의 하느님을 사랑하고 공경하는 것이 아니라 내가 넘어지고 부족해도 채워 주시는, 나를 용서하시는 분을 사랑하기 때문에 부모를 공경하는 것은 하느님의 모습으로서의 관점을 의미합니다.

 가정의 본질은 근본적으로 부부 공동체이고 가정 공동체이며 가정의 중심은 자녀가 아니라 부부입니다. 많은 우여곡절로 부부들이 이혼을 하면서도 배우자랑은 살기 힘든데 지금까지 자녀 때문에 버티면서 살았다고 고백합니다. 자녀는 부부 관계에서 오는 사랑인데 부부 관계가 어렵고 힘들어지면 자녀를 배우자처럼 대하면서 함부로 하게 되는 경우를 경험합니다. 가정은 부부가 중심이고 자녀는 부부의 사랑에서 나오는 선물로 받은 것입니다. 자녀는 자신이 스스로 원해서 태어난 것이 아니고 부부의 참사랑으로 받은 선물이기에 내 것이 아니며 하느님으로부터 선물로 받았기 때문에 주님께 돌려 드려야 합니다. 자녀는 성인이 되면 독립하는데 부모가 평생을 자녀를 위해서 희생하며 살았다는 생각이 자녀에게 섭섭한 감정을 갖게 하기도 합니다. "내가 너를 어떻게 키웠는데…." 하면서 자녀를 힘들게 한다면, 사랑으로 태어난 자녀에게 부모가 좋아서 그런 것을 자녀 때문이라고 말하는 것은 어떤 이유로도 합당하지 않습니다. 그리고 자녀가 성인이 되어 독립하면 가정에는 누구만 남습니까? 부부가 함께하는 생활만이 남기 때문에 나와 함께할 배우자와 잘 지내면서 나누어야 합니다. 이는 하느님 축복 안에서 가정 공동체의 부부가 완벽하게 살라는 뜻이고, 가정에 여러 이유로 자녀가 없으면 입양을 할 수도 있습니다. 내 자녀에게 잘하는 반만큼이라도 배우자에게 한다면 부부 관계의 어려움은 극복할 수 있다고 믿습니다. 부부 사이가 힘든 이유는 서로를 너무 몰라서 생기는 일이 대부분일 것입니다. 그런데 우리는 부부 관계가 힘들면 "복이 없다.", "하느님 탓이다.", "팔자가 안 좋다.", "전생의 내 죄다."라는 말을 하기도 하는데 그것은 무지에서 옵니다. 무식은 지식을 알지 못하는 것이고, 무지는 지혜가 없는 것입니다. 그러니까 다른 탓을 하지 말고,

몰라서 생기는 문제니까 배우기를 계속하면 됩니다.

　자녀들의 의무는 부부가 얼마나 서로 사랑하느냐에 달려 있고, 지혜를 얻으려면 책과 성경을 읽는 것도 중요하지만 사람들을 많이 만나야 합니다. 사람을 만나기 싫어하는 사람은 여러 방면에 어려움이 많은데 우리는 그 현실을 올바르게 파악해야 합니다. 백마 탄 왕자님을 만나려는데 혼자 방에서 기다리고 상상만 한다면 왕자님이 나타날까요? 현실을 분석하고 파악하면 나의 왕자님과 공주님을 만날 수 있는데 그 방법은 다른 이들과 만나고 소통하면서 이루어질 수 있습니다. 여러분도 성당에 오셔서 많은 이들과 친교하고 대화하고 함께 나누면서, 나와 다른 사람들을 이해하고 알아 간다면 분명 만남의 축복은 내 눈앞에 펼쳐질 것입니다. 그래서 자기 자신을 모르는 것은 다른 이들을 많이 만나지 못한 경험 때문일 수 있습니다. 성장할 때, 엄격하게 통제하고 무서웠던 가혹한 아버지 아래에서 자란 자녀는 창의력과 상상력이 발달하지 못한다고 합니다. 유아기의 어린이는 이미 유치원에 가기 전에 인격 형성이 되는데 강한 통제 안에서 자란 자녀는 불안하고 억압받는 것을 해소하기 위해서 거짓말과 물건을 훔치는 행동을 하기도 한다고 합니다. 그래서 아이들이 정서적 안정감을 받으려면, 부모에게 충분한 사랑과 애정의 표현을 받고 부모는 원만한 부부 관계를 유지하고 보여 주며 격려와 칭찬을 아끼지 말아야 합니다. 어느 초등학교 2학년 학생이 선생님에게 불만이 생겼는데, 이 학생은 선생님에게 "선생님, 참 못됐네요!"라고 말했답니다. 보통 2학년 어린이라면 "선생님, 나빠요!"라고 했을 텐데 이 학생의 언어는 어린이답지 않은 표현을 했는데, 과연 누구의 영향일까요? 부모의 언어는 자녀의 언어가 되고, 부모에게 외모만 닮는 것이 아니라 부모의 행동과 말 표현도 닮습니다. "부모에게 공경하라."는 넷째 계명은 일방적인 강요가 아니라 하느님이 우리를 너무나 사랑하셨기 때문에 우리가 부모를 공경하는 것입니다. 신앙도 자녀의 선택으로 내버려 두면 안 됩니다. 우리는 모두 예수님의 삶을 만나고 배워야 변화되기 때문입니다. 하느님께 순종하는 것은 하느님은 사랑이시기 때문이고, 우리는 하느님께 받은 사랑의 은혜를 가정과 사회 안에서 실천하고 사는 것입니다. 그리고 세례 때 맺어진 대부모는 영적 대화를 하는 관계이기 때문에 세속적인 관계는 지양하기 바랍니다. 돈 문제가 생기고 불편한 관계가 되어 버리면 성당을 원망하기도 하는데 영적인 대화를 하는 대부모(God parents)라는 것을 잊지 마십시오.

5계명

다섯째 계명, 사람을 죽이지 마라! "살인해서는 안 된다"(탈출 20,13). 모든 사람의 생명은 잉태되는 순간부터 죽을 때까지 신성한데, 인간은 하느님의 모습을 따라 그분을 닮도록 창조되었기 때문입니다. 인간 생명을 존중하기 위해서 정당방위는 타인의 생명, 공동선을 책임진 사람들에게 중대한 의무이고 고의적인 살인, 낙태, 안락사는 방법과 동기가 어떻든 살인죄이며 자살은 정의, 희망, 사랑에 크게 어긋납니다. 인간 존엄성의 존중은 타인의 영혼을 존중하며 악한 표양은 삼가고 건강 존중, 인간 존중과 과학적 연구, 육신의 완전성에 대한 존중, 죽은 이들에 대해 존경을 해야 합니다. 군비경쟁은 인류에게 막심한 상처를 주며 가난한 사람들을 견딜 수 없도록 피해를 주고 있습니다(사목 헌장 81항 3절). 평화의 보호를 위해서 전쟁을 회피하고 평화를 위하여 일하는 사람은 행복합니다. 그들은 하느님의 아들이 될 것입니다(마태 5,9).

  하느님을 닮은 인간을 죽일 수 없고 인간의 존엄성은 존중되어야 합니다. 2차 세계대전 때 독일의 루터교 목사인 디트리히 본회퍼(Dietrich Bonhoeffer)는 히틀러를 암살하려는 외국 첩보국(Abwehr)의 계획에 가담했다가 1943년에 체포되어 1945년에 교수형에 처해졌습니다. 다섯째 계명에 어긋나는 행동을 목사의 신분으로 하려고 했던 이해하지 못할 일이지만, 그는 히틀러가 미친 운전자로 사람을 죽이기 위해서 광란의 운전을 하고 있는데 내가 목사로서 죽은 사람의 장례만 치르는 것이 나의 일이냐고 말했답니다. 누군가 주식 투자를 했는데 주식이 폭락했다면 그 사람이 틀린 것이고 잘못한 것인가요? 그것은 그의 눈이 어두웠던 것이고 주식의 흐름을 파악하지 못한 것인데, 우리는 많은 경우에 일이 잘못되면 운이 없었다는 핑계를 대기도 합니다. 강대국들의 보이지 않는 싸움을 보면 자국의 이익을 위해서 세계 평화라는 큰 뜻으로 포장하며 정책들을 펼치는데, 그런 상황들을 자세히 살펴보고 인간 생명의 존중에 합당한지 아니면 해로운지를 우리 스스로 잘 살펴보고 분석하는 큰 흐름을 알고 있어야 합니다. 사람을 죽이지 말라는 단순히 행위만을 말하는 것이 아니라 평화를 유지하라는 것입니다. 구약의 평화는 땅이 확보되어야 하고 그것을 토대로 평화를 유지해 줍니다. 그리고 신약의 평화는 마음의 평화를 말하는데 마음이 내 안의 집이고 방입니다. 방이 있어야 가족들이 함께 모이고 집이 있어야 이웃들이 찾아오기 때문입니다. 그래서 땅을 소유하여 일굴 때 평화로운 것처럼 마음을 잘 일구는 것이 평화의 토대가 되고 마음을 단련하는 훈련이 우리의 신앙생활입니다.

6계명

여섯째 계명, 간음하지 마라! "간음해서는 안 된다"(탈출 20,14; 신명 5,18). 하느님께서 남자와 여자로 그들을 지어내셨고, 자기의 성(sex)을 인정하고 받아들이는 것은 남녀 각자가 할 일입니다. 정결의 소명은 온전한 인격인 그리스도께서 정결의 모범이시며 자아 선사의 온전성을 살도록 받은 초대를 의미합니다. 정결은 인격 안에 성(sex)이 수용되어 있음을 뜻하며, 이런 다양한 형태와 정결을 거스르는 죄와 정결과 동성애의 관계를 함께 보아야 합니다. 부부 사랑은 신의와 혼인으로 인한 출산으로 자녀라는 선물을 받습니다. 혼인의 존엄성에 대한 모독은 간음, 이혼, 일부다처제, 내연의 관계, 혼인의 존엄성에 대한 다른 죄들이 있습니다. 서양의 성은 행위와 젠더를 이야기하고 동양은 근본적인 인간의 본성을 이야기합니다. 성경도 성은 근본적으로 남녀는 하느님의 모습을 닮았다고 말하는데 서양의 문화로 가면서 구체적인 행위의 문제로 축소된 경향을 말합니다. 정결은 온전한 인격을 갖고, 완전한 존재로 창조된 인간으로 살아가면서 온전하게 되는 것입니다. 그런데 온전한 인간이 죄를 지어서 완전함에서 변질한 것이고 하느님으로부터 멀어진 것입니다. 자신의 무지에서 죄가 발생하는데, 우리는 그것으로 받는 고통을 하느님이 벌주신다고 말합니다. 자신이 잘 알지 못했고 노력하지 않았는데 자신의 팔자다 혹은 벌을 받는다고 말하는 것은 어리석은 일입니다. 자신이 몰라서 하는 것은 죄가 아니지만 일부러 공부하지 않고 살아가면서 하는 실수는 자신의 탓이니까 우리는 지혜로운 길을 찾아가야 합니다. 미사 중에도 "내 탓이오!" 하면서 가슴을 두드리는데, 이것은 자신의 무지로 소홀한 죄를 고백하는 것이고 자신이 더 알고자 노력하겠다는 다짐입니다. 그리스도교에서 동성애, 젠더, 성소수자의 문제는 그 대상들을 판단하는 것이 아닙니다. 이는 그리스도교의 인간 존엄성과 구별되지만 사람을 단죄해서는 안 됩니다. 동성애와 젠더 문제는 복잡한 이유와 원인이 있기 때문에 함부로 이야기할 수 없는데 다만 정결이라는 관점에서의 가치를 보아야 합니다. 자녀는 하느님께 받은 선물이기 때문에 내 것이 아니고 사랑으로 잘 양육해서 떠나보내는 존재이지 나의 소유물이 아닙니다. 가톨릭 혼인법의 사례는 복잡하지만 법은 간단합니다. "시작했으면 마무리를 하고 다시 시작해라."인데, 이것은 혼인했는데 이혼을 하려면 이혼하고 다시 재혼하라는 것입니다. 그런데 가톨릭은 이혼이 없기 때문에 이혼이 아니라 그 혼인이 무효라는 것을 선언하는 것이기에 이혼과 무효는 다릅니다. 그래서 무효는 혼인에 대해서 무지했다는 뜻입니다. 우리는 살면서 경제, 직장, 주택마련, 자녀 출산에 대한 계획과 추진은 잘 알고 하지만 부부가 서로를 알아 가는 것에는 무지한 경우가 많아서 이혼율은 높아지는 현실입니다. 다시 말해서 결혼을 준비하기 보다는 결혼식을 준비한 것으로 보입니다. 사랑에 대한 것을 모르는 부족함으로 결혼이 무효가 되는 것인데 이는 복잡한 문제이고, 우리가 인생을 살아가면서 다 알 수 없지만 최소한 혼인을 하려는 남녀는 남자와 여자에 대해서 배우고 알아야 합니다. 방법은 사람을 많이 만나고 사귀어야 합니다. 하지만 쉽지 않은 현실이고 공부를 해야 하지만 직장을 다니면서 많은 사람과의 만남과 소통을 하는 기회는 쉽지 않습니다. 그리고 부부 관계가 힘들어도 이혼을 먼저 떠올리기보다는 서로가 맞추어 가면서 애쓰면 주님이 주신 혼배성사의 축복과 은총은 우리에게 충만할 것입니다.

7계명

일곱째 계명, 도둑질을 하지 마라! "도둑질해서는 안 된다"(탈출 20,15; 신명 5,19). "도둑도… 강도도 하느님의 나라를 차지하지 못합니다"(1코린 6,10). 부정을 저질렀을 때 보상해야 하고 교환의 정의는 훔친 물건의 반환을 요구합니다. 재물의 보편적 목적과 사유 재산 존중, 인간과 그 재물에 대한 존중, 타인의 재물 존중, 자연계(동물 보호) 전체에 대해 존중을 해야 하고, 사회 교리에서 교회는 인간의 현세 공동선에 관심을 가져야 한다고 강조합니다. 오늘날의 좀도둑은 감옥을 가지만 오히려 큰 도둑은 영웅이 되는 현실을 보기도 합니다. 한 명을 죽이면 감옥을 가는데 육백만 명을 죽여도 영웅이 되었던 역사 속에서 보이지 않는 도둑들이 있습니다. 어느 아내가 이혼할 때, 평생을 숨죽여 살다가 남편이 퇴직한 후에 퇴직금을 받고 이혼을 했다고 합니다. 감정적이지 않고 지혜로운 방법일까요? 남편의 입장에서는 평생을 가족을 위해서 일했는데 퇴직을 하고 나서 이혼을 하자는 아내에게 배신감을 느끼지 않았을까요? 그러면 무엇이 좋은 선택일까요? 삼십 년을 함께 산 남편을 바꾸도록 도울 수 없었는지, 또는 내가 변화하는 것이 더 나은 방법이 아니었을까 하는 생각을 해 봅니다.

최근에 제가 뉴질랜드 한인 성당을 방문했는데, 뉴질랜드는 1800년대부터 생활수와 오수를 분리해서 환경을 보존했다고 합니다. 반면에 인도의 갠지스강은 생활수, 오수, 자연수가 모두 뒤섞여 있다고 합니다. 가난한 오지의 나라들은 문명의 발달이 뒤떨어져 있지만 그들은 에너지를 덜 쓰기 때문에 지구를 보호하는 삶을 살아가는 모습입니다. 그래서 토착민들에게 감사해야 합니다. 지금 지구는 이상 기온으로 아파하고 생태계는 파괴되어 가는데 우리는 우리의 편리함과 이익으로 자연을 착취하고 있습니다. 이것은 일곱째 계명을 지키지 않는 것이고 공동선과 후손들을 위해서 지구를 돌보아야 합니다. 프란치스코 교황님이 2014년에 발표하신 「찬미받으소서」 회칙을 공부해야 합니다. 지구의 고통은 자연에 대하여 무지하고 인간 중심의 발전으로 벌어진 일인데, 교황님의 회칙에 지구를 살리는 구체적인 실천 방법이 나와 있습니다. 일곱째 계명을 지킴으로써 가난한 사람들이 행복하게 살 수 있고, 지구를 지구답게 보존하게 하기 위해서 우리 각자가

할 수 있는 방법들을 실천해야 합니다. 개인의 치유만큼 세상, 지구, 가족, 공동체의 치유도 중요하고 그것이 공동선입니다.

8계명

여덟째 계명, 거짓 증언을 하지 마라. "이웃에게 불리한 거짓 증언을 해서는 안 된다"(탈출 20,16; 마태 5,33). 순교는 신앙의 진리를 최고로 증언하고 사는 것입니다. 사람들의 명성과 명예를 존중하려면 비방과 중상의 태도와 말을 일절 삼가야 합니다. 이것이 진리를 증언하는 것입니다. 진리를 거스르는 죄인 거짓말은 진리를 알 권리를 가진 이웃을 속일 의도로 거짓을 말하는 것입니다. 진실을 거슬러 죄를 지은 자는 그에 대한 보상을 해야 하는데, 이것이 진실의 존중이기 때문입니다. 황금률은 구체적인 상황에서 진실을 알고자 하는 자에게 알려 주는 것이 적절한지 아닌지를 분별하는 데 도움이 됩니다. 참회 성사의 비밀은 불가침이고 직업상의 비밀도 지켜야 하며 타인에게 해로운 비밀은 누설하지 말아야 합니다. 진리, 아름다움, 성예술은 하느님 영광을 찬미하는 일에 큰 보탬입니다(전례 헌장 122항). 세상의 분열은 내 생각만이 옳다는 것에서 일어납니다. 그래서 내가 할 것과 안 할 것을 아는 식별력이 정확한 기준이 됩니다. 만약에 누군가 고해성사를 하면서 성추행에 대해서 고백을 하고자 한다면 사제는 고해소 밖으로 나와서 면담을 해야 합니다. 무조건 옛 방식대로만 비밀로 묻혀 두는 고백이 아니라 지혜롭게 면담을 하면서 사제가 직접 고발할 수 없지만 독려해서 직접 신고할 수 있도록 도와주어야 합니다. 이런 사유는 고해성사로 할 문제가 아니라 범죄의 행위이기 때문입니다. 그래서 식별력은 중요하고 특히 공동체에서도 내가 확실히 알지 못하는 내용은 다른 사람들에게 전하지 말아야 합니다.

9계명

아홉째 계명, 남의 아내를 탐내지 마라. 아홉째 계명은 육체의 탐욕과 사욕을 경계토록 해 줍니다. "이웃의 집을 탐내서는 안 된다. 이웃의 아내나 남종이나 여종, 소나 나귀 할 것 없이 이웃의 소유는 무엇이든 탐내서는 안 된다"(탈출 20,17). "그러나 나는 너희에게 말한다. 음욕을 품고 여자를 바라보는 자는 누구나 이미 마음으로 그 여자와 간음한 것이다"(마태 5,28). 우리 육체의 탐욕에 대항하는 싸움은 마음의 정화, 절제의 실천이 필요합니다. 마음을 깨끗하게 지켜야 우리는 하느님을 뵙게 될 것이며, 지금부터 벌써 하느님이 보시는 대로 모든 것을 볼 수 있게 됩니다. 마음의 정화는 기도와 정결의 실천, 의향과 시선의 순수함이 필요합니다. 정결을 위한 싸움은 정결한 마음에 정숙이 필요하며, 정숙은 인내와 조심과 소박함을 의미하고 정숙은 내적 비밀을 보호합니다.

우리가 탐낸다는 것은 생각까지를 의미하고 실행하지 않으면 죄는 아닙니다.

10계명

열째 계명, 남의 재물을 탐내지 마라. "사실 너의 보물이 있는 곳에 너의 마음도 있다"(마태 6,21). 열째 계명은 부와 그 힘에 대한 지나친 집착에서 발생하는 무절제한 물욕을 금합니다. 세례 받은 사람은 자비심과 겸손으로, 하느님의 섭리에 온전히 의탁함으로써 시기심과 싸워야 합니다. 성령의 소망은 육체를 그 정욕과 욕망과 함께 십자가에 못 박았다(갈라 5,24). 그들은 성령의 인도를 받고 성령의 소망을 따릅니다. 하늘나라에 들어가려면 부에 대한 초연함이 필요하고 마음이 가난한 사람은 행복합니다. 하느님을 뵙고 싶은 것은 인간의 참열망이고 이 갈망은 영원한 생명의 물로 채워집니다. 우리의 마음은 한마음으로 계속 유지되지 않는 것이 정상입니다. 마음은 본래 왔다 갔다 하니까 마음을 믿지 말고 마음속에 있는 하느님, 예수님, 성령을 믿으면 됩니다. 그것이 말씀이고 예수님의 가치입니다. 영광송으로 마칩니다.

Question & Sharing
묻고 나누고

1. 십계명을 모두 함께 기도해 보세요?
   그리고 다시 한 번 5 계명에서 10 계명을 기도해 보세요.
2. 부모를 공경하라! 사 계명을 설명하고, 나는 어떻게 부모님께 효도하나요?
3. 사람을 죽이지 마라! 오 계명을 설명하고, 직접 사람을 해치진 않았지만 간접적으로 사람을 귀하게 여기지 않은 경험이 있나요? 있다면 나누어 보세요.
4. 간음하지 마라! 육 계명을 설명해 보세요.
5. 도둑질을 하지 마라! 칠 계명을 설명해 보세요.
6. 거짓증언을 하지 마라! 팔 계명을 설명하고, 그 경험이 있다면 나누어 보세요.(하얀 거짓말, 악성댓글, 가짜뉴스 등)
7. 남의 아내를 탐내지 마라! 구 계명을 설명해 보세요.
8. 남의 재물을 탐내지 마라! 십계명을 설명하고, 오늘날 목격한 이 계명에 대한 경험이 있다면 나누어 보세요.

14강

7성사 개론 및 세례성사

하느님 자녀로 태어남

신앙인은 그리스도의 빛으로 살아가도록 태어납니다.

은총생활

시작 기도는 성모송으로 바칩니다. "은총이 가득하신 마리아님" 하면서 기도를 했는데 오늘 교리 강의는 은총이 가득한 성사에 대해서 나누겠습니다. 종교개혁을 한 마르틴 루터의 주장과 가르침은 오직 믿음이고 신앙만을 집중적으로 강조했습니다. 이것은 프로테스탄트의 긍정적인 측면이지만 오늘 말씀드릴 선한 행업과 성사의 가치를 부정한 것입니다. 성사는 인간 구원을 위한 신성한 업적입니다. 그리스도교는 믿음을 가지고 이 믿음으로 교회를 믿는 것이며 교회를 믿는 이유는 그리스도를 믿기 때문입니다. 그래서 믿음으로 오는 성사들의 선물도 믿는 것입니다. 예수님을 믿음으로써 교회를 믿는 것이고, 교회를 믿음으로써 여러 은총과 선물을 받는데 그것들을 믿습니다. 만약에 은총은 없고 오로지 인간의 행업과 선행들만 있다면 그것도 좋은 것이지만 그 공로를 하느님께 받은 상이라고 말할 수 있을까요? 그리스도교는 단순히 휴머니즘을 말하는 것이 아닙니다. 중세 때에 종교개혁이 일어난 원인도 성사를 좁게 생각하고 은총을 받아서 어떻게 살 것인가에 집중했는데, 제2차 바티칸공의회에서는 성사를 넓게 생각했습니다. 중세 때 종교개혁이 일어난 계기 가운데 하나였던 잘못 사용한 '면죄부'의 바른 용어는 '전대사'[1]이며, 이 부분들은 후에 말씀을 드리고자 합니다. 그래서인지 중세 때 확실히 여러 가지 용어들 예를 들어 '전대사'가 '면죄부'로 오해되는 부분들이 많았습니다. 교회는 완전한 교회이지만 구성원들은 부족한 사람들이 함께하므로 오해와 잘못들이 있는 것이고, 잘못을 인정하라는 것은 아니지만 우리가 정확하게 알고 있어야 합니다. 분명한 것은, 하느님의 은총이 있어도 행동이 없다면 과연 인간은 완전을 향해서 간다고 말할 수 있나요? 믿는 사람으로서 선한 행위를 하는 것은 내 것인 동시에 주님의 것이고 단순히 휴머니즘 차원이 아니라 내 것을 내려놓는 가치도 말하는 것입니다. 그리스도교는 단일적인 가치만을 이야기하지 않습니다. 그래서 봉사를 한 것은 내 것인 동시에 성령의 것이고 그것은 은총을 받아서 한 것입니다. 내가 하는 행동도 하느님의 은총이 이미 내 안에 표지로 있는 것이고, 내 안에 은총의 표지가 있다는 것은 하느님과

---

[1] 면죄부는 잘못 사용한 용어이고, 오히려 면벌부가 직역한 표현이다. 하지만 대사(indulgentia)가 바르게 이해한 표현이나. 고해성사를 통해 죄는 사함을 빌고, 그 죄의 '잠벌'을 사함 받는 것이 대사인데, 한정적으로 받는 한대사, 모두 사함을 받는 전대사가 있다.

나와 함께한다는, 성경에서 나오는 끊임없는 고백입니다. 가톨릭은 성경은 빼고 우리의 성사만이 옳은 것이 아니라 성경 전체의 가치가 인간의 행업과 만나는 것을 가르칩니다.

성사란?

성사(sacrament)의 Sacra는 '거룩하다'는 뜻이고, ment는 movement의 줄임말로 '움직임'이라는 뜻으로 '거룩한 움직임'입니다. 가톨릭교회에는 7성사가 있으며 이것은 그리스도교 신비의 기념이고 성사의 의미는 비가시적 은총의 가시적 표지입니다. Sacrament, the visible sign of invisible grace. 영어로 들으시면 쉽게 이해되시죠? 안 보이는 하느님의 은총을 보이도록 하는 표지가 성사이고 믿음은 안 보이는 것을 믿는 것이 목표입니다. 안 보이는 은총을 체험하는 것이 성사입니다. 우리가 인생을 살면서 부정적인 일도 생기고 가톨릭이라고 다 올바른 일만 있던 것은 아닙니다. 교회 공동체 안에 사는 우리도 실수와 잘못을 저지르게 되고, 그래서 우리는 죄인입니다. 세례 예정인 여러분은 대부모와 세례명을 정해 놓고 하느님의 새로운 자녀로 태어나기 위한 전 단계의 예식으로 '예비자로 받아들이는 예식'을 하셨는데 이 예식은 매우 중요합니다. 주님의 삶 안에 지향을 두고 예식에 참여하는 성사는 은총의 거룩함이 지속됩니다. 미사는 성체성사인데 개신교에는 성체성사가 없고 일 년에 한두 번씩 생일 파티처럼 기념만을 합니다. 그 이유는 예수님이 십자가상에서 완벽한 오직 한 번의 희생 제사를 거행하셨고, 예수님 자신이 제물과 제사장으로 봉헌했기 때문에 더 이상 제사를 봉헌할 필요가 없다는 것입니다. 그래서 개신교 형제들이 자신이 구원을 받았다고 말하는 것은 완벽한 하느님의 아들이신 예수 그리스도의 십자가상의 죽음인 한 번의 희생 제사로 구원됐다는 믿음입니다. 개신교 형제들이 구원을 완료형으로 말하는데, 가톨릭의 구원은 현재 진행형으로 계속 진행되며 그것은 종말 때까지 진행됩니다. 그래서 우리는 기도하고 미사를 하는 것이며, 이는 신학의 차이이지 맞고 틀림이 아닙니다. 그런데 한 번에 이뤄진 구원의 느낌이 신앙생활 안에서 지속적으로 유지될 수 있을까요? 결혼 생활도 처음의 그 느낌이 계속 지속되나요? 가톨릭은 하느님에 대한 이해와 인간에 대한 이해가 거의 같다고 말할 수 있고, 개신교는 많은 경우에 인간의 가치는 내려놓고 하느님의 가치만을 따라가는 경향이 있습니다. 믿음 생활도 인간에 대한 이해가 필요하고 우리가 미사에 오고 성사를 하는 것은 구체적으로 안 보이는 하느님의 은총이 계속 보이도록 받아들이고 생활하는 것입니다.

전례란?

전례는 공적인 일, 백성들의 그리고 백성들을 위한 봉사를 뜻하고 그리스도교 전통에서는 하느님의 백성이 "하느님의 일"에 참여함을 의미합니다. 구세주 대사제 그리스도께서는 전례를 통해서, 당신 교회 안에서, 교회와 더불어, 교회를 통해서 우리의 구원을 위한 사업을 계속하십니다. 신약에서 전례라는 단어는 하느님에 대한 예배의 거행뿐 아니라 복음 선포와 사랑의 실천도 가리키고 이 경우가 하느님과 인간에게 봉사함을 뜻합니다. 전례를 거행할 때 우리는 유일한 "제관"이신 주님의 모습에 따라 시종이 되어, 그리스도의 사제직(예배), 예언자직(선포), 왕직(사랑의 봉사)에 참여합니다. 제2차 바티칸공의회(1962~1965) 이후에 전례의 개혁이 많이 일어났는데 지금도 전례 개혁을 이해하지 못하는 부분이 많습니다. 전례 개혁의 핵심은 성직자 중심이 아니라 하느님 백성의 능동적인 참여이고 성사 생활도 마찬가지입니다. 평신도들이 능동적으로 참여하는 것이 제2차 바티칸공의회의 핵심이고 그 이전에는 하느님께서 은총을 사제를 통해서 주시면 받는다는 수동적인 자세였습니다. 은총을 청하고 기도에 참여하는 것이 전례이기 때문에 여러분은 죄를 중심으로 신앙생활을 하지 마시길 바랍니다. 중세 때는 죄 중심의 신앙생활로 어려움이 많이 있었는데 지금도 여전히 그런 죄책감과 죄의식으로 신앙생활을 하려는 경향도 있습니다. 우리가 죄를 지어서 고백하는 고해성사를 하지만 우리를 가장 잘 아시는 하느님은 우리를 사랑으로 용서하십니다. 이제는 죄의식에서 벗어나서 능동적인 전례의 참여로 하느님 백성 중심으로 살아가는 신앙생활을 하시고, 미사에서 받은 은혜를 나의 실생활에서 완성하는 전례의 완성을 이루시길 바랍니다. 성당은 열심히 나오는데 나의 생활이 가정과 이웃 안에서 받은 은혜를 나누는 삶이 아니라면 온전히 살아간다고 말할 수 없습니다. 예배는 경배한다는 뜻인데 하느님 백성이 갖는 3중 직무는 사제직, 예언자직, 왕직입니다. 사제직은 제가 미사를 집전하는 것처럼 여러분도 미사에 능동적으로 참여하는 것입니다. 꼭 사제만이 사제직을 전유하지 않습니다. 예언자직은 말씀을 선포하고 나누며 실천하고 왕직은 봉사직입니다. 구약성경에도 사제는 하느님께 기도하는 사람이고, 예언자는 모든 백성에게 하느님의 말씀을 선포하며, 왕은 백성을 위해서 봉사하는 사람이라고 나타납니다. 그래서 사제는 기도와 제사로 봉사하고, 예언자는 모든 백성에게 하느님 말씀으로 봉사하며, 왕은 일로 봉사합니다. 이 삼중 직무는 구약의 시대에서부터 왔고 제2차 바티칸공의회 때 결정적으로 강조했습니다. 이 사진은 브라질의 아파레시다(Aparesida)에 있는 성모 성당의 성전입니다. 파스트로(Pastro) 작가는 미켈란젤로에 버금가는 작가로 브라질의 한인 성당의 벽화도 그린 작가입니다. 제단을 중심으로 하느님의 백성은 둘러앉아 있는데, 과거 제2차 바티칸공의회 이전에는 제단이 벽을 향해 있고 사제는 벽을 보고 미사를 집전했습니다. 그래서 신자들은 미사를 참례하는 내내 사제의 뒷모습만 보게 되었는데 제2차 바티칸공의회 이후에는 제단을 앞으로 내세우고 사제는 신자들을 향하여 앞을 보고 미사를 거행하게 되었습니다. 제2차 바티칸공의회 이전은 피라미드식 전례의 형식이라면 지금은 그리스도를 중심으로 원을 그리며 함께하는 공동체 일치의 가치를 드러냅니다.

삶의 원천인 전례는 그리스도를 통하여 하느님과 인간의 친교를 드러내는 가시적인 표징으로 교회를 교회답게 실천하고 표현합니다. 전례는 신자들을 새로운 공동체 생활로 이끌며, 모든 사람들이 "잘 이해하고 능동적이며 효과적으로"(전례 헌장 11항) 참여하도록 요구합니다. 거룩한 전례가 교회 활동의 전부는 아니고 전례에 앞서 복음화와 신앙의 회개가 먼저 이루어져야 하고, 그때 비로소 전례는 신자들의 생활 안에서 열매를 맺을 수 있습니다. 그 열매는 바로 성령에 따르는 새로운 삶, 교회의 사명에 참여, 그리고 교회의 일치를 위한 봉사입니다. 전례의 핵심은 능동적인 참여이고, 준비가 필요합니다. 그래서 우리는 교리 공부를 하는 것이고 신앙의 회개를 위해서 미사 전에 고해성사하는 것입니다. 기도하는 것은 성당 안에서 시작해서 내 삶을 통하여 완성되는 것이고, 미사 때에 제대가 신자들을 향해 있는 것도 하느님이 우리를 향해 계심을 보여 줍니다. 하느님이 우리를 향해 계시는 가톨릭은 하느님과 인간이 만나는 길을 정확하게 신앙으로 보여 주고, 하느님은 우리를 너무도 사랑하셔서 그리스도를 세상에 보내 주셨습니다. 내가 행하는 행업은 내 것이지만 근본적으로 성령의 것이기에 모든 것에 잘 적용하고 조절하며 균형적이게 해야 합니다. 친구의 생각이 나와 다르다고 단죄하고 멀리할 필요가 없으며 다른 방식이라도 같은 목표로 함께 갈 수 있습니다.

그리스도인의 기도는 전례에서 시작되고 전례로 완성되고, 전례는 교회 활동이 지향하는 정점이며, 모든 힘이 흘러나오는 원천입니다. 교리 교육은 전례 활동 및 성사 활동과 불가분의 연관이 있고, 그 이유는 성사, 특히 성체성사 안에서 예수 그리스도께서 인간의 변모를 위하여 전적으로 활동하시기 때문입니다. 전례를 통한 교리 교육은 보이는 것에서 보이지 않는 것으로, 상징에서 상징된 내용으로, '성사'에서 '신비'로 진행함으로써 그리스도의 신비로 인도하는 것이 그 목표입니다. 여러분은 예비자로서 교리 교육을 받고 있지만 단지 입문하기 이전에만 받아야 하는 것이 아니라 신자로서, 늘 생활하면서 받아야 하는 과정입니다. 교리 공부를 하는 이유는 전례와 성사 생활을 잘하기 위해서 보이지 않는 은총과 안 보이는 하느님께서 내 안에 함께하시고 활동하시는 것을 믿는 것입니다. 성사는 안 보이는 하느님을 보이게 하는 표지이고, 그 표지 속에 신비라는 하느님의 은혜가 있으며 신비로 진행합니다. 그래서 신앙생활이란 신비 생활 곧 미스타고지아(mystagogia)로서 초기 교회 때 이루어졌습니다. 과거에는 모든 것이 하느님 안에서 이루어졌지만 현대의 문명이 발달하면서 성사의 어려움이 생겼는데, 그 이유는 인간이 하느님을 몰라도 너무 많은 다른 것을 알게 되었기 때문입니다. 초기 교회 때는 자연현상도 하느님이 주셨다고 믿었지만 자연과학이 발달하면서 인간이 하느님의 영역을 찾아가게 된 것입니다. 그래서 현대의 유럽 문화권의 신자들이 성사가 힘들어지고 성당을 떠나게 되는 현상이 보이는 현실입니다. 한국 신자들은 은혜만을 받으려는 모습이 많은데, 그 현상은 교회 공동체를 보면 나타나고, 세상에 대한 봉사보다는 자신의 은혜만을 받으려는 모습이 보입니다. 좋고 나쁨의 문제는 아니지만 특히 아시아 신자들은 하느님의 은혜에 대한 태생적 선물을 지니고 있고, 유럽 문화권 신자들은 하느님의 뜻보다는 인간의 가치에 대한 능력을 많이 발휘하였습니다. 그래서인지 다른 나라를 정복하는 나라는 아시아 나라보다는 유럽의 나라들이 많았고, 아시아 나라들은 수용적이며 특히 우리나라는 다른 나라를 침략하지 않았던 역사를 가지고 있습니다.

성경과 2차 바티칸 공의회에서 성사란?

성사는 그리스도께서 세우시고 교회에 맡기신 은총의 효과적인 표징들로서 이를 통해 하느님의 생명이 우리에게 베풀어지고 교회는 세례 사제직과 서품된 직무 사제직으로 구성된 사제 공동체로서 성사들을 거행합니다. 성령께서는 하느님의 말씀과 잘 준비된 마음으로 그 말씀을 받아들이는 사람들의 신앙을 통해서 성사에 참여할 준비를 하도록 하며, 그럴 때 성사는 신앙을 굳게 하고 표현합니다. 마태오복음 16장 18~19절에서 예수님은 베드로에게 "나 또한 너에게 말한다. 너는 베드로이다. 내가 이 반석 위에 내 교회를 세울 터인즉, 저승의 세력도 그것을 이기지 못할 것이다. 또 나는 너에게 하늘나라의 열쇠를 주겠다. 그러니 네가 무엇이든지 땅에서 매면 하늘에서 매일 것이고, 네가 무엇이든지 땅에서 풀면 하늘에서도 풀릴 것이다."라고 하셨습니다. 예수님께서는 제자인 베드로에게 교회를 맡기셨고, 교회는 수직적 교회관에서 제2차 바티칸공의회 이후 원형적 교회관으로 변형되었습니다. 그렇지만 제2차 바티칸공의회 이전의 교회관은 없어지는 것이 아니고 존중하는 것이며 새롭게 태어나는 것입니다. 제1차 바티칸공의회 때는 교회가 완전한 사회(perfect society)였고 주교, 사제, 평신도로 내려가는 수직적 관계 속에서 모든 은총도 주교로부터 내려온다는 것이 교회관의 기본 구조였으며 지금도 통용됩니다. 하지만 사제는 보편적이고 여러분도 세례를 받으면 사제가 되는 것이고, 저는 특수 사제이고 여러분은 일반 사제입니다. 그래서 평신도도 능동적으로 미사에 참여하고 성경을 읽으며 기도문을 읽고 봉헌을 합니다. 미사가 특수 사제인 신부에게만 집중되는 것이 아니고, 사제가 혼자 하는 미사가 아닌 하느님 백성들과 함께하는 것이 중요합니다. 여러분은 세례 사제직을 받는 것이고 저는 서품된 직무 사제직을 부여받았으며 개신교에는 사제가 없습니다. 개신교는 성사를 포기했기 때문에 사제가 없고 개신교 목사들도 로만 칼라(Roman collar)를 착용하는 것을 볼 수 있는데 로만 칼라는 가톨릭 성직자가 착용하는 정결의 의미입니다. 사제 공동체가 가톨릭의 교회이고 기능과 보편으로 나눈 것이며, 개신교의 목사는 예언 직무로 말씀의 선포만 집중적으로 합니다.

　마태오복음 28장 19~20절에서 "그러므로 너희는 가서 모든 민족을 제자로 삼아, 아버지와 아들과 성령의 이름으로 세례를 주고, 내가 너희에게 명령한 모든 것을 가르쳐 지키게 하여라. 보라, 내가 세상 끝 날까지 언제나 너희와 함께 있겠다."라고 합니다. 그리스도교 입문성사는 세 가지가 합하여 이루어지고 세례성사, 성체성사, 견진성사가 있습니다. 세례성사는 새 생활의 시작이고 견진성사는 새 생활을 견고하게 하며 성체성사는 제자들이 당신과 닮은 모습으로 변화되도록 그리스도께서 당신의 살과 피로 양육하시는 성사입니다. 예수님이 제자들에게 세례를 주고 당신의 가르침과 행적들을 그대로 전하라고 하셨던 근거로 7성사는 이루어집니다. 이 세 성사는 새로워지는 성사이고 늘 새로운 삶을 살게 하는 양식입니다. 초기 교회 때 성전 입구에 세례대가 있었는데 지금은 구조적인 상황에서 제대 근처에 있기도 합니다. 세례대가 성전 입구에 있는 이유는 성당에 들어올 때 세례를 받고 신자가 된다는 의미입니다. 과거에는 세례를 받기 전에 미사 참례를 꼭 하지 않아도 괜찮았고 미사는 신앙고백까지 참례하고 성체성사 때까지 있지 않고 귀가하였습니다. 그것은 성사에 대한 이해와 경험에 대한 오해가 생길 수 있기 때문이었습니다.

7성사

7성사의 세례성사는 탄생, 견진성사는 성장과 성숙, 혼인성사는 가정, 신품성사, 병자성사, 양식의 성체성사, 치유의 고해성사가 있습니다. 7성사는 인간 삶의 순서로 생긴 것이고 누구든지 대략 6성사만 받습니다. 혼인성사와 신품성사는 친교의 성사이고, 성체성사를 위해서 몸과 마음이 깨끗하도록 고해성사를 받습니다. 7성사는 인간의 생로병사가 담겨 있고, 종부성사를 많은 분이 임종 바로 직전에 받는다고 생각하시는데, 그보다는 의식이 온전할 때 받으시면서 함께 기도하고 성체를 모시는 것이 좋습니다. 신학자인 토마스 아퀴나스(Thomas Aquinas)는 성사의 이해는 "보고 듣는다."라고 말했고, 20세기의 저명한 신학자 카를 라너(Karl Rahner)는 보고 듣는다는 성사적인 가치가 이 세상에서 살아가는 가치의 중요한 정신이라고 말했습니다. 보고 듣는다는 것은 하느님 말씀과 하느님의 은혜를 체험하는 것인데, 현대 문명의 발전이 하느님의 영역까지 넘어오면서 오늘날 성사가 약화된 것이 사실입니다. 오늘날 유럽인들은 자기 수행 과정에 심취하면서 불교에 관심을 두는데, 이것은 성사가 좋지 않은 것이 아니라 성사의 세밀한 역할 부분을 인간의 능력으로 해결했기 때문입니다. 그래서 유럽 문화권 나라들의 교회가 다시 살아나려면 성사를 새롭게 준비하고 전문화될 필요가 있다고 생각합니다. 그러나 아시아 나라는 하늘에 대한 가치를 우선하기 때문에 신자들이 교회에 찾아옵니다. 세례성사는 신앙을 성장하게 하며 핵심은 신앙이고 믿음이며 이것은 하느님에 대한 믿음에서 옵니다. 한국에 목사는 40만 명인데 전 세계의 사제는 40만 명이라고 합니다. 사제가 모든 것을 할 수 없고 여러분도 저와 함께 봉사하면서 공동체를 이끌어 가야 합니다. 사제는 한 달에 한 번 병자들을 방문하는 봉성체를 하고, 여러분도 구역·반에서 환자가 생기면 허락을 구하고 방문하여 함께 축복하는 기도를 할 수 있습니다. 병자성사는 희망의 성사이고 여러분도 아픈 이들에게 희망을 주는 것에 동참할 수 있습니다. 성체성사는 사랑의 성사이고, 미사에 참여하는 이유는 사랑의 성사에 참여하는 것입니다. 그리스도교의 가치인 신망애가 성사로 오는 것이고, 믿음은 세례성사, 희망은 병자성사, 사랑은 성체성사입니다. 그리고 신품성사는 지혜의 성사입니다. 지식이 없으면 무식하지만 지혜가 없다면 무지한 것이고, 신품성사는 지혜의 삶을 살겠다는 은혜를 받는 것입니다. 여러분도 세례를 받으며 일반 사제직에 참여하기 때문에 지혜의 성사를 받는 것입니다. 혼인성사의 핵심은 절제이고, 절제를 통해서 사랑하는 중요한 미덕입니다. 고해성사는 정의의 미덕을 갖게 해 주는 화해의 성사입니다.

세례성사

세례성사는 그리스도 안에서 새 생명으로 태어나게 하고 주님의 뜻에 따라, 교회가 구원에 필요하듯이 세례도 구원에 필요하고, 우리는 세례를 통하여 교회에 들어갑니다. 세례성사의 핵심 의식은 성부와 성자와 성령의 이름을 부르면서 예비자를 물에 담그거나 머리에 물을 붓는 것입니다. 세례의 풍요로운 은총으로 세례 받은 사람은 아담과 하와가 지은 원죄와 자신이 지은 모든 본죄가 사해지고 성부의 양자, 그리스도의 지체, 성령의 성전이 되어 새롭게 탄생합니다. 그 결과 그리스도를 믿는 자는 그리스도의 몸인 교회의 일원이 되고, 그리스도의 사제직에 참여합니다. 세례는 영혼에 지워지지 않는 인호, 영적 표지를 새겨 주는데, 인호는 세례 받은 사람이 그리스도교 예배를 드리도록 축성하여 줍니다. 천국으로 가는 성사가 세례성사이고 물을 붓는 것은 정화의 의미입니다. 신앙 때문에 죽임을 당한 사람들과 예비자들 그리고 교회를 모르면서도 은총의 충동으로 진심으로 하느님을 찾고 하느님의 뜻을 행하려고 애쓰는 예비자들과 모든 사람은 세례를 받지 않았어도 구원을 받는다고 교회는 선언합니다(교회 헌장 16항). 세례를 받지 않고 죽은 어린이들을 위하여, 교회 전례는 하느님의 자비를 신뢰하고 그들의 구원을 위해 기도하도록 권합니다. 긴급한 경우에는 누구든지 세례를 줄 수 있고 다만 교회가 행하는 것을 자신이 한다는 지향을 두고 "나는 성부와 성자와 성령의 이름으로 당신에게 세례를 줍니다."라고 말하면서 대상자의 머리에 물을 부으면 됩니다. 제1, 2차 세계대전과 산업화의 발전으로 그 후 2, 3세기 동안 가장 혼란스러운 시대를 보냈지만, 이 시기에 하느님은 우리에게 좋은 신학자들을 보내 주셨습니다. 카를 라너는 하느님은 당신의 모습으로 우리를 창조하셨고 하느님의 모습이 있다는 것은 모든 인간 안에 하느님의 신성이 있다는 것이라고 말했습니다. 그래서 인간에게 하느님의 초월성이 있고 하느님의 신성이 내재하여 있기 때문에 그리스도의 선과 진리를 몰라도, 자기 탓이 아닌 이유로 선과 진리를 살아가는 사람은 구원을 받습니다. 그래서 다른 종교를 믿는 사람은 구원을 받지 못한다고 말할 수 없습니다. 그렇다고 여러분이 세례를 받지 않아도 구원을 받는다고 생각하지 마시고 세례로 더 확실해지는 것입니다. 구원으로 가는 확실한 길이 있는데 돌아갈 필요는 없고, 그래서 자기 탓이 아닌 이유로 그리스도를 알지 못했지만 그리스도와 같은 선과 진리를 따라서 사는 이들은 구원을 받는 것이라고 합니다. 하느님은 편협한 분이 아니신데 우리의 방식대로 생각하는 것이 죄입니다. 인간이 구원되는 것은 우리의 영역이 아니라 하느님의 영역입니다. 공소의 세례도 사제가 없는 경우에는 공소 회장이 물로 세례를 주고, 후에 사제가 오면 보충 세례를 주십니다. 토마스 아퀴나스의 성사에 관한 미덕은 다음과 같습니다. 세례성사는 신앙의 미덕, 성체성사는 사랑의 미덕, 견진성사는 용기의 미덕, 혼인성사는 절제의 미덕, 신품성사는 지혜의 미덕, 병자성사는 희망의 미덕, 고해성사는 정의의 미덕입니다. 영광송으로 마칩니다.

Question & Sharing
묻고 나누고

1. 성사(sacrament)의 개념인 비가시적 은총의 가시적 표지(visible sign of invisible grace)의 의미를 설명해보세요.
2. 그리스도인이 실행하는 기도, 전례, 성사, 신비의 뜻을 설명해 보세요.
3. 7가지 성사는 어떤 것들이 있고 그 의미를 말씀해보세요.
4. 토마스 아퀴나스 성인의 성사들에 관한 미덕을 표현해 보세요.

15강

7성사의 견진, 성체, 고해, 병자, 혼인, 신품

시작 기도는 성모송을 바칩니다. 지난 시간에 이어서 성사 생활에 대해서 나누는데, 그리스도인들이 성당에 오시거나 신자가 아닌 분들이 성당에 오셔도 모두 성사 생활이고 성사에 참여하는 것이 신앙생활입니다. 개신교는 말씀을 대하는 것이 신앙생활이고, 가톨릭은 성경을 토대로 한 모든 내용이 성사 안에 들어가 있습니다. 일반적으로 인삼을 먹는 소비자들은 농사를 지어서 인삼을 먹는 것이 아니라 상품으로 잘 나온 인삼 제품을 사서 먹는 것처럼 우리는 잘 준비된 성사 안에서 주님의 은총을 받는 것입니다.

아이들은 세례를 받고 학교에서 종교교육을 받으며 성장하여 견진을 받고 신자 재교육도 받는데 우리 본당도 좋은 교육이 많습니다. 미사에서 독서 말씀과 복음 말씀을 만나고 하느님 말씀을 알도록 인도하면서 자신의 영혼을 돌보도록 죄 고백을 통해 주님의 용서를 받고 주님과 자신이 화해하도록 권고하고 독려하는 것이 고해성사입니다. 혼인 생활을 위해서 예비부부는 혼인성사를 받고, 모두에게는 아니지만 일부 그리스도인들에게 한정되어 받는 것이 신품성사입니다. 7가지 성사는 인간 삶의 과정에서 드러나고 가톨릭 신앙생활은 성사 생활을 만나는 것입니다. 두 번의 강의로 성사에 대해서 나누기는 부족한 시간이지만 정확한 핵심들을 배우도록 도와드리겠습니다. 이번 강의는 성사 생활을 잘하기 위해서 준비하는 과정인데, 준비가 부족하면 성사 생활도 부족하게 됩니다.

토마스 아퀴나스의 성사론

토마스 아퀴나스는 7성사를 인간의 삶에 비교했는데, 세례성사는 신앙의 미덕을 키우기 위해서 받는 성사입니다. 우리는 모두 거룩하게 살고 싶어 하는데 거룩하게 산다는 것은 하느님의 말씀을 듣고 하느님과 친밀해지는 것입니다. 하느님과의 친밀함으로 가정에서 자녀들을 사랑하고 이웃을 사랑하며 어려운 이웃들을 돌보고 사랑하기 위해서 내가 거룩해지는 것입니다. 나 홀로 한적한 곳에서 살기 위해서 거룩해지는 것이 아니라 다른 이와 더불어 살면서 나누고 사랑하는 삶이 거룩한 삶입니다. 성사 생활은 우리 신앙생활의 중심에 있는데 견진성사는 용기의 미덕을 통해서 용기를 가지고 성장합니다. 성체성사는 미사 생활에서 중심이 되는데 사랑의 미덕을 키우는 성사로 사랑에 대해서 차근차

근 배우는 것이 필요합니다. 하느님은 특별히 우리나라 신앙인들에게 신앙과 봉사의 은총을 주셨기에, 우리가 사랑에 대해서 잘 배운다면 믿음과 봉사도 강해질 수 있습니다. 사랑을 제대로 배우지 않고 실천만 하면 내 식대로만 사랑하고 믿게 됩니다. 그리고 사랑의 성사인 성체성사는 고해성사를 통해서 사랑에로 나아갑니다. 고해성사는 성체성사에 참여하기 위한 정화와 정결의 예식이고, 정의의 성사입니다. 그래서 내가 하느님의 뜻에 맞게 잘 하고 있는지 성찰하고, 나 자신을 판단하는 것이 아니라 하느님의 거울 앞에서 있는 그대로 정의롭게 비추어 보는 것입니다. 정의의 성사인 고해성사는 정의에 머무르는 것이 아니라 정의를 통해서 사랑과 자비로 나아가는 것입니다. 혼인성사는 절제의 미덕을 키우는 성사이고, 사랑하는 방법 중 내 식대로 하지 않는 것이 중요합니다. 나의 배우자를 판단하지 않는 절제하는 훈련이 필요합니다. 부부 사이에 어려움이 생기는 많은 경우는, 생각은 필요하지만 자신만의 생각으로 인한 생각의 과부하가 원인이 되기도 합니다. 병자성사는 희망의 미덕을 키우는 성사로서 아픈 이들에게 희망을 품게 하는 성사입니다. 친교의 성사인 신품성사는 사제가 홀로 거룩한 것이 아니라 하느님과 일치하고 친교를 이루며 하느님 백성들과 친교를 맺는 것이 중요합니다. 성사에는 집전자와 수혜자가 있는데 이들을 통하는 것이 은총입니다.

성사는 비가시적 은총의 가시적 표지입니다. 이것은 트리엔트 공의회(Concilium Tridentinum, 1545~1563)에서 선포된 가톨릭교회의 신앙 선언입니다. 종교개혁 이후 가톨릭은 공의회를 열었고, 이는 그동안의 문제들을 반성하며, 종교개혁에 반발하여 무엇이 이단인가를 밝혀내고, 가톨릭 신앙 교리의 명확한 한계를 정립했으며 종교개혁으로 빠르게 개신교화되고 있던 유럽을 재가톨릭화하려는 목적을 이루려는 공의회였습니다. 중세 때 가톨릭 교회의 모습을 지금의 시각으로 보는 것은 올바르지 않고, 지나간 시대의 사람들을 지금의 시선으로 판단하는 것은 오해가 생길 수 있습니다. 인간은 누구든 실수를 하는데 가톨릭은 과거의 문제점들을 덮어두기보다는 반성하고 성찰하는 노력을 기울였습니다. 고해성사는 자신을 반성하고 성찰하면서 다시 죄를 짓지 않겠다는 고백입니다. 그러나 우리는 고해성사 때 나의 죄를 고백하기보다는 남의 이야기를 많이 하면서 변명을 하기도 합니다. 트리엔트공의회에서 선언된 것은 성사는 보이지 않는 은총의 보이는 표지라는 신앙입니다.

성사의 집전자

세례성사의 대상자는 누구든지 될 수 있고 제한이 없습니다. 세례를 받고자 하는 의도와 의지가 없으면 무효입니다. 하지만 죽을 위험에 있는 자 누구나 세례받기를 원하고, 그리고 집전자는 누구라도 될 수 있습니다. 그는 맑은 물을 이마에 흘러내리면서 "나는 성부와 성자와 성령의 이름으로 OOO에게 세례를 줍니다." 하고 말씀을 하면서 세례를 줄 수 있습니다. 이와 같이 죽기 직전에 받는 세례 곧 대세를 거행했다 하더라도 세례 후 세례 규정을 따르고 세례를 완전하게 보충하는 보례(보충 세례)를 성당에서 하면 됩니다. 견진성사의 집전자는 교구장 주교입니다. 시드니 대교구 성당은 안토니오 피셔 주교님이 집전자이시고 다른 주교님이 집전하실 때는 안토니오 주교님의 위임을 받고 집전합니다. 한국에서 많은 신자가 견진을 받을 때는 주교님과 함께하시는 신부님이 주교님의 위임을 받아 사목적인 이유로 주교님과 함께 견진성사를 집전합니다. 혼인성사의 집전자는 신랑과 신부이고 사제는 교회의 증인이며 신랑과 신부의 증인 두 명이 필요하고 하객이 바로 여러분입니다. 로미오와 줄리엣이 둘이서만 성당에 들어가서 혼인을 한 것은 유효는 하지만 증인들이 없어서 합법하지는 않습니다. 혼인성사의 집전자는 신랑과 신부이기 때문에 준비를 잘해야 하고 교회와 교우들은 혼배성사를 도와주는 역할을 하는 것입니다. 오늘날 이혼율이 높은 이유는 복합적인 사정이 있고, 남녀가 서로에 대해서 모르고 또한 사랑에 대해서 알지 못하기 때문입니다. 그래서 사랑의 학교가 교회에 필요한 현실입니다.

남편들이 바람을 피우는 이유는 내 아내가 아닌 다른 여자에게 느끼는 새로움(?)이라고 합니다. 보통 아내들은 육아와 살림에 지쳐서 가정에서는 자신을 꾸미고 가꾸는 모습에는 소홀하기 쉬운데, 부부도 연애하는 연인처럼 자신을 가꾸는 노력도 필요합니다. 그리고 부부는 서로의 다른 점을 알고 이해하고 서로 가치를 이해한다면 이혼은 줄어들 것 같습니다. 결혼 생활이 보장된 미래를 설계하는 일도 중요하지만 지금 내가 배우자를 어떻게 사랑하고 이해하느냐가 더 중요합니다. 병자, 성체, 고해성사의 집전자는 권한이 있는 사제이고 수혜자의 조건은 살아 있는 세례 받은 사람, 이성이 갖추어진 사람입니다. 또한 세례를 받았지만 첫 영성체를 하지 않은 어린이는 고해성사와 성체를 받을 수 없습니다. 그리고 수혜자는 성사를 받고자 하는 원의가 있어야 하고 그것이 전제되며 지향이 있어야 이루어집니다. 지향과 의사가 없는 성사는 무효이기 때문에 자기 뜻이 중요하다는 것을 여러분이 잘 새기시길 바랍니다.

2차 바티칸 공의회의 성사론

가톨릭에서 중요한 역사적인 변화는 그 시대마다 어려움과 종교개혁에 따른 문제들과 함께 1962-1965년 제2차 바티칸공의회로 시작되었습니다. 가톨릭교회가 새롭게 되었고 새로워지는 교회는 하느님을 닮는 것이며, 하느님은 늘 우리에게 새로운 분이십니다. 제2차 바티칸공의회는 여러 신학자의 공헌 때문에 교회의 개혁이 이루어졌는데, 문헌의 내용이 어렵지만 핵심 내용은 교회가 창문을 열고 세상을 향해 움직여 나가는 현대의 적응화(Aggiornamento)인데, 이것이 시대의 징표입니다. 교회는 신학자들에게 자문하면서 그들의 이야기를 귀담아 들어야 합니다. 카를 라너(Karl Rahner, 1904~1984, 독일), 이브 콩가르(Yves Congar, 1905~1995, 프랑스), 앙리 드 뤼박(Henri de Lubac, 1896~1991, 프랑스) 그리고 베네딕토 16세 교황님은 교회의 개혁을 위해서 노력하신 신학자를 대표합니다. 이천 년 가톨릭교회 역사 안에서 요한 바오로 2세, 베네딕토 16세, 프란치스코 교황님에 이르도록 연이어 훌륭한 교황님이 계신 것은 우리시대의 축복이고, 교회의 여러 어려움이 있지만 우리는 훌륭한 교황님들의 모범을 본받고 따라갑니다. 프란치스코 교황님은 그리스도의 가치를 교회를 통해서 온전히 말과 행동으로 보여 주시고, 자신의 인간적인 가치가 아니라 제2차 바티칸공의회의 모든 가르침을 솔선수범하십니다. 제2차 바티칸공의회 때 많은 설계자가 있었고 그들은 신학자들인데, 교회는 신학자들의 조언을 받아야 올바로 갈 수 있으며 주교님을 통해서 가르침을 확인할 수 있습니다. 우리의 믿음, 내 안의 믿음 그리고 내 마음 안에 있는 성부, 성자, 성령을 통해서 우리는 더 성장하고 있는 것입니다. 제가 25년 전 로마 유학 시절 도미니코 수도회의 사제인 이브 콩가르 신부님은 추기경이 되셨습니다. 이브 콩가르는 세례를 받으면 모든 신자는 사제가 된다는 보편 사제직을 주장했는데, 이 주장이 제2차 바티칸공의회 때 받아들여졌습니다. 그는 교회의 분열 없이 개혁하기 위한 네 가지 조건을 정리했는데 첫째, 교회의 사목적 차원과 자비의 수위성으로 개혁은 또 다른 교회를 창조하는 것이 아니라 기존 교회를 다른 교회로 만드는 것입니다. 둘째, 교회의 "모든 요소", 교회의 "온전한 진리"와 일치를 유지하는 것입니다. 셋째, 참을성이 필요합니다. 넷째, 진정한 쇄신과 개혁은 전통 원칙에로의 복귀여야만 합니다.

여러분도 세례를 받으시면 2차 바티칸 공의회 정신에 따라 그리스도의 보편 사제직에 참여하여 일반 사제직에 참여하게 됩니다. 그러므로 너무 다른 이들에게 이끌려 가면서 흔들리는 신앙생활이 되지 않도록 자신 안에 신앙을 키워 가시길 바랍니다. 우리를 이끄시는 분은 하느님이시고 그리스도 그리고 성령입니다. 그동안 교리 강의를 다시 유튜브를 통해 들으시면 도움이 되고, 저의 강의는 저의 이야기가 아니라 하느님, 예수님, 성령의 이야기를 하는 것입니다. 그래서 여러분이 스스로 이해하고 알아차리며 살아가는 것이 신앙생활입니다. 민간요법처럼 한순간 얻어지는 신앙에 귀 기울이지 마시고 자신의 신앙이 올바로 갈 수 있도록 제2차 바티칸공의회의 정신을 우리 안에 새겨야 합니다. 앙리 드 뤼박 신학자는 교회는 그리스도 안에 자리하고 있는 인간성이라고 말했습니다. 우리는 인간이고 예수님은 인간이시며 하느님이기 때문에 그리스도 안에 자리 잡고 있는 인간이 교회입니다. 제2차 바티칸공의회는 성사의 어려움을 통 크게 소개했고 성사의 핵심인 은총의 첫 자리는 능동적인 참여라고 했습니다. 과거의 주교와 신부가 주어야만 받는 은총에서 백성들의 능동적인 참여가 은총을 받는다고 말했습니다. 평신도들도 가정에서 함께 기도하고 축복하며, 성사를 통해서 받은 은총을 가정과 이웃과 나누어야 합니다. 교회에 관한 교의 헌장(Lumen gentium) 1장 48절에 "교회는 포괄적인 구원의 성사다."라고 했습니다. 따라서 그리스도께서는 교회를 원성사로 세우셨습니다. 원성사가 바로 그리스도이시고 성체성사는 성당과 세상, 고해성사는 고해소, 병자성사는 병자 안에서, 혼인성사는 부부 안에서 이루어지며, 성사가 이루어지는 곳에 예수님이 계십니다. 성사 안에 예수님이 계시고 말씀이 있고 예수님의 행위가 있는 것이며 그것을 따르는 상징들을 통해 하느님과 만나는 은총체험이 성사입니다. 요한복음 14장 8절에서 필립보가 예수님께, "주님, 저희가 아버지를 뵙게 해 주십시오. 저희에게는 그것으로 충분하겠습니다." 하자, 예수님은 그에게 말씀하셨습니다. "필립보야, 내가 이토록 오랫동안 너희와 함께 지냈는데도, 너는 나를 모른다는 말이냐? 나를 본 사람은 곧 아버지를 뵌 것이다. 그런데 너는 어찌하여 '저희가 아버지를 뵙게 해 주십시오.' 하느냐?"라고 하셨습니다.

그래서 하느님을 만나는 성사가 원성사(Original sacrament), 그리스도입니다. 고해성사는 성체성사에 참여하기 위한 준비이고 참회의 과정이 중요합니다. 참회는 나를 정의롭게 바라보는 것이고 다른 이를 정의롭게 바라보는 것은 중요하지 않습니다. 참회의 과정이 없는 상태에서 고해성사를 받으면 무엇을 고백해야 하는지도 모르는 상황이 생기기도 하는데 그래서인지 과거에는 신부님들이 혼내시기도 했습니다. 제가 대학 시절에 성서 연수 마지막 날, 고해성사하려고 줄을 서서 기다리는데 갑자기 고해소 안에서 신부님이 큰 소리로 호통 치시며 혼내시는 소리를 듣고 고해성사를 받지 않고 돌아섰던 기억이 있습니다. 고해성사는 형식적으로 머무르지 말고 자신을 정의롭게 바라보는 참회가 필요합니다.

세례성사의 완성, 견진성사

사도행전 8장 14~17절 "성령 특은의 날인을 받으시오." 견진성사는 세례성사의 은총을 완성하고 하느님의 양자로서 더 깊이 뿌리내리게 하며 그리스도와 더 굳게 결합하여 교회와 유대를 더욱 튼튼하게 합니다. 견진성사는 교회의 사명에 더욱 깊이 참여케 하며, 말과 실천으로 그리스도 신앙을 증거하도록 돕는 성사입니다. 세례성사처럼 영혼에 지워지지 않는 인호를 새겨 주고, 주교의 견진 집전은 이 성사가 교회의 유대를 강화한다는 것을 의미합니다. 사리를 분별할 나이에 이른 견진 후보자들은 신앙을 고백해야 하며, 은총의 상태에서, 성사를 받을 의향이 있어야 하고, 교회 공동체와 현세적인 일에 있어 그리스도의 제자와 증인의 역할을 맡을 준비가 되어 있어야 합니다. 견진성사의 핵심 예식은 집전자의 안수와 세례성사를 받은 사람의 이마에 크리스마 성유를 바르는 겁니다. 견진성사는 어린이에서 어른이 되는 성사이고, 초기 교회 때는 세례와 견진을 같이 받았는데 현대에 오면서 분리되었습니다. 견진성사를 견진 후보자에게 안내하는 것은 좋지만 억지로 권유하기보다 자유롭게 하느님의 부르심에 응답하고, 신앙 성장을 적절하게 돕도록 견진 대부모를 정합니다. 견진성사 때 새로 대부모를 정하기도 하지만, 저는 세례 때의 대부모가 인격적으로 신앙에 대해서 나눌 수 있는 분이면 세례 때와 동일한 대부모로 하시는 것이 좋다고 봅니다.

성체성사, 일용할 양식

요한복음 6장 51~56절을 읽어 봅니다. "나는 하늘에서 내려온 살아 있는 빵이다. 누구든지 이 빵을 먹으면 영원히 살 것이다. 내가 줄 빵은 세상에 생명을 주는 나의 살이다." 그러자 "저 사람이 어떻게 자기 살을 우리에게 먹으라고 줄 수 있단 말인가?" 하며, 유다인들 사이에 말다툼이 벌어졌다. 예수님께서는 그들에게 이르셨다. "내가 진실로 진실로 너희에게 말한다. 너희가 사람의 아들의 살을 먹지 않고 그의 피를 마시지 않으면, 너희는 생명을 얻지 못한다. 그러나 내 살을 먹고 내 피를 마시는 사람은 영원한 생명을 얻고, 나도 마지막 날에 그를 다시 살릴 것이다. 내 살은 참된 양식이고 내 피는 참된 음료다. 내 살을 먹고 내 피를 마시는 사람은 내 안에 머무르고, 나도 그 사람 안에 머무른다."

성체성사는 교회 생활의 핵심이며 정점입니다. 그리스도께서는 이 성찬례를 통하여 십자가 위에서 성부께 단 한 번 드리신 찬미와 감사의 제사에 교회와 교회의 모든 지체를 참여시키시기 때문입니다. 이 제사를 통해서 그리스도께서는 당신의 몸인 교회에 구원의 은총을 널리 베푸십니다. 성찬례는 그리스도의 파스카를 기념하고, 말하자면 그리스도의 생애와 죽음과 부활로 완성된 구원 사업에 대한 기념이며, 이 구원 사업은 전례 행위로 실현됩니다. 빵과 포도주의 형상 안에 실재하시는 바로 그 그리스도께서 성찬 제사의 제물도 되십니다. 성체성사의 핵심 표지는 '밀빵과 포도주'이고 사제는 이 표지들에 대한 성령의 축복을 기원하며, 예수님이 최후의 만찬에서 "이는 너희를 위하여 바칠 내 몸이다…. 이는 내 피의 잔이다…." 하고 축성의 말씀을 선포합니다. 구약의 파스카는 출애굽이고 신약의 파스카는 십자가상의 제사입니다. 신약은 십자가상의 돌아가심으로 우리를 구원하시고, 구약은 모세를 통해서 이집트에서 가나안 땅으로 가도록 홍해바다를 건너서 지나가게(pass over) 한 것입니다. 신약의 파스카는 예수께서 비구원(非救援)과 고통과 죄에서 구원으로 넘어가게(pass over) 한 것이고, 구약의 파스카가 완성되는 것이 신약의 십자가상의 예수님이십니다. 파스카는 구원의 핵심이고 파스카 성사가 성체성사입니다. 그래서 사랑의 성사인 성체성사는 예수님께서 몸소 제사장, 제물, 제대가 되신 것이고, 빵과 포도주의 형상 안에 실재하시는 예수님이 우리에게 드러나는 것입니다.

  빵과 포도주는 축성을 통해서 그리스도의 살과 피가 되는 실체 변화가 이루어지고 그리스도의 몸과 피가 그분의 영혼과 천주성과 함께 현존합니다. 희생 제사로서 성찬례는 산 이와 죽은 이들의 죄에 대한 보상으로 바치는 것이며, 하느님께 영신적이거나 현세적인 은혜를 얻기 위해서 바치는 것입니다. 영성체로 그리스도를 받아 모시고자 하는 사람은 은총의 상태에 있어야 하고, 만일 어떤 사람이 죽을죄를 지었다는 것을 스스로 의식한다면, 먼저 고해성사로 죄의 용서를 받고 나서야 성체를 모실 수 있습니다. 영성체는 주님에 대한 일치를 증대시키며, 소죄를 사해 주고, 대죄에서 보호해 줍니다. 성체를 모시는 사람과 그리스도 사이에 있는 사랑의 유대가 굳건해지므로, 영성체는 그리스도의 신비체인 교회의 일치도 강하게 해 줍니다. 실체 변화는 실제로 빵과 포도주가 예수님의 몸과 피가 된다는 것이고, 사제가 아니라 성령께서 축성하시는 것입니다. 성령을 통해서 하느님이 인간이 되셨고 성체성사도 성령을 통해서 축성됩니다. 구약의 파스카는 이스라엘의 억압과 고통에서 구했다면, 신약의 파스카는 우리의 죄와 율법으로부터 구하십니다.

고해성사, 하느님과 사람 사이의 화해

고해성사를 볼 때 너무 죄의식에 사로잡혀서 하지 마시고, 소죄를 낱낱이 고백할 필요는 없지만 소죄를 계속 반복한다면 고해성사를 보아야 합니다. 소죄는 성찬 전례 때인 영성체 직전에 통회하면 사해집니다. 죽을죄(대죄)는 하느님의 법을 크게 어기어 인간의 마음 안에 있는 사랑을 파괴합니다. 인간이 하느님보다 낮게 여기게 함으로써 그의 최종 목적이며 그의 참행복이신 하느님께 등을 돌리게 합니다. 소죄는 사랑을 어기고 해치기는 하지만 사랑을 사라지게 하지는 않습니다. 따라서 그 무질서는 사랑으로써 회복될 수 있지만 계속 되풀이하는 것은 악습을 발생시키는데,

그중에서 죄종들을 판별해 낼 수 있습니다. 대죄는 십계명을 어기는 죄이고 구체적으로는 성령을 모독하는 일입니다. 소죄는 미움은 있었지만 증오는 아닙니다. 그래서 사랑을 많이 받은 자녀는 사랑도 충만하게 합니다.

교회는 신자들이 성찬에 참례할 때마다 성체를 모실 것을 간곡히 당부하며, 적어도 일 년에 한 번은 성체를 모실 의무를 부과합니다. 그리스도께서 친히 성체성사 안에 계시므로 그분을 흠숭의 예배로 공경해야 하고 성체조배를 할 때, 우리 주 그리스도에 대한 감사와 사랑을 표하고 흠숭 의무를 이행합니다. 이 세상에서 성부께로 건너가신 그리스도께서는 성찬례 안에서 우리에게 당신 곁에서 누릴 영광의 보증을 주십니다. 거룩한 제사에 참여하는 우리는 그리스도의 성심과 동화되며, 이 세상의 순례 길에서 늘 힘을 받고, 영원한 생명을 바라며, 이미 하늘의 교회와 복되신 동정 마리아와 모든 성인과 결합됩니다. 대죄를 지었는데 미사를 참례하려면 온전하게 고해성사를 하고 성체를 모셔야 합니다. 적어도 일 년에 한 번은 성체를 모실 의무가 있지만, 여러분이 주일 미사에 오지 않아도 된다는 것이 아니라 냉담하지 말라는 표현입니다. 성체조배(adoration)는 아침에만 하는 것은 아니고, 기회 있을 때마다 성체가 모셔져 있는 감실을 바라보며 주님 앞에 가서 머무는 것입니다. 우리가 사랑하는 이를 앞에 두고 그에 대한 책을 읽나요? 함께 눈을 맞추고 마주보며 대화하겠죠? 여러분도 그렇게 하시면 됩니다. 미사와 성체조배 때 묵주기도와 영성 도서를 읽기보다는 몸과 마음을 고요하게 하고 주님께 집중하면서 흠숭과 사랑을 표현하는 시간이 되면 좋겠습니다. 요즘은 성당의 여건상 성체조배실이 따로 있기도 하지만, 성체는 성당과 분리되면 안 되고 성체조배와 미사는 성전 안에서 하는 것이 맞습니다. 입문성사인 세례, 견진, 성체성사는 성사 생활의 시작입니다.

고해성사는 치유의 성사입니다. 요한복음 20장 22~23절을 보면 예수님은 제자들에게 숨을 불어넣으며 말씀하셨습니다. "성령을 받아라. 너희가 누구의 죄든지 용서해 주면 그가 용서를 받을 것이고, 그대로 두면 그대로 남아 있을 것이다." 세례 받은 후에 지은 죄에 대한 용서는 회개의 성사, 고백의 성사, 참회의 성사, 화해의 성사라고 불리는 고해성사를 통해서 주십니다. 신앙의 눈으로 보면, 죄보다 더 중대한 악이 없고, 죄인 자신과 교회와, 세상 전체에 이보다 더 나쁜 결과를 가져오는 것이 없습니다. 회개와 참회라고 불리는, 하느님께 돌아오는 이 전향은 지은 죄에 대한 고통과 혐오, 그리고 다시는 죄짓지 않겠다는 굳은 결심을 포함합니다. 회개는 과거와 미래에 관계되며, 현재는 하느님 자비에 대한 희망으로 힘을 얻습니다. 고해성사는 참회자의 뉘우침(통회), 고백(사제에게 죄를 말함), 보상과 보속의 행위를 하겠다는 결심과 사제의 사죄로 이루어집니다. 첫째는 내가 나를 용서해야 하고 겉으로는 내가 용서한다고 말하지만, 감정적으로 내가 내 안에 있는 용서의 감정과 화해해야 합니다. 다른 이와 불편한 관계를 주변에서 화해하라고 독려해서 화해했는데 내 마음 안에 용서의 마음과 의지가 만나지 않는다면 화해가 아니므로 화해는 시간이 필요합니다. 세례를 받은 후 한 달이 되면 첫 고백을 하는데, 십계명의 죄와 반복되는 습관과 사랑의 새 계명을 성찰하고 첫 고백을 하시면 됩니다. 나의 죄를 사제에게 고백하고, 사제는 훈화와 보속을 주며, 사죄경을 받고 받은 보속을 해야 고해성사는 완결됩니다.

뉘우침(통회)은 신앙의 동기로 일어나야 하고, 하느님에 대한 사랑으로 뉘우침이 발생했다면 그것을 "완전한" 뉘우침(상등통회)이라고 하며, 다른 동기에 근거를 두었다면 "불완전한" 뉘우침(하등통회)이라고 합니다. 하느님과 교회와 화해하고자 하는 사람은 진지하게 양심을 성찰해서 기억해 낸 아직 고백하지 않은 모든 대죄를 사제에게 고백해야 합니다. 소죄의 고백은 꼭 필요한 것은 아니지만 교회는 이를 강력하게 권고합니다. 그리고 희생과 뉘우침은 다른 이가 강요할 수 없습니다. 고해사제는 참회자에게 죄로 인해 생긴 손해를 갚고, 그리스도의 제자로서 합당한 생활 태도를 다시 갖추기 위한 "보상"이나 "보속"을 행하도록 권합니다.

교회의 권위자에게 사죄권을 받은 신부들만이 그리스도의 이름으로 죄를 용서할 수 있습니다. 고해성사의 영적 효과는 고해자에게 은총을 회복시켜 주는 하느님에 대한 화해, 교회에 대한 화해, 죽을죄로 인해 받게 되었던 영벌(지옥에서 받는 영원한 벌)의 면제, 죄의 결과인 잠벌(현세, 연옥에서 잠시 동안 받는 벌)의 적어도 부분적인 면제, 양심의 평화와 평온과 영적 위안, 그리스도교적 싸움을 위한 영적 힘의 증대입니다. 개인적으로 대죄를 모두 고백하고 그에 따른 사죄를 받는 것이 하느님과 또 교회와 화해하기 위한 유일하고 일반적인 방법입니다. 신자들은 대사로써 자신들의 연옥 영혼들을 위해 죄의 결과인 잠벌을 면제받을 수 있습니다. 영벌은 고해성사로 사해지고 잠벌은 대사를 받아야 면제됩니다. 그래서 위령성월 때 교황님이 주시는 대사로 잠벌을 면제받을 수 있습니다.

병자성사

병자성사는 치유의 성사입니다. 야고보서 5장 14~15절을 읽어 봅니다. "여러분 가운데에 앓는 사람이 있습니까? 그런 사람은 교회의 원로들을 부르십시오. 원로들은 그를 위하여 기도하고, 주님의 이름으로 그에게 기름을 바르십시오. 그러면 믿음의 기도가 아픈 사람을 구원하고, 주님께서는 그를 일으켜 주실 것입니다. 또 그가 죄를 지었다면 용서를 받을 것입니다." 병자성사의 목적은 중병이나 노쇠에 따르는 어려움을 겪고 있는 그리스도인에게 특별한 은혜를 베푸는 것입니다. 신자가 병이나 노쇠로 죽을 위험을 마주하기 시작하면 병자성사를 받을 때가 온 것이 분명합니다. 그리스도인은 중병이 들었을 때마다 병자성사를 받을 수 있으며, 이 성사를 받은 이후 병이 약화되었을 때도 받을 수 있습니다. 사제들만 병자성사를 베풀 수 있고, 성사 거행의 핵심 예식으로 이마와 양손에 기름을 바릅니다. 병자성사의 특별한 은총과 효과는 병자 자신과 온 교회의 선익을 위한 그리스도의 수난에 대한 병자의 일치, 병이나 노쇠의 고통을 그리스도인답게 견디기 위한 위안과 평화와 용기, 병자가 고해성사로 죄의 용서를 받지 못한 경우 죄의 용서, 영적인 구원에 적합한 경우 건강의 회복, 영원한 생명으로 건너가는 준비입니다. 병자성사는 임종 직전에 받는 것이 아니라 의식과 정신이 맑을 때 함께 기도하는 성사이고 병이 호전되어도 다시 받을 수 있습니다.

신품성사

신품성사는 친교를 위한 봉사의 성사입니다. "그러한 까닭에 나는 그대에게 상기시킵니다. 내 안수로 그대가 받은 하느님의 은사를 다시 불태우십시오"(2티모 1,6). "이 말은 확실합니다. 어떤 사람이 감독 직분을 맡고 싶어 한다면 훌륭한 직무를 바라는 것입니다"(1티모 3,1). "그대를 크레타에 남겨 둔 까닭은, 내가 그대에게 지시한 대로 남은 일들을 정리하고 고을마다 원로들을 임명하라는 것이었습니다"(티토 1,5).

교회 전체가 사제적 백성이고, 세례로 모든 신자는 그리스도의 사제직에 참여합니다. 이런 참여를 "신자들의 공통 사제직"이라고 합니다. 이 사제직의 기초 위에, 이 사제직에 봉사하기 위해, 그리스도의 임무에 또 다르게 참여할 수 있습니다. 이것이 신품성사로 수여되는 사제직이고, 이 직무는 공동체 안에서 머리이신 그리스도의 이름으로 그리스도를 대리하여 봉사하는 것입니다. 직무 사제직은 신자들에게 봉사하기 위해 받은 거룩한 권한 때문에 신자들의 공통 사제직과는 본질적으로 다릅니다. 신품성사를 받은 직무 봉사자들은 가르치고, 하느님께 예배드리며, 사목적으로 다스림으로써 하느님 백성에게 봉사합니다. 직무 사제직은 처음부터 주교, 신부, 부제의 세 품계로 수여되고 행사되었습니다. 이 직무는 교회의 유기적인 구조에서 필수 불가결한 것이고 주교와 신부와 부제가 없이는 교회라고 말할 수 없습니다. 이브 콩가르 신학자는 교회 전체가 사제적 백성이라고 말했고, 사제는 그리스도의 대리자입니다. 사목적인 다스림은 백성에게 하는 봉사이고 사제의 가르침은 개인의 생각을 가르치는 것이 아니라 하느님의 말씀을 가르치는 것입니다. 주교, 신부, 부제의 서열은 직무를 존중하는 것이지 우리는 주님 안에서 모두 형제자매입니다. 영광송으로 마칩니다.

Question & Sharing
묻고 나누고

1. 견진성사는 세례성사의 완성입니다. 견진성사에 관해 설명해보세요.
2. 성체성사는 교회 생활의 정점으로서, 나의 몸을 이웃에게 나누는 사랑 실천입니다. 이런 경험에 대해 나누어 보세요.
3. 참회는 자신을 정의롭게 바라보는 반성입니다.
   고해성사의 순서를 말해보세요.
4. 병자성사는 언제 어떻게 받을 수 있는지 이야기 해보세요.

16강

성인들의 통공과 종말 신앙

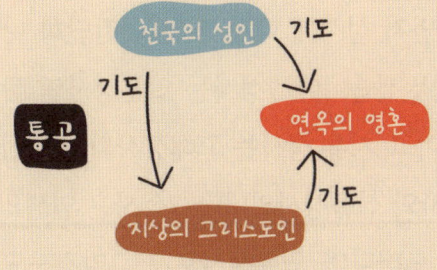

죽음, 끝이 아닌 영원한 생명으로

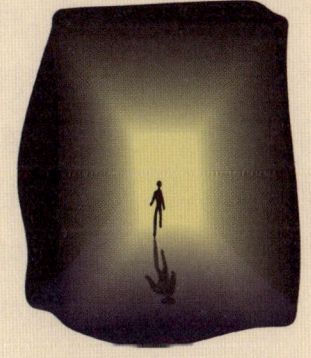

신품성사

오늘 교리는 먼저 성사에 대한 부분을 간단히 나누고 종말에 대한 신앙을 나누겠습니다. 7성사는 입문성사인 세례성사, 견진성사, 성체성사이고, 치유 성사는 고해성사와 병자성사이며, 친교성사는 혼인성사와 신품성사입니다. 7성사는 인생의 생로병사의 과정과 단계가 드러나며, 입문성사로서 그리스도교 신앙생활로 들어가는 것입니다. 여러분도 세례를 받으시면 미사에 참여하고 영성체를 하는 성체성사에 참여하는 신앙생활의 일반적인 과정을 하시게 됩니다. 치유 성사인 고해성사는 내가 받은 여러 가지 아픔을 치유할 수 있지만, 하느님과 이웃에 대한 나의 죄를 용서받아 치유하고 성체성사에 참여하는 것이며 병자성사는 아픈 이들에게 위로와 치유의 은총을 주는 성사입니다. 친교 성사인 혼인성사는 남자와 여자가 서로 의지하고 친교를 이루며 하나를 이루는 성사이고, 신품성사는 사제가 독신생활을 하지만 하느님 백성들과 친교를 이루며 그리스도의 대리자로서 교회를 위해 봉사하도록 해 주는 성사입니다.

　신부는 사제의 품위에서는 주교와 일치하고, 사목직의 수행에서 주교들에게 속해 있습니다. 신부는 주교의 성실한 협력자가 되어야 하며, 주교를 중심으로 사제단을 형성합니다. 사제단은 주교와 더불어 개별 교회에 대한 책임을 지고 신부는 주교에게서 본당 공동체에 대한 책임이나 교회 내의 일정한 임무를 부여받습니다. 부제는 교회에 봉사할 임무를 위해 서품되는 직무 봉사자이고, 직무 사제직을 받지 않지만 서품으로 말씀과 하느님 예배, 사목적인 지도, 자선 사업의 중요한 임무를 받습니다. 신품성사는 안수에 이은 장엄한 축성 기도로 베풀어지고 서품은 지워지지 않는 성사의 인호를 새겨 줍니다. 하느님 나라와 사람들에게 기꺼이 봉사하려는 마음 때문에 독신생활을 할 태세가 갖추어져 있고 그 뜻을 공적으로 표명하는 후보자들에게만 신품성사를 줍니다. 주교님께 위탁받지 않은 신부는 사목을 할 수 없고, 사실 신부는 주교로부터 위탁받은 위임장과 권한서를 가지고 다녀야 합니다. 가톨릭의 서열은 주교, 사제, 부제로 이어지고 그 외의 구성원은 모두 형제자매가 됩니다. 하지만 한국 정서에는 연장자에게 갖추는 예의와 호칭이 있어서 자칫 오해할 수 있는 감안할 부분들이 있지만, 유럽 문화의 교회들에서는 나이와 상관없이 모두 친구처럼 지내는 모습을 봅니다. 예수님은 우리를 벗으로 부르신다고 말씀하셨고 우리를 종으로 부르신 것이 아닙니다. 사제들이 모여서 식사할 때 부제가 그 앞을 지나가면 "부제, 우리를 위해 봉사해야지."라고 말하며 농담을 건네기도 합니다. 그리고 사제의 독신생활은 혼자 자는 것이지 혼자 사는 것이 아니라 하느님 백성들과 함께 사는 것입니다.

혼인성사

"남편 여러분, 그리스도께서 교회를 사랑하시고 교회를 위하여 당신 자신을 바치신 것처럼, 아내를 사랑하십시오. 그리스도께서 그렇게 하신 것은 교회를 말씀과 더불어 씻어 깨끗하게 하셔서 거룩하게 하시려는 것이었습니다. 그리고 교회를 티나 주름 같은 것 없이 아름다운 모습으로 당신 앞에 서게 하시며 거룩하고 흠 없게 하시려는 것이었습니다. 남편도 이렇게 아내를 제 몸같이 사랑해야 합니다. 자기 아내를 사랑하는 사람은 자기 자신을 사랑하는 것입니다. 아무도 자기 몸을 미워하지 않습니다. 그리스도께서 교회를 위하여서 하시는 것처럼 오히려 자기 몸을 가꾸고 보살핍니다. 우리는 그분 몸의 지체입니다. '그러므로 남자는 아버지와 어머니를 떠나 아내와 결합하여, 둘이 한 몸이 됩니다.' 이는 큰 신비입니다. 그러나 나는 그리스도와 교회를 두고 이 말을 합니다"(에페 5,25~32).

창조주에 의해 제정된 한 남자와 한 여자의 결합은 본성상 부부의 행복과 자녀 출산과 교육을 지향하고 있고, 세례 받은 사람들 간의 혼인에 의한 결합은 주 그리스도에 의해 성사의 지위로 올려졌습니다(사목 헌장 48항 1절; 교회법 제1055조 1항 참조). 혼인성사는 그리스도와 교회의 결합을 상징합니다. 이 성사의 은총은 부부의 인간적 사랑을 완성하고, 해소할 수 없는 그들의 결합을 굳건하게 하며, 영원한 생명의 길에서 그들을 성화합니다. 혼인은 성실하며, 자녀를 낳는 사랑의 유대로 살아가기 위해 서로를 결정적으로 내어 주겠다는 의지, 즉 당사자들의 합의에 근거합니다. 혼인은 부부에게 교회 내의 공인된 신분을 부여하는 것이므로, 사제(또는 교회의 자격 있는 증인) 외 증인들과 신자 회중 앞에서, 전례 거행의 틀 안에서 공적으로 거행되는 것이 마땅합니다. 혼인성사는 둘이 한 몸이라는 것이 중요하고, 부부는 행복과 사랑을 통해서 선물로 자녀를 출산하고 교육을 합니다. 혼인성사는 그리스도와 교회인 부부가 결합하는 것을 상징하고 사랑을 완성하기 위해서는 사랑을 체계적으로 배울 필요가 있습니다. 부부는 사랑을 굳건하게 하는 과정을 배웁니다. 혼인성사의 은총은 사랑의 완성, 결합의 견고함, 성화의 길입니다. 합의는 자기주장보다는 자기 생각을 나누고, 상대방의 뜻대로 하는 것이 황금률입니다. 자기 생각을 모르면서 감정을 내세우고 자기 뜻대로만 하는 경우가 있는데, 그렇게 되면 서로가 갈라지고 분열로 갑니다. 그래서 자기 생각을 나누는 훈련이 필요합니다. 단일성과 불가 해소성과 출산을 기꺼이 받아들이는 것은 혼인에 필수적입니다. 합법적인 배우자가 살아 있는데도 불구하고 이혼한 사람이 재혼하는 것은 그리스도께서 가르치신 하느님의 계획과 규범에 어긋납니다. 그들은 특히 자녀들에게 신앙 교육을 함으로써 그리스도인의 삶을 계속하여야 할 것이고, 그리스도인의 가정은 자녀들이 처음으로 신앙을 배우는 곳입니다. 그렇기 때문에 가정을 "가정 교회", 은총과 기도의 공동체, 그리고 인간적인 덕행과 그리스도교적 사랑의 학교라고 부르는 것이 당연합니다. 단일성은 남녀가 하나가 되는 것이고, 불가 해소성은 갈라질 수 없는 하나가 되는 것입니다. 한편 호주 정부는 동성결혼을 합법적으로 인정하고 있습니다. 그런데 요즘 현실은 서로가 갈라서는 이혼율이 높아지기 때문에 사랑의 완성과 결합에 대해서 배워야 합니다. 서로가 성화되고 부족한 것을 보충하며 내적인 인간에 대한 수련이 필요합니다. 신앙은 가정에서 처음으로 시작하는 것이고 예수님도 요셉과 마리아의 가정에서 태어나셨습니다. 그래서 구원의 첫 장소는 가정이기 때문에 성당에서는 열심히 봉사하고 가정에 소홀히 한다면 그것은 하느님의 뜻이 아닙니다. 자신의 신심으로 성당에서 열심히 봉사하는 신자들이 많지만 어떤 경우에는 가정에서 소통과 관계가 원활하지 못해서 성당을 나의 배우자나 자녀로 여기면서 신앙생활을 하시는 분도 있습니다. 교회는 가정 교회가 모인 곳입니다. 그러므로 자기 신앙생활의 기반이 어디에 자리를 잡고 있는지 확인해야 합니다. 하지만 너무 염려를 하지 않아도 되는 것이 신앙의 기반을 알아차리면 인격적인 믿음살이로 돌아올 수 있습니다.

준성사

준성사는 성사의 효과를 받도록 사람을 준비시키고, 삶의 여러 상황을 성화하기 위해 교회가 제정한 거룩한 표징을 말합니다. 축복은 하느님의 업적과 선물에 대한 찬미와, 사람들이 하느님의 선물을 복음 정신에 따라 사용할 수 있도록 드리는 교회의 전구를 포함합니다. 전례 이외에도 그리스도인의 삶은 여러 문화에 뿌리박은 다양한 형태의 대중 신심 행위로 길러집니다. 교회는 그 신심 행위가 형태들을 신앙의 빛으로 비추도록 유념하면서, 복음적 직관과 인간의 지혜를 드러내고 그리스도인의 생활을 풍요롭게 하는 대중 신심의 형태들을 권장합니다. 성물 축복은 준성사이고 장례식도 그리스도인에게 중요한 부분입니다. 이 세상의 순례길을 가는 동안 그리스도인을 성사로써 품에 안아 온 어머니와 같은 교회가 그를 "아버지의 손에" 맡겨 드리기 위해 끝까지 그와 동행하는 것이 그리스도교 장례식입니다. 교회는 그리스도 안에서 성부께 당신 은총의 자녀를 바쳐 드리고, 영광 중에 다시 살아온 육체의 씨앗을, 희망을 가지고 땅에 묻습니다. 이 봉헌은 미사성제로 충만하게 거행되며, 그 전후에 행해지는 축복은 준성사입니다. 그리스도교 장례식은 죽은 이에게 성사나 준성사를 베풀지 않고 기도를 합니다. 그리스도교 장례식은 교회의 전례 거행입니다. 교회의 직무는 이 전례에서 죽은 이와의 유효한 통공을 표현하는 동시에 장례식에 모인 공동체를 그 통공에 참여하게 하며, 그들에게 영원한 생명을 예고하는 목적도 있습니다. 고별식은 교회가 죽은 이를 "하느님께 맡겨 드리는 것"이고 시신을 묘지로 운반하기 전에 그리스도인 공동체가 마지막으로 형제에게 하는 인사입니다.

종말론, 성인들의 통공

믿을 교리인 성인들의 통공에서 마리아는 그리스도의 어머니이고 교회의 어머니입니다. 죄의 사함을 믿고 육신의 부활을 믿습니다. 영원한 삶을 믿으며, 사심판, 천국, 마지막 정화 연옥, 지옥, 최후의 심판, 새 하늘 새 땅에 대한 희망입니다. 종말은 사도신경에 담겨 있는 믿을 교리입니다. 그리스도교 교리의 큰 부분은 믿을 교리, 지킬 계명(윤리), 성사 생활입니다. 성사 생활만을 집중하게 되면 신앙의 뿌리인 믿을 교리를 모르므로 균형을 이루어야 합니다. 종말론을 들으시면 어떤 기분인가요? 두려운 생각이 드시나요? 종말론은 최후에 대한 신앙을 이야기하는 것이고, 인간에게는 최후이지만 하느님에게는 시작입니다. 종말은 새로운 사건이고 현 존재를 차분히 살아가게 각성시키는 것입니다. 죽음을 생각하면서 각성이 되고 나 자신을 돌아보게 되는데 그리스도교 신앙은 종말이 끝이 아니라 시작입니다. 신앙에 대한 신학을 '교의신학'이라고 하는데, 이것이 제 전공이고, 그 내용을 여러분에게 구체적이고 깊이 있게 나누려고 합니다. 종말은 교의신학의 가장 마지막 자리이고 인간은 세상과 인간관계를 살면서 일어나는 최종 과정과 정황들을 만나게 됩니다. 종말의 4가지 사건은 죽음, 심판, 천국, 지옥입니다. 연옥은 중간의 정화 과정이고, 천국으로 가는 정화이지 천국과 지옥의 사이가 아닙니다. 종말은 태풍의 눈이라고 말하는데 왜냐하면 태풍의 주변은 무섭지만 태풍의 눈 속은 고요하기 때문입니다. 폭풍을 만난 후에 싹이 모두 떨어지든지 아니면 단단하게 결실을 보아 다시 올라오는 것이 종말의 사건입니다. 19, 20세기 자유주의가 쇄도했는데 그들은 반(反)교리적인 주장으로 종말론은 그리스도교인들이 겁을 주려고 하는 말이라고 하였습니다. 그래서 트뢸치(Ernst Troeltsch, 1865~1923, 독일)는 "종말론의 사무실은 폐쇄되었다."라고 말했지만 발타사르(Hans Urs von Balthasar, 1905~1988, 스위스)는 "그 세기 이후 종말론

사무실은 업무 외 시간의 일을 하고 있다."라고 말했습니다. 자유주의 신학자들의 주장이 이해되는 부분들도 있지만 종말은 두려운 것이 아닙니다. 여러분이 상식적이지 않은 이야기를 들으시면 이단이라고 여기시고, 신앙으로 신자들을 현혹하게 시키는 주제로 종말론을 왜곡하는 사이비 종교인들이 있습니다. 프로테스탄트의 저항한다는 뜻을 가진 개신교는 19, 20세기에 성경 주석이 많이 발달하면서, 개신교 신학자들이 교회에 공헌한 것이 많았고 유럽은 예수님 말씀의 중심으로 하느님 나라에 대한 복음이 자리를 잡았습니다.

하느님 나라에 대한 복음은 미래와 종말에 대한 것을 말하지만 이 두 가지만을 이야기하는 것이 아니고 예수님은 루카복음 17장 21절에서 "보라, 하느님의 나라는 너희 가운데에 있다."라고 말씀하셨습니다. 현재를 말씀하시는 것이고 종말은 나중의 문제가 아닙니다. 따라서 지금 여기가 중요하고 그 진가가 발휘되어야 합니다. 그래서 개신교 신자들은 기쁨을 찬양하는 모습이 나타나고 가톨릭은, 제2차 바티칸공의회 이후로 변화되었지만, 아직은 오랜 전통의 방식들이 남아 있어서 엄숙합니다. 이것은 맞고 틀림의 이야기가 아니고 단지 종말론은 미래에 국한된 것이 아니라 현재의 성격을 띠어야 한다는 것입니다. 종말론을 살아가는 사람들은 사실 기뻐야 하는데, 성당에 오셔서 미사를 참례하고 나오는 신자들의 얼굴이 기쁨에 찬 얼굴이 아니라 장례식을 마치고 나온 사람의 얼굴처럼 밝지 못하다면 내가 미사 안에서 주님을 만나는지를 성찰해야 합니다. 미사에 오는 것은 마치 즐거운 생일잔치에 오는 것처럼 부활과 성탄의 기쁨이 넘치는 자리이고, 장례미사는 고인에 대한 애도를 표하며 하느님께 고인을 맡기는 미사입니다. 종말은 그리스도교 신앙의 중심으로 이끌어야 하고 현재와 미래를 모두 포괄해야 합니다. 과거에는 세계 전쟁으로 힘들었고 현재의 세상은 무역 전쟁의 시대를 보내고 있는데, 인간의 삶은 늘 크고 작은 싸움, 죽음, 파괴 속에 노출되어 왔습니다. 이런 절박한 물음에 종말론의 물음이 나오고 이 세상과 인간의 운명이 어떻게 지속할 수 있을까 궁금해합니다. 그래서 세상 사람들은 이 물음에 교회가 무엇을 확신하고 있는지 묻고 있습니다. 그리스도교 신앙은 우리의 길만 있고 교회 밖의 세상은 아무 상관이 없는 것이 아니라 세상의 고통과 갈등에 귀 기울여야 합니다. 이것이 예수님이 원하시는 길이고, 교회는 우리만을 위한 하나의 집단이 아니라 세상에 대한 공동체입니다. 그래서 죽음에 대한 물음이 집중될 때, 이 물음을 제대로 포착하는 것이 우리 신앙 교회의 역할입니다. 죽음에 대해서 무관심하고 천국으로 가는 것에만 집중한다면 세상 사람들과는 단절되는 것입니다. 집회서 7장 36절은 "모든 언행에서 너의 마지막 때를 생각하여라. 그러면 결코 죄를 짓지 않으리라."고 합니다. 나 자신의 죽음만을 생각하지 말고 세상의 가난한 이와 억눌린 이들의 죽음도 나의 문제이어야 한다는 말씀입니다.

죽음이란?

독일의 철학자 마르틴 하이데거(Martin Heidegger, 1889~1976)는 인간은 죽음을 향한 존재(Sein Zum Tode)라고 하였고, 나치 정권에 처형된 독일의 예수회 신부인 알프레드 델프(Alfred Delp, 1907~1945)는 죽음은 시간을 통해 가는 것이라고 말하였습니다. 그리고 사목 헌장 1장 18절은 죽음 앞에서는 온갖 상상이 다 힘을 잃어버리지만, 하느님의 계시를 받은 교회는 인간이 지상 불행의 한계를 넘어 행복한 목적을 위하여 하느님께 창조되었다고 주장합니다. 더 나아가서 인간이 죄를 짓지 않았다면 육체의 죽음도 없었을 것이며 인간이 자기 죄로 잃어버린 구원을 전능하시고 자비로우신 구원자께서 다시 회복시켜 주실 때에 죽음은 패배를 당할 것이라고 그리스도교 신앙은 가르칩니다. 교회에 관한 교의 헌장 7장 48절은 강조합니다. "교회는 예수 그리스도 안에서 우리가 모두 그리로 부름을 받아 그 안에서 하느님의 은총으로 성덕을 얻게 되고, 만물이 복원되는 시간이 올 때도 비로소 천상의 영광 안에서 완성될 것이다. 그리고 그때에는 인간과 밀접히 결합하여 인간을 통하여 그 목적에 이르는 온 세상도 인류와 함께 그리스도 안에서 완전히 새롭게 될 것입니다." 이러한 공의회의 가치들이 복음을 만나면서 깊이 뿌리내려야 하는데 아직은 소홀한 부분이 있고, 종말론은 우리가 겁낼 것이 아니라 극복해서 하느님께 가는 것입니다. 사람마다 고유한 몸과 자신 안의 영혼이 인간 존재의 기반입니다. 나의 고유한 몸과 내 몸 안에 결합하여 있는 영혼이 분리되는 순간을 죽음이라고 합니다. 몸과 영혼의 분리로써 죽음은 외적으로는 몸이 썩지만 몸과 영혼이 분리되는 순간에도 영혼의 몸과의 관계를 고려해야 하고 육체가 썩었다고 몸이 없는 것이 아닙니다. 우리는 미사 때 영혼을 위해서 기도하는데 이것은 혼령주의자가 아니고 인간에 대한 구체적인 전체성을 말하는 것입니다. 그리스도와 함께 죽는 차원으로 은총의 죽음을 이해해야 하고, 죽음은 더 차디찬 곳으로 떨어지는 외로움과 두려움이 아닙니다. 죽음이 죽은 자들의 세상으로 간다고 하면, 저승에도 그 문틈으로도 빛은 파고 든다는 희망을 품는 것이 죽음입니다. 죽음은 끝이 아니고 우리가 인생을 살면서 지치고 힘들어도 빛은 우리를 비추기 때문에 그 빛을 향해 가는 것입니다. 카를 라너는 몸과 영혼의 분리로 죽음을 이야기하는 우리 그리스도교의 신앙이지만 영적 측면의 생명 원리가 또 다른 일부의 물질적 측면과 새로운 관계를 맺게 되는 것을 고려해야 한다고 말했습니다. 이것은 몸과 영혼이 분리되는 것으로 보이지만, 그리스도교 신앙은 새로운 관계를 맺는 것으로 보아야 합니다. 한국 부부가 이혼을 하면 뒤도 안 돌아본다고 하면서 모든 관계를 끊는 경우를 경험하는데, 서양 부부가 이혼해도 자녀와의 관계 속에서 각자의 자리에서 부모관계를 이어서 아이들을 양육합니다. 이처럼 죽음은 모든 것이 끝나는 것이 아니라 새로운 관계를 맺는 것입니다.

사말, 죽음 심판 천국 지옥

예수님도 돌아가셔서 저승에 내려가는 것도 새로운 관계를 맺기 위해서 가신 것이고, 새로운 관계는 그리스도교 신앙의 핵심입니다. 여러분이 세례를 받으시는 것도 모르는 교우들과 새로운 관계를 맺는 것이고, 인간은 죽어도 새로운 관계를 맺는 몸으로 결합하는 것입니다. 생물학적 몸은 아니지만 하느님이 기적을 일으켜 주실 것을 믿으며 새롭게 결합하는 것입니다. 인간은 몸만 있는 것도 아니고 혼령만 있는 것도 아니기에 인간의 몸과 영혼이 분리된다면 그것은 인간이 아닙니다. 그래서 하느님의 특별한 기적을 요청하고 영혼과 개별적인 죽음도 우리가 알아차릴 수 있는 것을 수행하며 하느님의 천상 복락을 누리도록 이끌어 주시는 것이 하느님의 우리에 대한 은총입니다. 가톨릭은 영혼불멸설을 믿는 것이 아니라 부활설을 믿으며, 영지주의자들의 영혼불멸설은 초기 교회 때부터 위험했습니다. 영은 좋고 육은 나쁘다는 좋고 나쁨을 나누는 자체를 경계해야 하며, 가톨릭은 육신의 부활을 믿고 하느님의 모상을 다시 회복한다는 것을 믿습니다. 개신교의 긍정적인 새로운 종말론으로 죽음을 통하여 새롭게 받아들이고, 영혼불멸설과 육신의 부활이 함께 종말을 살아가면서 온전한 사람으로 부활한다는 개념입니다. 그래서 그리스도교는 부활신앙이고 온전한 사람으로 부활한다는 것을 희망하고 기다립니다. 우리에게 종말의 여정은 죽음, 심판, 천국, 지옥의 사말(四末) 과정이 아니라 죽음, 심판 그리고 부활로 보시면 됩니다. 부활이 천국이고 지옥은 다른 개념으로 단절을 의미합니다. 그래서 어떤 학자는 지옥 속은 텅 비어 있다고 말하기도 하고, 또 어떤 이는 이 지상살이가 지옥이라고 표현하는 이도 있습니다.

  연옥은 불, 정화라고 하고 참회는 아닙니다. 연옥의 핵심 가치는 오직 하느님의 은총의 처소이고, 하느님의 은총으로 정화되는 것입니다. 연옥의 불을 오해하기도 하는데 몸에서 해방된 영혼을 깨끗하게 만든다는 불같은 것이 아니라 하느님과 마주하기 직전의 정화 과정으로 보시면 됩니다. 하느님은 죽은 사람이 청원하는 교회의 신비체에 속한다는 이유로 은총을 베풀어 주시는 것이고, 통공은 지상의 우리가 기도해 주어야 합니다. 연미사는 돌아가신 영혼을 위해 하는 미사이고 정화 과정에서 바로 교회의 몸에 속하는 그 사람이 하느님이 은총을 베푸시기 때문에 연옥의 정화 과정에 있는 것입니다. 그리고 지상의 몸과 부활의 몸이 있는데 이것은 연속성이 있다고 이해해야 하며 한 방향으로 가는 것입니다. 영혼과 몸은 죽은 후에도 서로 결합할 수 있고 서로 이해할 수 있으며 전제할 수 있다는 그 모습으로 지상의 몸과 부활의 몸은 연속성이 있습니다. 그래서 죽음을 두려워하지 말고 현재를 사는 나를 두려워하십시오. 많은 경우에 앞으로 올 죽음의 두려움으로 현재를 고민하는데, 현재를 잘 산 사람은 돌아가실 때도 잘 돌아가십니다. 현재를 잘 살고 사랑을 많이 한 사람의 죽음은 행복한 죽음입니다. 그리스도교는 교회의 미래를 위해서 죽음에 대해서 자연과학인 다른 학문과도 폭넓은 대화를 해야 합니다. 오늘날 안락사와 자살의 문제를 보면 교회에서는 허락되지 않는 일이지만 임종자에 대한 배려 차원을 깊게 보아야 합니다. 하지만 의학 기술의 발달로 임종자가 죽음을 삶의 일부로 수락하면서 살아야 하는데 죽음을 연장하느냐 아니면 삶의 중단이냐에 인간은 고민합니다. 이런 부분에서 죽음에 대한 바람직한 태도와 의식을 고취하려고 노력해야 하고 죽음을 함부로 판단해서는 안 됩니다. 가톨릭은 자살한 교우의 장례미사를 할 수 없는데, 자살한 교우는 장례미사가 안 된다는 오직 교회법적인 판단을 하기보다는 자살한 교우의 죽음이 어쩌면 너무 힘든 고통에서 벗어나려는 몸부

림이었다는 병리심리학적 이해도 해 보고, 그 죽음에 대한 이유도 고려해야 합니다.

서로 공로가 통하는 성인들의 통공

성인들의 통공은 교회 구성원들, 즉 살아 있는 신자들과 죽은 신자들 간의 영적 결합을 의미하며, 지상과 천국, 연옥 등에 있는 모든 성도의 공로와 기도가 서로 통한다는 뜻입니다. 종말론은 끝이 아니고 완성이며 그다음 단계로 가는 시작입니다. 완성은 하느님과 함께 머무르는 것이고 종말은 하느님을 보는 시간이며 주님과 함께 머무르는 시간인데 그것은 은총의 시간입니다. 하느님과 함께 머무르는 공동체가 그리스도교 공동체인데, 완성된 완전한 이들의 공동체를 모든 성인의 통공(Communio Sanctorum)이라고 합니다. 다시 말해서 성인들은 서로 하나가 되고 그분들은 우리와 통하며 지상교회도 연옥에 있는 이들과 통합니다. 하지만 지옥은 열외이고 천국 교회, 지상교회, 연옥 교회는 서로 통합니다. 우리는 지상교회 사람들만 보이지만 실제로는 기도하면서 성인들과 통하고 연옥 영혼들과도 통합니다. 서로 통하는 이 세 교회에서 우리의 기도는 하느님의 은총을 통해서 연옥 영혼들에게 기도가 되고 천국에 있는 이들은 우리를 위해서 기도합니다. 서로 기도하기 때문에 통하고 모든 성인의 통공으로 완전한 공동체를 이루고 있습니다. 그리고 성인 공경에서 가장 중요한 자리는 성모 마리아 공경입니다. 사심판은 죽은 후에 개인적으로 받는 것이고 공심판은 종말 때 받는 것이며, 사심판을 받은 다음에 천국, 연옥, 지옥으로 가는 최후의 심판을 받는데 이것은 우리 믿는 이들에게 다가오는 공포와 두려움이 아닙니다. 성인들의 통공은 "거룩한 것들(Sancta)의 공유"와 "거룩한 사람들(Sancti) 간의 친교"입니다. 천상교회와 지상교회의 일치와 영적 자신의 공유는 신앙의 일치, 성사의 일치, 은사의 일치, 사랑의 일치를 이루고 교회의 세 가지 형태는 성인들의 전구, 성인들과의 일치, 죽은 이들과의 일치입니다. 성인들의 통공은 "거룩하고 보편된 교회" 고백 후, "성인들의 통공"을 고백하고 교회는 모든 성도의 공동체이고 친교입니다. 성인들의 통공의 가치는 인류의 빛(Lumen Gentium)으로서, 교회에 관한 교의 헌장 8장 59절을 보면 "모든 이들은 거룩해지도록 불림을 받았다."라고 말합니다. 그러므로 "여러분도 성인들의 통공(Communio Sanctorum)으로 살아갈 수 있는 이유는 하느님의 부르심을 받았기 때문입니다. 하느님은 우리가 거룩하게 살도록 초대하셨고 성인들의 기도를 통해서 우리가 거룩하게 불림을 받고 살도록 은혜를 주셨습니다. 성인들의 통공에 가장 첫 번째 자리는 성모님이십니다."

동정녀 마리아

성령으로 동정녀 마리아께 잉태되어 나시고… 성령으로 잉태되어(Conceived by the of the Holy spirit) 하느님께서 성령의 힘을 통해 너에게 내려오실 것이다(루카 1,35). 동정녀 마리아께 나시고…. 예정된 마리아의 운명은 하느님께서 영원 이전에 당신 아드님의 어머니로 삼을 이스라엘의 딸을 선택하셨는데, 그는 갈릴래아 나자렛의 한 젊은 여인, 다윗 가문의 요셉이라는 남자와 정혼한 처녀이며, 그 처녀의 이름은 마리아였습니다(루카 1,26~27). 구약 역사 안에서 마리아의 사명은 거룩한 여인들의 사명을 통해서 예비되어 왔고, 운명은 운명론이 아니라 하느님의 계획입니다. 가톨릭에서 마리아에 대해서 교리를 1년 정도를 배워야 하는데 유튜브에 있는 성모님에 대한 제 강의를 들으시고 참고하시면 좋겠습니다. 마리아에 대한 4대 믿을 교리는 하느님의 어머니, 평생 동정이신 마리아, 원죄 없이 잉태되신 마리아, 성모승천(8월 15일)입니다. 가브리엘 천사의 초대로 마리아는 은총이 가득한 삶을 사셨고 성모승천의 특별한 은총도 받으셨습니다. 은총이 가득하려면 기준이 있어야겠지요? 아파트를 분양받을 때 여러 기준이 있고 조건에 합당하면 그다음으로 추첨을 하지요? 그것이 은총입니다. 은총의 잣대는 내가 얼마나 예수 그리스도와 일치하는가 하는 것입니다. 은총은 그냥 떨어지는 것이 아니며, 가브리엘 천사의 방문 이후를 자세히 보면 마리아는 그렇게 은총의 삶을 살았습니다. 세례자 요한의 아버지인 즈카르야는 가브리엘 천사에게 세례자 요한의 탄생 예고를 들었지만 늦은 나이에 있을 수 없는 일이라 여기고 의심하였습니다. 그러자 그는 벙어리로 지냈고 요한의 탄생 이후에 다시 말을 하게 되었습니다. 생물학적으로 처녀와 나이가 많은 늙은이(순 한국말 의미로 늘 거기 그 자리에 있는 사람)가 출산을 하는 것은 불가능한 일이지만 마리아는 믿은 것이고 즈카르야는 하느님이 허락을 하셨는데도 믿지 않은 것입니다. 하느님의 은총은 불가능한 상황을 마리아가 수락한 것이며, 마리아는 수락으로 그치지 않고 "보십시오, 저는 주님의 종입니다. 말씀하신 대로 저에게 이루어지기를 바랍니다."(루카 1,38)라고 말하였습니다. 마리아는 하느님 뜻에 순종하고 받아들이는 Fiat의 삶을 사셨는데 우리는 많은 경우에 내 뜻대로만 하거나 주님이 주시는 은총도 의심하기가 일쑤입니다. 마리아는 예수님을 잉태하신 후로는 예수님 중심의 삶을 사셨고 아들 예수를 찾아다니며 받아들이는 신앙으로 사셨는데, 그 받아들이는 신앙이 교회이어야 합니다. 우리는 공동체 안에서 나이, 재력, 학연, 지연 등을 따지면서 갈등과 분열이 일어나지 않도록, 하느님의 뜻을 따르는 교회의 모습이신 성모님을 본받아야 합니다. 성모님은 카나의 혼인 잔치에서 예수님이 시키는 대로 하라고 말씀하셨고, 그렇게 온전히 예수님이 바라시는 대로 사셨던 것이 마리아의 은총입니다. 가톨릭은 마리아교가 아닌데 성모님에 대한 개인 신심으로 오해되는 부분이 있습니다. 431년 에페소 공의회에서 성모님은 신성의 어머니라고 선언하면서 하느님의 어머니가 되신 것이고 하느님의 신성을 취한 아들을 낳은 어머니이기 때문에 '하느님의 어머니'라고 부릅니다. 성모님은 생물학적인 동정을 가지셨고, 잉태하는 순간과 출산하는 순간은 신비로운 동정을 가지셨으며, 출산 후에는 영적인 동정을 가지고 사셨습니다.

구세주의 어머니

마리아는 구세주의 어머니가 되기 위해서 하느님으로부터 이 위대한 임무에 합당한 은혜를 받았습니다(교회 헌장 56). 교회는 하느님의 "총애를 받은"(루카 1,28) 마리아가 잉태되는 순간부터 구속(救贖)된 분이라는 것을 깨닫게 되었습니다(1854년 교황 비오 9세). 동방교회 전승의 교부들은 하느님이 어머니를 "지극히 거룩한 이"라고 불렀으며 성령으로 빚어져 아무런 죄에 물들지 않으셨고, 새로운 피조물과 같이 형성되었다고 찬미합니다. 마리아는 하느님의 은총으로 일생 동안 어떠한 죄도 범하지 않았습니다. 1950년 교황 비오 12세가 선포한 원죄 없이 잉태되신 마리아는 선취(先取)된 종말을 말했고 종말 때 구원된다는 선취된 구원을 마리아를 통해 보여 주신 것입니다. 성모승천은 모든 사람 가운데 천국에 오르신 분은 오직 마리아 한 분이라고 공적으로 선언한 날입니다. 하느님의 오른편에 앉으신 고백은 우리도 미래에 그렇게 된다는 것을 미리 보여 주신 선취된 희망입니다. 하느님의 어머니이신 마리아는 인간이 되신 하느님의 영원한 아들, 바로 하느님이신 그 아들의 어머니이기 때문에, 참으로 '하느님의 어머니'입니다. 동정녀 마리아는 "동정으로 당신의 아드님을 잉태하시고, 동정으로 그분을 낳고, 동정으로 그분을 길렀으며, 동정으로 당신의 젖을 먹였고, 평생 동정이었습니다"(성 아우구스티노 설교집 186,1). 마리아는 당신의 존재 전체로서 "주님의 종"(루카 1,38)입니다. 동정녀 마리아는 자유로운 믿음과 순명으로 인류 구원에 협력하였고, 인류를 대표하여 "그대로 이루어지소서." 하고 응답하였으며, 순명으로써 새로운 하와, 모든 인류의 어머니가 되었습니다. 교회의 어머니이신 마리아는 아드님과 완전히 일치하셨고, 교회에 대한 마리아의 역할은 그리스도께 대한 일치와 분리될 수 없으며, 그 일치의 직접적 결과입니다. 당신의 승천에서도 마침내 티 없이 깨끗하며 조금도 원죄에 물들지 않았던 동정녀는 지상 생활을 마친 후, 영혼과 육신이 천상 영광으로 부르심을 받아 주님으로부터 천지의 모후로 추대 받았습니다(교회 헌장 59항). 성모 마리아 공경은 "모든 세대가 나를 행복하다 하리라"(루카 1,48).

"복된 동정 마리아에 대한 교회의 신심은 그리스도교 예배의 본질적 요소"(마리아 공경 56)입니다. 교회 안에 언제나 있었던 마리아 공경이 온전히 독특하지만 혈육을 취하신 말씀인 성자께서 성부와 성령과 함께 받으시는 흠숭과는 본질적으로 다른 것이며, 그 흠숭에 오히려 더 큰 도움이 되는 것입니다(교회 헌장 66항). 마리아 공경은 천주의 모친에게 바쳐진 전례 축일들, "전체 복음의 요약"인 로사리오 기도와 같은 마리아에게 드리는 기도에 나타납니다. 마리아는 최고의 성인이라서 공경하는 것이고 흠숭은 하느님께만 하며, 마리아는 믿는 분이 아니라 우리가 공경하는 분입니다. 교회의 종말론적 성화로써 마리아 안에서 교회의 신비와 "신앙의 나그넷길"은 어떠할까요? 이 나그넷길이 끝나고, 교회가 그리스도와 자신의 어머니로 공경하는 마리아가 모든 성인의 통공 중에서 불가분의 삼위일체이신 성삼위의 영광 안에서 기다리고 있습니다. 그 본향에서 교회의 모습은 어떠할 것인지를 숙고하는 것이 가장 좋은 끝맺음이 될 것입니다. 영광송으로 마칩니다.

Question & Sharing
묻고 나누고

1. 가톨릭 교우들은 3개의 교회 안에서 서로 일치하고 통합니다. 바로 지상교회, 천국교회, 연옥교회입니다. 이를 성인들의 통공(通功)이라고 고백합니다. 내가 삶에서 가족과 친구들과 통했던 경험을 나누어 보세요.
2. 혼인성사에서 부부가 "둘이 한 몸이 됩니다." 성인들의 통공에서 '일치'가 공유됩니다. 일치 곧 하나가 된 경험을 나누어 보세요.
3. 신앙인에게 죽음은 끝이 아닙니다. 그래서 육신의 부활을 믿습니다. 그 의미를 나누어 보세요.
4. 평생 동정이신 원죄 없으신 마리아의 4가지 믿을 교리에 관해 간략하게 설명해보세요.

17강

사말(죽음, 심판, 천국, 지옥)과 종말 신앙
– 죄의 용서, 육신의 부활, 영생의 믿음

시작 기도는 사도신경을 바치겠습니다. 지금까지 사도신경, 성사, 개인 윤리, 사회 윤리에 대한 가톨릭교회의 가르침들을 나누었습니다. 계명 편은 개인윤리(대신덕: 믿음, 희망, 사랑)인 인간이 하느님에 대한 삶을 살아가는 덕을 말하며, 사회윤리는 사회 교리라고 부르는데 공동선, 보조성, 연대성의 원리를 제시합니다. 정의 안에서 실천해야 하는 계명 편의 토대 역시 하느님 사랑과 이웃 사랑이 핵심입니다. 그리스도의 삶 안에 들어 있는 것이 사회윤리고 사회 교리입니다.

종말신앙

이제 가톨릭교회 교리의 막바지에 와 있는데 이 시간은 종말론을 나누고 하느님과 한국 교회사는 다음 시간에 나누겠습니다. 우리가 볼 수 없는 하느님을 잘 이해해야 하므로 교리 시간의 마지막에 하느님 체험을 이야기하고자 합니다. 우리는 인생의 종말을 생각하는데 세상의 종말에 대해서는 생각해 보셨나요? 종말은 끝이지만 새로운 시작이고 그래서 하느님에게는 죽은 사람은 없습니다. 우리는 죽음이 끝이라고 생각하는데 하느님에게는 모두 산 사람이고 우리는 그것을 신앙으로 믿습니다. 가톨릭은 달마다 신앙의 특별한 주제를 정하는데 11월은 연옥 영혼들을 위한 위령성월입니다. 11월의 첫날인 1일은 모든 성인의 대축일로 모든 성인은 천국에서 우리를 위해서 기도하시고, 2일은 위령의 날로 가톨릭교회는 모든 돌아가신 분들을 위해서 기도하는 날입니다. 교회는 위령의 날에 공식적으로 묘지를 방문하고 사제는 3대의 미사를 드리며, 묘지 방문, 기도, 전대사를 받아서 연옥 영혼들을 위해서 주님께 청원을 드립니다. 고해성사를 하면 영벌은 사해지는데 남은 잠벌은 전대사를 통해서 사해지며 위령의 날에 전대사를 받습니다. 성인들은 하느님의 뜻대로 이 세상을 살다가 천국에서 하느님과 일치된 삶을 사시는 분들이고 연옥 영혼들도 성인들을 본받아서 그들의 전구로 하루빨리 하느님의 곁으로 가도록 기도를 합니다. 위령성월의 토대가 되는 그리스도교의 신앙 고백이 성인 통공(Communio Sanctorum)이며 상토룸(Sanctorum)은 성인이고 콤무니오(Communio)는 일치를 말하는데, 성인들은 기도 안에서 서로 친교를 이루어 일치한다는 뜻입니다. 가톨릭의 천국 교회, 지상교회, 연옥 교회는 서로 통하고 3개의 교회는 모두 하느님 안에 살아 있고 서로가 통하며 지옥은 교회가 아니라 단절입니다.

  위령성월의 신학적 주제는 종말론이고 이것은 인생과 세상의 종말을 말하는 것입니다. 그리스도교의 종말은 전통적인 이해에서 마지막에 대한 이해를 나누는 시간으로 사말인 죽음, 심판(사심판, 공심판), 천국, 지옥이 있고, 연옥은 마지막이 아니라 정화의 과정입니다. 중세 때 종교개혁의 시작으로 가톨릭교회는 많은 어려움을 이겨내려고 노력을 했습니다. 하지만 제2차 바티칸공의회를 통하여 교회의 혁신이 일어났고 지나간 날을 성찰하고 돌아보는 과정을 보냈습니다. 우리도 성사를 보고 다시는 같은 죄를 짓지 않겠다고 다짐하지만 또다시 죄를 짓게 되는 나약한 인간입니다. 그렇지만 자신의 죄를 고해하고 뉘우치며 반성하면서 다시 새롭게 태어나는 것이 중요합니다. 그리스도교 종말은 핵심인 사말(四末: 죽음, 심판, 천국, 지옥)을 뛰어넘는 근본적인 하느님의 본질과 약속으로 하느님의 통치가 실현되는 날입니다. 사랑이신 하느님의 통치가 실현되는 날이 종말이고 그것은 모든 인간의 경험 안에서 이루어지기 때문에, 지금 우리가 하느님 사랑의 통치를 체험한다면 지금이 우리에게 종말입니다. 종말은 나쁜 것이 아닙니다. 현재를 종말처럼 산다면 종말론적 신앙생활을 하는 것이고, 죽음의 체험도 우리 세상 안에 있는 것이며, 세상 밖의 다른 곳에 있는 것이 아닙니다. 한국 문화는 묘지를 우리가 사는 곳과 떨어진 곳에 모시지만 유럽 문화권 나라들은 동네 안에 묘지가 있는 것을 쉽게 보는데 이것은 문화의 차이입니다. 여담으로 돌아가신 분을 위한 사잣밥이 짠 이유는 저승으로 가는 길 중간에 물을 마시면서 천천히 가기 위해서이고 마지막에는 주막에서 술을 마신다고 합니다. 다시 태어나기 위한 윤회설은 불교만이 아니라 초기 교회 때도 윤회적인 사상들이 있었으나 교회는 받아들이지 않았습니다. 3세기 오리게네스 교부도 윤회 사상을 언급하였고, 이는 동서양을 막론하여 인간 가치에 대한 이해에서 온 것입니다. 그리스도교는 윤회를 믿는 것이 아니고 시간이 똑바로 직진으로 가며 동양 사상의 시간은 원으로 돌아갑니다. 불교는 덕을 쌓고 살면 후생에 더 나은 존재로 태어나고 윤회 바퀴의 어떤 구속이나 속박에서 벗어나는 것을 해탈이라고 말합니다. 이것이 구원으로 나아가는 길입니다. 가톨릭의 구원에 대한 시간관도 그 가치는 가깝게 있습니다. 곧 신자가 생로병사의 인생을 살다가 새로운 삶으로 건너가는 것과 방법론이 다를 뿐이지 해탈과 구원은 같은 목표입니다. 그래서 타 종교를 폄하하지 말고 이해하며 믿어 주는 것이 신앙인다운 모습입니다. 2019년 4월 뉴질랜드의 크라이스트 처지에서 호주 사람에 의해서 일어난 회교도 사원에 대한 테러도 종교와 문화에 관한 무지에서 오는 것인데, 내 종교가 소중하면 다른 종교도 존중해야 합니다.

2차 바티칸공의회의 종말론

제2차 바티칸공의회에서 선포한 종말론의 가장 중요한 요소는 지금 살아가는 삶의 현실에 기초한 우리 그리스도인들의 희망을 이야기하고 있는 것이지 두려움을 이야기하는 것이 아닙니다. 공의회에서 말하는 현대의 종말론은 우리가 경험하는 현세의 삶을 토대로 그리스도인 희망의 역할을 강조합니다. 사목 헌장 21항은 교회는 또한 세상 종말에 대한 희망이 지상 사명의 중요성을 감소시키지 않을뿐더러 오히려 새로운 동기를 주어 지상 사명 완수를 도와주는 것이라고 가르칩니다. 북유럽은 복음주의 칼비니즘(Calvinism)이 주류를 이루며, 신앙의 구원에서 예정론을 믿는데 사람들은 하느님께서 예정해 놓은 대로 가는 신앙과 삶에서 희망을 품고 밝게 열심히 신앙생활을 합니다. 13세기 단테의 신곡에 지옥 이야기와 19세기 도스토예프스키의 유작소설 "카라마조프 형제들"에 지옥 이야기가 나옵니다. 단테의 지옥편에서는 죄인들이 지옥을 가고 지옥은 여러 층으로 나누어져 있으며 죄들로 가득하고, 도스토예프스키의 작품 속에 나타나는 지옥은 평생을 살면서 한 번도 남을 도와주지 않은 자, 곧 선행을 하지 않는 사람이 갑니다. 도스토예프스키는 지옥을 마태오복음의 관점으로 말했고, 단테는 마지막 종말에 관한 중세의 신학적 관점으로 말했는데 이것은 맞고 틀림이 아니라 성경과 그리스도교 가치의 중요한 부분을 통해 말한 것입니다. 마태오복음 11장 28~30절에서 주님께서는 "고생하며 무거운 짐을 진 너희는 모두 나에게 오너라. 내가 너희에게 안식을 주겠다. 나는 마음이 온유하고 겸손하니 내 멍에를 메고 나에게 배워라. 그러면 너희가 안식을 얻을 것이다. 정녕 내 멍에는 편하고 내 짐은 가볍다."고 합니다. 멍에는 마우(馬牛)의 목에 얹어 수레나 쟁기를 끌게 하는 동그랗게 구부러진 막대로 쉽게 벗어날 수 없는 구속이나 억압을 비유하는 말인데 멍에를 메지 않는 사람은 자신의 삶을 피하는 경향이 있습니다. 우리가 그리스도와 함께 멍에를 받아들인다면 그 멍에를 가볍게 멜 수 있다고 복음은 우리에게 제시합니다. 우리는 혼자가 아니고 그 멍에가 물리적으로는 사라지지 않아도 믿음과 신앙과 사랑으로 가벼워질 수 있습니다. 우리의 멍에가 무겁게 느껴진다면 그때 예수님이 함께하신다는 것을 믿고 또 주님께서 우리의 멍에를 메고 계신다는 것을 믿으면 됩니다.

위령성월에 대한 그리스도교 종말의 가치는 희망 성월이고 그래서인지 종말론은 희망론이라고 말하고 싶습니다. 죽음은 앞으로 다가올 일이기에 두려운 것도 사실이지만 신앙인에게는 죽음이 선물로서 다가오기 때문에 종교의 관점으로 죽음의 이해를 새롭게 하시길 바랍니다. 성당에 오셔서 이해되지 않는 행동과 말로 인해서 상처를 받을 때도 있지만, 우리는 모두 죄인이고 몰라서 하는 말과 행동이라고 이해하며, 말을 정확하게 하고 표현은 부드럽게 한다면 공동체의 일치와 평화를 이룰 것입니다. 그리스도교는 그리스의 사상을 받아들여 철학화된 부분들을 가지고 있고, 그리스도교는 로마로 그 흐름이 옮겨 가면서 종교 안에 제도 교회가 된 부분을 또한 지니고 있습니다. 그리스도교의 로마 교회의 모습이 유럽으로 가면서 그리스도교 문화가 되었습니다. 그래서인지 그리스도교는 철학(Philosophy)과 제도(Institution)를 통해 문화(culture)가 되었습니다. 유럽 문화권 나라들은 신앙생활을 하며 문화로 남아 있지만 종교의 본질을 찾아볼 필요는 있습니다. 그렇지만 그리스도교가 미국으로 가면서 기업이 되었습니다. 미국의 영향을 많이 받은 한국의 개신교는 많은 부분에서 미국 스타일의 신앙생활로부터 영향을 받았습니다. 하지만 한국으로 오면서 대기업이 되었습니다. 그래서 우리는 신앙의 본질을 잘 찾고 기본 상식에서 벗어난 종교에 대해서는 그 의미를 심각하게 살피고, 식별력을 가지고 세밀하게 살펴야 합니다. 기본 상식이 통하는 것이 신앙의 출발점이며 그러면서 믿음이 깊어지고 대화도 가능한 교회가 될 수 있습니다. 사도신경의 마지막 부분에 죄의 용서, 육신의 부활, 영생에 대한 믿음의 고백이 나옵니다. 신앙고백에는 두 가지 기도문이 있는데 짧은 사도신경은 사도 시대 때 전승으로 내려온 것이고, 또 다른 긴 신경은 니케아 콘스탄티노플 신경이라고 합니다. 후자의 신경은 325년의 니케아공의회에서 선언된 기도문과 381년의 콘스탄티노플공의회에서 선언된 기도문으로 구성되어 있고, 니케아 콘스탄티노플 신경은 대축일과 주일에 기도합니다. 이 신경은 철학과 신학 개념의 용어가 많아서 이해하기가 어렵지만, 사도신경은 예수님에 관한 이야기 형태라서 이해하기가 쉽습니다.

사도신경의 종말신앙

"그분께서는 산 이와 죽은 이를 심판하러 영광 속에 다시 오시리니 그분의 나라는 끝이 없으리다…. 죄를 씻는 유일한 세례를 믿으며 죽은 이들의 부활과 내세의 삶을 기다리나이다." 신경의 종말론 세 가지 믿음은 죄를 씻는 죄의 용서, 죽은 이들의 부활인 육신의 부활, 그리고 내세의 삶인 영원한 생명이 니케아 콘스탄티노플 신경의 핵심입니다. "죄의 사함을 믿나이다."는 부활하신 그리스도께서 성령을 주실 때, 그들에게 죄를 용서하는 권한을 맡기셨음을 믿는 것입니다. 세례는 죄 사함을 위한 첫째가는 가장 중요한 성사이고 또한 돌아가시고 부활하신 그리스도께 우리를 결합시키고 성령을 줍니다. 교회는 그리스도의 뜻에 따라 세례 받는 사람들의 죄를 용서할 권한을 가지고 있고, 이 권한을 주교와 사제들을 통하여 고해성사 안에서 통상적으로 행사합니다.

죄 사함에서 사제들과 성사들은 우리 구원의 유일한 주인이요, 분배자인 우리 주 예수 그리스도께서 우리 죄를 없애시고 우리에게 의화의 은총을 주기 위해 사용하시는 단순한 도구들일 뿐입니다(로마 교리서 1.11, 6).

육신의 부활을 믿나이다: "육신"의 용어는 연약하고 죽어야 할 운명에 놓여 있는 사람을 가리키고 "육신의 부활"은 죽은 후 불멸하는 영혼만이 살 뿐 아니라 우리의 "죽을 몸도"(로마 8,11) 다시 살아나리라는 것을 가리킵니다. 죽은 자들의 부활에 대한 신앙은 처음부터 그리스도교 신앙의 핵심 요소였고 "죽은 자들의 부활은 그리스도인들의 확신이며 이 믿음이 우리를 살립니다"(테르툴리아누스. 육신의 부활 1.1). 영혼 불멸을 믿는 것은 반쪽만 믿는 것이고, 초기 교회 때 영지주의의 영은 좋고 육은 나쁘다는 주장으로 육체적 욕망을 죽이고 절제와 고행의 수단으로 편태를 가지고 자신을 스스로 치는 행위(flagellation)도 하였습니다. 우리의 몸은 하느님이고 몸을 소중히 하고 변화하면 생각과 정신도 변화됩니다. 오늘날 현대인들은 몸을 혹사하고 생각은 비대해지는 게 현실인데, 생각만 끊어도 몸은 건강해질 수 있습니다. 연미사의 영혼을 위한 미사는 육신은 빼고 영혼만을 이야기하는 것이 아니라 영혼과 몸을 이야기하는 것으로 페르소나(persona), 인격 자체를 말하는 것입니다. 썩을 몸이 아니라 부활했을 때는 새 몸이 된다는 것이고 영혼 불멸만 믿는 것이 아니라 영혼이 산다는 것을 믿으면서 육신의 부활을 믿는 것입니다. 죽은 자들의 부활은 지금의 육신이 아니고, 우리 몸의 세포도 계속 새로 생성되는 것처럼, 그리스도교의 핵심은 '새로남'입니다. 영혼과 몸이 새로 나는 것이고 우리가 새로 나지 않으면 가정과 공동체에서 어려움이 생깁니다. 그래서인지 신앙생활이 오래되었다고 해서 무조건 새로남을 보장하는 것이 아닙니다. 바리사이들과 율법 학자처럼 자신이 아는 종교의 지식으로 신앙생활을 하면서 이웃을 판단하고 지적하지 말고 나 스스로 자각하고 내 몸과 정신을 새롭게 해야 합니다.

그리스도의 부활과 우리의 부활

부활에 관한 점진적 계시로써 부활 신앙은 "죽은 이들의 하느님이 아니라 산 이들의 하느님"(마르 12,27)이신 분께 대한 믿음에 그 근거를 두고 있습니다. 나는 부활이요 생명입니다(요한 11,25). 그리스도의 증인이 된다는 것은 "예수님 부활의 증인"(사도 1,22)이 되는 것입니다. 죽은 이들이 어떻게 부활할까요? 부활은 육신과 영혼의 분리인 죽음으로 사람의 육신은 썩게 되지만 그의 영혼은 하느님을 만나, 영광스럽게 된 그의 육체와 다시 결합하기를 기다립니다. 부활의 믿음으로 살아가는 가톨릭 신자는 밝은 얼굴로 신앙생활을 하고, 프란치스코 교황님도 신학생들에게 피클 같은 구겨진 얼굴상을 하지 말고 기쁘고 밝은 얼굴을 유지하라는 말씀을 하셨습니다. 여러분도 세례를 받으시고 지금보다 더 밝고 기쁜 모습으로 신앙생활을 하시길 바랍니다. 우리는 죽은 후 사심판을 받고 육신은 썩지만 종말 때 나도 모르는 새로운 몸이 영혼과 결합하는 것을 믿습니다. 이것이 영체(靈體)입니다. 예수님이 부활하신 후 다락방에 모여 있는 제자들에게 나타나실 때 제자들은 유다인들이 두려워 문을 모두 잠가 놓고 있었는데 예수님은 제자들의 가운데에 서시었습니다. 예수님은 유령이 아니고 유령은 혼만 있지만 예수님은 몸과 혼이 함께 있었습니다. 이것을 영체(spiritual body), 우주체(universal body)라고 신학자들은 말합니다.

누가 부활할 것입니까? 죽은 모든 사람이 부활할 것입니다. "선을 행한 이들은 부활하여 생명을 얻고 악을 저지른 자들은 부활하여 심판을 받을 것이다"(요한 5,29). 그리스도께서는 당신 자신의 육신을 지니고 부활하셨고 "내 손과 내 발을 보아라. 바로 나다."(루카 24,39) 하지만 예수님이 지상 생활로 돌아오셨다는 것은 아닙니다. 이처럼 그분으로 인해 "모든 사람이 지금 가지고 있는 자신의 육신을 지니고 부활할 것입니다"(4차 라테라노공의회: DS801). 그러나 "영광스러운 몸과 같은 모습으로 변화시켜 주실"(필리 3,21) 육체로, "영적인 몸으로"(1코린 15,44) 부활할 것입니다. 부활은 라자로처럼 죽은 이가 다시 죽기 전 삶으로 환생하는 것이 아니라 정확히 새롭게 직진하여 나아가는 것입니다.

어떻게 부활할 것이냐는 질문에 대한 답은 우리의 상상력과 이해력을 뛰어넘는 것으로 신앙으로만 접근할 수 있습니다. 우리가 성체성사에 참여하는 것은 그리스도를 통한 우리 육체의 영광스러운 변화를 앞당겨 맛보는 것입니다. 부활은 지상 생활이 끝나는 마지막 날에 결정적으로 이루어질 것이고, 그 이유는 죽은 이들의 부활은 그리스도의 재림과 밀접한 관계를 맺고 있기 때문입니다. 그리스도와 함께 부활할 것이고 믿음은 안 보이는 것을 믿는 것입니다. 입문성사인 세례성사로 죄가 사해지고 새롭게 태어나며, 견진성사로 어른이 되며 성체성사로 주님축복의 새로움이 계속 유지됩니다. 자유의지란 무엇일까요? 하느님의 자유이고 의지는 내 것인데, 인간은 하느님의 자유보다 내 의지가 강하게 되어 있습니다. 그래서 스스로 자신의 습관을 살펴보는 것이 필요하고 성체를 모시면 예수님의 몸이 내 의지 안에 함께 하시고 내 몸이 되는 것입니다. 그래서 인생을 잘 살아야 생을 마칠 때도 잘 마무리할 수 있으며 이점에서 죽음은 우리 삶의 중심에 있는 일부입니다. 그리스도 안에서 죽음이란 자연적인 육체의 마침이지만 사실 신앙의 눈으로 보면 죽음은 "죄가 주는 품삯"(로마 6,23)입니다. 그리스도의 은총을 간직하고 죽는 사람들의 죽음은 그리스도와 함께 부활할 수 있기 위한 것으로서, 주님의 죽음에 참여하는 것입니다. 죽음은 지상 삶의 마침이고 우리의 삶에 긴박감을 줍니다. 죽음을 염두에 두는 것은 삶을 실현하는 시간이 한정되어 있다는 사실도 깨닫게 합니다.

죽음은 죄의 결과입니다. 성경과 성전의 가르침에 대한 권위 있는 해석자인 교회의 교도권은 죽음이 사람의 죄 때문에 들어왔다고 가르칩니다. 사람이 죽을 본성을 지니고 있지만 하느님께서는 사람을 죽지 않도록 정하셨고 그러므로 죽음은 창조주 하느님의 뜻과 어긋나는 것이었으며, 죄의 결과로 죽음이 이 세상에 들어왔습니다. 육체의 죽음도 인간이 죄짓지 않았다면 모면할 수 있었을 것이며 따라서 죽음은 인간이 "마지막으로 물리칠 원수"입니다. 본래 하느님은 악도 죽음도 만들지 않으셨는데, 고대 근동 지역의 모든 종교는 악신과 선신이 구별되어 있었습니다. 이것을 이원론이라고 하고 영지주의도 그렇게 동의하였습니다. 하지만 그리스도교는 한 분이신 하느님이 세상을 창조하셨는데 악과 죽음은 어떻게 생겼을까요? 영체인 천사가 죄를 지어서 악하게 된 것이고 변질된 것입니다. 변화는 본래대로 돌아가는 것이고 그것이 우리의 신앙이며 본래 창조되었던 모습으로 가는 것입니다. 그리스도인 죽음의 의미는 하느님의 아들이신 예수님이 우리를 위해 당신의 아버지 하느님의 뜻에 온전히 순명하시어 자유로이 죽음을 받아들이셨다는 것입니다. 그래서 예수님은 당신의 죽음을 통해서 죽음을 이기셨으며, 이로써 모든 인간에게 구원의 가능성을 열어 주셨습니다. 예수님은 죽지 않으셔도 되는데 돌아가셨고 죄인들이 받는 죄를 받으셨으며, 우리를 사랑하셔서 우리와 함께하는 삶을 사셨습니다. 그리스도교 신앙은 명령과 지시가 아니라 함께하는 것입니다. 그래서 우리가 이웃에 대한 충고, 조언, 평가, 판단을 내려놓으면 예수님을 닮을 수 있습니다.

영원한 삶을 믿나이다.

이 고백은 우리가 세상을 떠난 후 다가오는 종말의 여정으로서 사심판, 천국, 마지막 정화인 연옥, 지옥, 최후의 심판을 만나는 새 하늘과 새 땅에 대한 희망입니다. 신약성경에서 그리스도께서 다시 오실 때 그분과의 마지막 만남이라고 하는 관점에서 주로 이야기하지만 사심판은 각자가 죽은 후 자신의 행실과 믿음에 따라 즉시 대가를 받게 된다는 것도 반복하여 천명합니다. 루카 16장 22절에서 "그러다 그 가난한 이가 죽자 천사들이 그를 아브라함 곁으로 데려갔다. 부자도 죽어 묻혔다."라고 말하며 불쌍한 라자로의 비유로 말합니다. 각 사람은 죽자마자 자신의 삶을 그리스도를 기준으로 판결하는 사심판을 통해서 죽지 않는 그 영혼은 영원한 갚음을 받게 됩니다. 이런 대가는 정화를 거치거나 즉시 하늘나라의 행복으로 들어가거나 즉시 영원한 벌을 받는 것입니다. 우리의 삶이 끝날 때 우리는 실현한 사랑에 대하여 심판을 받을 것입니다(십자가의 성 요한, 빛과 사랑의 증언 64). 심판은 정의롭고 정의의 목표는 자비입니다. 그래서 설명하자면 오직 사랑만이 천국입니다.

천국에서 산다고 하는 것은 "그리스도와 같이 있는 것"입니다. 뽑힌 이들은 "그리스도 안에" 살지만 그들이 그곳에서 자신들의 참된 신원과 자신들 본래의 이름을 간직합니다. 그런데 간직한다는 것보다는 오히려 찾아 얻는다고 할 수 있습니다. "산다는 것은 그리스도와 함께 있는 것"입니다. 그리스도께서 계신 곳은 생명이 있고 하늘나라가 있는 곳입니다(성 암브로시오, 루카복음 해설 10,1~21). 여러분도 하느님께 뽑힌 이들이고 천국의 정체는 소유의 개념이 아닙니다. 우리는 소유하면 더 소유하고 싶어지지만 천국은 찾는 이에게 옵니다. 주어지지만 찾지 않고서는 다른 천국을 원할 수 있고, 천국이 우리 가운데에 있는데도 우리는 알아차리지 못하기도 합니다.

마지막 정화 장소인 연옥을 교회는 선택된 이들이 거치며 이러한 정화를 "연옥"이라고 부르는데, 이는 단죄받는 이들이 받는 벌과는 완전히 구별되는 것입니다. 교회는 연옥에 관한 신앙 교리를 특히 피렌체 공의회(DS1304), 트리엔트공의회(DS1821: 1580)에서 확정하였습니다. 교회의 전승은 성경의 어떤 대목들을 참고로 해서 정화하는 불이 있다고 이야기합니다. 지옥은 결정된 곳이고 연옥은 정화 과정이며 회개가 아닙니다. 회개의 핵심은 지상에서 하는 것이고 천국은 오직 사랑만 있을 뿐이고 여러분이 지금 사랑하고 산다면 천국을 미리 맛보는 것입니다. 그 사랑으로 믿음과 평화가 있는 것입니다.

지옥

지옥은 하느님과 복된 분들과 이루는 친교를 스스로 결정적으로 거부한 상태를 일컬으며 예수님은 끝까지 믿고 회개하기를 거부하는 사람들이 가게 되는 "꺼지지 않는 불"이 타고 있는 "지옥(Gehenna)"에 대해 자주 말씀하십니다. 그곳에서는 영혼과 육신이 함께 멸망하게 되며 "저주받은 자들아, 나에게서 떠나… 영원한 불 속으로 가라"(마태 25,41) 게헨나(Gehenna)는 불타는 쓰레기장이라고 불리나 우리는 지옥을 무서워하지 말고 친교를 거부한 것이기 때문에 회개하면 됩니다. 하느님께서는 아무도 지옥에 가도록 예정하시지 않으십니다(DS397: 1567). 자유의사로 하느님께 사죄를 짓고 반항하며 끝까지 그것을 고집함으로써 지옥에 가게 되는 것입니다. 미사 전례와 신자들의 일상 기도를 통해 교회는 "아무도 멸망하지 않고 모두 회개하기를"(2베드 3,9) 바라시는 하느님께 자비를 베풀어 달라고 빕니다. 미사 중에 "내 탓이오!" 하는 기도문은 회심의 고백이고 그가 고백하는 진심이 들어 있으며 그러므로 지옥은 자유의사로 가는 것입니다.

최후의 심판에 앞서 "의로운 이들이나 불의한 자들이나"(사도 24,15) 죽은 모든 이들이 부활할 것입니다. 최후의 심판 때 각 사람이 지상 생활 동안 행한 선이나 행하지 않은 마땅한 일의 궁극적 결과까지도 드러날 것입니다. 최후의 심판은 그리스도의 영광스러운 재림 때 이루어질 것이고 아버지만이 그 시간과 날짜를 알고 계시며, 그 때를 결정하십니다. 최후의 심판에 관한 가르침은 하느님께서 아직 "은혜로운 때… 구원의 날"(2코린 6,2)에 회개하라고 하시는 호소입니다. 단테는 지옥편에 온갖 죄목을 썼지만 가톨릭은 복음적 관점에서 지옥을 이야기합니다. 도스토예프스키는 할머니와 양파 이야기에서 선행을 한 번도 하지 않는 자가 지옥에 간다고 이야기했습니다. 할머니의 수호천사는 거지에게 양파를 주었던 행적을 찾아내어 할머니에게 양파 뿌리를 잡고 지옥을 벗어나게 하려 했습니다. 지옥에 있는 자들이 할머니에게 달라붙자 혼자 벗어나려 했던 할머니는 발로 그들을 걷어차자 양파 뿌리가 끊어져 버리면서 결국 지옥으로 떨어졌다는 이야기입니다. 할머니의 양파는 물질의 양파가 아니라 구원의 양파입니다.

천사는 연민으로 눈물을 흘리고 되돌아갔는데 신앙인으로 살아가는 우리도 가져야 하는 마음입니다. 잘하는 이에게는 칭찬하고 축복해 주며 힘든 이에게는 가만히 손잡아 주고 기도하면 됩니다. 힘든 이를 위로한다고 말로써 더 상처를 주는 일이 생기는데 이를 조심해야 합니다. 간디는 그리스도는 좋아하지만 그리스도인은 좋아하지 않는다고 말했는데 우리는 이점에서 자신의 신앙생활을 잘 성찰해야 합니다.

새 하늘과 새 땅

새 하늘과 새 땅에 대한 희망은 종말에 하느님 나라가 완전하게 도래할 것이고 공심판 후 육체와 영혼이 영광스럽게 된 의인들은 그리스도와 함께 영원히 다스릴 것이며 우주 자체도 새롭게 될 것입니다. 인류의 세상을 변화시킬 이 신비로운 쇄신을 성경은 "새 하늘과 새 땅"(2베드 3,13)이라고 부릅니다. 새 하늘과 새 땅은 여러분의 마음, 가정, 성당에서도 이루어지지만 우리는 땅과 인류의 완성 시기를 알지 못합니다. 그러나 새 땅에 대한 기대가 현재의 이 땅을 개발하려는 노력을 약화하면 안 될 것이고 오히려 그런 의욕을 자극해야 할 것입니다(사목 헌장 39항). 그때는 바로 그리스도께서 당신 성부께 '우주적인 영원한 나라'를 돌려 드릴 때입니다(사목 헌장 39항; 교회 헌장 2항). 그때에는 하느님께서 영원토록 "모든 것 안에서 모든 것이 되실"(1코린 15,28) 것입니다. 히브리어로 아멘은 "믿다"이고 어원은 견고함, 신뢰성, 충실성을 의미합니다. 아멘은 우리에 대한 하느님의 충실하심과 하느님에 대한 우리의 신뢰를 의미합니다. 신경 끝의 "아멘"은 첫머리의 "나는 믿나이다"를 반복하고 확인하는 것이고, 예수 그리스도께서 바로 "아멘"이십니다(묵시 3,14). 그분은 우리를 위한 성부의 결정적인 사랑의 아멘이시고, 이를 완성하십니다. 우리도 그분을 통하여 하느님께 그 영광을 위하여 "아멘"이라고 합니다(2코린 1,20). 영광송으로 마칩니다.

묻고 나누고

1. 종말은 '끝'이라는 말이지만 구세사 안에서는 새로운 시작을 의미합니다. 여러분에게 오늘이 마지막 날이라면 하고 싶은 것 세 가지를 이야기 해 보세요.
2. 그리스도교 종말의 중심에 사말(죽음, 심판, 천국, 지옥)이 있는데, 하느님의 통치를 체험하는 날입니다. 교회가 매년 11월을 위령성월로 기억하는 것은 바로 사말을 묵상하고 기도하는 날입니다. 자신의 삶에 비추어 "유언장"에 남길 글은 무엇인가요? 나누어 보세요.
3. 육신의 부활, 영원한 삶을 믿는다는 것은 무엇인가요?
4. 천국에서 산다는 것은 어떤 것일까요?
   각자 천국의 삶을 상상하여 이야기해 보세요.
5. 지옥은 어떤 사람들이 갈까요? 지옥에 대한 상상을 나누어 보세요.

18강

자비하신 아빠, 아버지 하느님

삼위일체 하느님, 성부, 성자, 성령

분열인가? 평화인가?

시작 기도는 주님의 기도를 바칩니다. 오늘 복음에서 예수님은 분열을 주러 왔다고 말씀하시고 또 세상에 불을 지르러 왔다고 말씀하셨습니다. 예수님이 방화범도 아니신데 왜 이런 말씀을 하셨을까요? 그리고 분열 중에도 가족 사이의 분열을 말씀하셨는데 그러면 예수님은 가정의 평화를 방해하는 분이신가요? 루카복음은 성령의 복음이기 때문에 내용을 잘 보아야 하는데 예수님이 말씀하시는 분열을 단어 자체로 이해하면 안 되고, 불은 모든 종교에서 신성시했습니다. 그리스도교의 문헌에서 불은 성령을 의미하고 분열도 겉으로는 갈라진 모습을 보일지라도 방향은 평화로 향하는 것입니다. 아시시의 프란치스코 성인도 아버지와 헤어지는 삶을 살면서 가난한 이들에게 평화를 주는 길을 걸어가셨고, 예수님은 외적인 분열을 말씀하시는 것이 아니라 그리스도인의 평화를 위해서 분열도 필요하다고 말씀하시는 것입니다. 프란치스코 성인은 부유한 가정에서 모든 것을 누리고 살았지만 성인에게 물질의 풍족함이 평화가 아니었기에 가난한 삶을 택하신 것입니다. 종교개혁을 한 루터도 교회와 분열되려고 했던 것은 아니었고 새로운 교회를 세우려고 했던 것도 아니었습니다. 그 당시 바티칸이 루터의 주장을 받아들이지 않았고, 루터는 결국 교황에게 파문을 당합니다. 500년 전 교회의 문제와 상황들을 지금 우리는 잘 이해할 수 없는데 그렇다고 함부로 비판할 필요는 없고 크게 본다면 하느님의 섭리입니다. 수사신부였던 루터는 전통적인 하나의 교회가 거룩하고 보편되며 선조로부터 이어 오는 신앙에서 벗어난 모습을 바로잡고자 했던 것입니다. 큰 교회 공동체가 교회의 원천으로 가지 않으면 그리스도와 다른 모습으로 살게 되어 있고, 신앙인도 교리를 배우며 오래 신앙생활을 해도 타성에 젖으면 자신의 습관 된 방식들을 대자 대녀들에게 보이게 됩니다. 오랜 신앙생활로 인해 대자녀들이 많은 것은 존중을 받을 일이지만, 그것이 자신의 세력과 무리를 이룬다면 교회의 모습인지 성찰해 보아야 할 필요가 있습니다. 루터도 선조들의 신앙과 벗어난 부분들을 쇄신하고 개혁하려 했던 것이 그의 뜻이었으며 그래서 신약성경의 마리아에 대한 부분들을 모두 수용했습니다. 루터는 마리아의 축일을 유지했고 마리아에 대한 80개의 설교집도 집필했습니다. 마리아는 교회 일치의 모델이고 그 당시 종교개혁자들도 공통으로 마리아 신심이 많았으며 고전 부분의 연구도 많이 하였습니다. 그리고 예수님이 불을 지르러 왔다는 말씀은 성령을 가득히 내려 주러 왔다는 말씀입니다. 교회가 더욱 교회답고 신도가 더욱 신도다운 것은 무엇일까요? 우리가 지금 공부하고 있는 이 교리 시간은 오직 예비자들만을 위한 교리가 아니라 그리스도인에게 필요한 교리이고, 20회 가톨릭교회 교리를 통해서 우리의 신앙을 살찌울 것입니다. 오늘은 하느님에 대해서 나눌 것인데 여러분에게 하느님은 누구인가요? 아버지, 사랑, 좋으신 분, 위대하신 분… 하느님에 대한 기본 고백이 사도신경의 첫 부분에 나옵니다. "전능하신 천주 성부 천지의 창조주를 믿나이다." 우리는 전능하시고 하늘의 주인이시고 아버지이신 창조주를 믿는다는 고백입니다.

전능하신 창조주 하느님 아버지

오늘날 신에 관한 물음은 세속주의로 치닫는 분위기에서 제기되고 세속주의는 인간학적인 기본 성향, 곧 인간이 자신을 스스로 만물의 중심으로 생각하는 모습이자 자연과학적 입장을 의미합니다. 세속적인 관점에서만 사람들은 인류의 미래에 대한 물음, 존재의 깊이에 대한 물음을 던지고 있습니다. 그렇게 오늘날 사람들은 서로 다른 새로운 "암호들"을 전제로 어쩌면 "절대자"에 대해 새롭게 묻고 있는 것인지도 모릅니다. 세속주의는 인간 중심적 사고이고 세속은 부정적인 표현이지만 세상은 하느님께서 우리와 함께 계시는 곳, 그분이 깊은 관련을 맺어 사랑하시는 공간입니다. 중국은 자신의 나라가 '세계의 중심'이라는 뜻으로 세계의 중앙에 문명이 가장 발달한 나라라고 칭하고, 역사적으로 중국이 커지면 변방의 국가는 힘든 현실이었습니다. 이렇듯 역사적으로 주변의 나라들이 호시탐탐 한반도를 노리는 독특한 지리적 위치에 있는 것이 우리나라의 현실이었습니다. 누군가는 우리에게 하느님이 필요한가 하면서 인간만이 전부라고 주장할 수 있지만 이것도 우리가 하느님께 하는 질문일 수 있습니다. 마치 자녀들이 배가 고프다고 했을 때 사실은 배고픔보다는 부모의 사랑을 배고파할 수 있는 것처럼 말입니다. 그래서 무엇보다도 식별이 중요하고 절대자에 대한 질문으로 알아들으며 교회는 답을 해야 합니다.

하느님관(신론)의 발전에서 신학적인 신론은 존재 곧 존재론에 대한 물음이고 형이상학과 매우 밀접하게 결합합니다. 고대 그리스철학은 만물(존재자)이 유래하며 결국 모두가 수렴하는 최초 원천이자 최종 근거에 관해 물었습니다. 탈레스(기원전 625~560)는 물이라고 말했고 밀레토스의 아낙시만드로스(기원전 610~546)는 무한한 것(apeiron)이라고 말하며 세상에서 크고 작은 생성과 소멸이 발생할 때 부분들은 변화를 겪지만 전체로는 변화가 없고 그래서 이것은 신적인 것으로 여겨진다고 말했습니다. 아낙시만드로스의 친구이자 철학자인 아낙시메네스(기원전 585~525)는 만물의 존재는 공기(숨 pneuma)라고 말했습니다. 하느님은 사랑이시기 때문에 하느님관은 중요하며, "하느님은 사랑이시다."라고 하는 이는 사랑으로 살아가고 "하느님은 심판자이시다."라고 하는 이는 두려움으로 살 수 있습니다. 지금까지 교리 시간도 하느님에 대한 이해를 위한 과정이었고 이것은 나에 대한 물음이고 세상의 만물에 대한 물음이기도 합니다. 존재의 근본을 연구하는 학문인 형이상학이 어렵다고 말하지만 이것은 우리 삶의 이론이고 나와 세상이 어디에서 왔는가 하는 물음입니다. 서양의 신관은 그리스의 영향을 받았고 아낙시만드로스 이후에는 소크라테스, 플라톤, 아리스토텔레스로 이어졌습니다. 이때부터 만물의 존재론은 개념적인 것이 되었습니다. 플라톤은 이데아론을 주장하며 이데아는 모든 사물의 원인이자 본질이고 정신세계를 말하는데 물질로 되어 있는 것은 허구의 세상이고 진짜 세상은 안 보이는 이데아의 세계라고 말했습니다. 그리고 아리스토텔레스는 윤리를 중요시합니다. 그는 보이는 실체(substantia = 물질materia과 형상forma)란 자신의 자립성 안에 현실성과 불변성을 지니는, 따라서 변하지 않는 주체로서 뒤바뀌는 규정들의 밑바탕에 깔린 개별적, 구체적인 존재자들을 말합니다. 그리스인들은 신화 세계에 살았고 신과 섞여 살다가 철학의 시대로 오면서 소크라테스, 플라톤, 아리스토텔레스와 같은 주요 철학자들을 만났습니다. 그리스 정신을 토대로 성장하는 그리스도교는 그리스도의 탄생과 사도 시대에 오면서 그리스의 철학과 문화를 받아들였습니다. 고대 그리스철학은 오늘날 서양철학의 정신적 유산을 제공했으며 여전히 유럽정신의 가치와 뿌리를 연구하는 학문입니다.

교부들의 하느님

2, 3세기 그리스 교부에게서 신은 한계가 없고 설명할 수 없는 것으로 이른바 부정신학의 뿌리를 엿볼 수 있습니다. 현대 개신교 신학자인 볼프하르트 파넨베르크(Wolfhart Pannenberg, 1928~2014)는 그리스도교 이전의 신에 관한 통찰, 기본 개념이 그리스도교 안에서 하느님의 모습과 신적인 존재로 차용되었는지 다각적인 고찰을 통해 정리 하였습니다. 예를 들어 목욕탕의 뜨거운 물에 들어가서 "아, 시원하다!" 하지요. 이것은 뜨거운 것을 넘어서는 반대의 표현인 부정신학의 비유라고 할 수 있습니다. 그리스신화 세계와 그리스철학 시대에 일어난 이들의 사유형식이 그리스도교가 하느님의 모습을 해명하는 데 큰 도움을 주었습니다. 하느님은 인간이 추구해야 할 목표이고 카를 라너는 칼케돈공의회를 거울삼아 인간 존재를 단지 그리스도의 인간성만이 아니라 로

고스의 실재 상징으로 해석했습니다. 개신교에서 천주교는 성경의 하느님이 아니라 철학의 하느님을 이야기한다고 합니다. 성경은 유다 문화의 초기 교회의 모습이고, 그리스 문화와 히브리 문화가 함께 조화를 이루어 형성된 것이 그리스도교입니다. 천주교가 성경의 하느님을 믿지 않는 것이 아니고 이스라엘의 많은 신관이 구약에서 야훼의 하느님으로 통폐합되었습니다. 그리스의 신들 가운데 어떤 신은 사람 둘이 미워할 때가 아니라 서로 사랑할 때 발생한다고 믿었습니다. 소위 '발생으로서의 하느님'은 인간들이 서로가 도우며 애덕을 실천할 때 하느님이 발생한다는 믿음이 그리스에 있었으며, 그리스도교는 수천 년 동안 이와 같은 많은 문화와 만나면서 신관이 형성되었습니다. 20세기 신학자인 카를 라너는 제2차 바티칸공의회의 설계자로서 교회 개혁에 공로가 큰 예수회 수사신부이고, 451년의 칼케돈공의회는 예수님이 신성과 인성을 갖추신 분이시라고 선포하였습니다. 인간은 한 인격과 한 본성으로 존재하는데 예수님은 신성과 인성이 한 위격으로 결합하여 존재합니다. 예수님의 위격은 신적(persona divina)이고 우리 인간의 위격은 인간적(human person)인데, 인간은 인격과 인성(human nature)의 조합으로 존재합니다. 그래서 예수님은 하느님 위격이기 때문에 위격이 하느님이시고 본성은 하느님과 인간이십니다.

구약성경에서의 하느님 계시란 무엇일까요? 옛 교회의 신학에서는 철학적인 신 개념을 성경의 하느님 모습과 전적으로 그리고 빈틈없이 봉합시키는 일을 잘 마무리하지는 못했습니다. "나는 주 너희 하느님이다. 내가 거룩하니 너희도 자신을 거룩하게 하여 거룩한 사람이 되어야 한다"(레위 11,44). 이스라엘은 하느님을 하늘과 땅을 창조하신 분으로 고백하며, 그들의 자유와 해방을, 인간 구원을 위해 역사 안에 가까이 섭리하시는 하느님의 자비 안에서 찾았습니다. 제2차 바티칸공의회까지는 성경에 대한 해석의 위험이 있으니까 성경을 잘 읽지 못했고 가정에도 성경책이 별로 없었습니다. 그리스인들의 하느님에 대한 원천적인 체험이 그리스 문화와 성경의 히브리 문화가 잘 만나면서 그리스도의 탄생과 초기 교회를 거쳐서 그리스도교 관점으로 발전하였습니다. 그렇지만 한국 교회는 대기업화된 현상을 보이는데 이것이 진정 하느님이 바라시는 교회의 모습인지 성찰해 보아야 하겠습니다. 교회의 역사를 보면 히브리 문화와 그리스 문화를 잘 통합하지 못한 면이 있는데 그 시대의 힘든 여러 상황들로 못한 것이지 안 한 것은 아니었습니다. 예를 들어 성경 공부는 중요하지만 평생에 성경 공부만을 할 수 없는 것처럼 그래서인지 부분만을 이해하는 경우들이 존재합니다. 그래서 신앙인으로서 신학자들의 말을 받아들이는 것이 성경과 신앙을 이해하는 데 도움이 되기 때문에 그들의 공헌을 받아들이면 좋겠습니다. 신학자들의 연구는 다른 분야의 공헌이 아니라 이스라엘의 하느님 고백이고 역사의 하느님 고백입니다(레위 11,44).

역사의 하느님

역사의 하느님은 현존하는 하느님, 체험될 수 있는 하느님, 촉구하시는 하느님이시고, "나는 있는 나다."라는 뜻인 야훼(Yahweh)라고 부릅니다. 그러나 이스라엘 사람들은 유배기 이후 야훼란 이름은 부르기가 황송하고 다른 잡신들과 구별하며 불경죄를 범하지 않으려고 엘로힘(Elohim)으로 대신 불렀습니다. 본래 하느님은 이름이 없고 이름 안에 가두어 둘 수 없는 분입니다. 이름이 있다는 것은 한계가 있다는 것이고 가정에서도 자녀가 아버지의 이름을 함부로 부르지 않는 것을 생각하시면 됩니다. 어릴 적 아버지가 퇴근 후 집에 도착하셔서 초인종을 누르시고 "누구세요?" 하고 물으면 "나다!" 하셨던 아버지의 모습을 떠올리시면 좋겠습니다. 모세가 파견될 때 하느님 당신의 이름을 알려 달라고 물으니 하느님께서는 "나는 있는 나다."라고 대답하셨습니다. 하느님은 have 동사가 아니라 be 동사이고 소유의 존재가 아니며 존재 그 자체입니다. 그래서 그리스도인도 소유하는 신앙생활을 한다면 하느님과는 거리가 먼 삶을 살게 되는 것이고 우리 모두 be 동사의 삶을 추구하길 바랍니다. 가족과 함께하고 이웃과 함께 살아가는 것이 하느님의 이름을 살아가는 것입니다. 본래 히브리어로 야훼는 모음이 없고 4개의 자음만 있으며 하느님의 이름을 부를 수 없으니까 아도나이(Adonai)라고 불렀으며 기록할 때는 야훼라고 쓰고 부를 때는 아도나이라고 호칭하였습니다. 그리고 아도나이의 모음을 야훼에 붙여 발음하면 개신교에서 하느님을 호칭하는 여호와가 됩니다. 히브리어의 하야(hayah) 동사, 영어로 be 동사의 핵심은, 예를 들어 책상에 볼펜을 굴리면 떨어지는 것처럼, 위에 계신 분이 떨어져서 백성들과 함께한다는 뜻입니다. 하느님은 위에 계시지만 항상 우리와 함께하시는 분이신 임마누엘(우리와 함께하시는 분)이십니다. 성탄 때 우리는 예수님을 임마누엘이라고 부르는데, 그리스도교는 우리가 그분께 가는 것이 아니라 그분이 우리에게 오시는 종교입니다.

해방하시는 하느님이란?

하늘에 계시는 하느님은 탈출기에서 땅의 백성이 울고 부르짖는 소리를 들으시고 굽어보시는 하느님이십니다. 하느님은 하늘에 계시지만 한가하게 유유자적하며 계시는 분이 아니라 우리에게 귀를 기울이시고 굽어보시는 분이십니다. 구약성경에서 탈출기를 출애굽기로 표현하는 것이 보다 신학적이라고 생각합니다.

출애굽기에서 애굽은 이집트를 상징하지만 고통 받는 곳은 모두 신학적인 상징으로 애굽이기에, 우리가 고통 속에 있다면 하느님께 부르짖으며, 하느님께서 기도하는 우리의 소리를 들으시고 구원으로 이끌어 주신다는 것을 믿습니다.

나는 세상을 창조하신 하느님을 믿고 그 자체로 계신 하느님이 아니라 "우리를 향해" 그리고 "나를 위해" 다가오시는 하느님을 경배합니다. 구약성경의 하느님관은 창세기 창조의 하느님이 첫 번째 같지만 성경은 순서로 정해지는 것이 아니라 역사 안에서 만났던 단편들이 모아진 것입니다. 이스라엘 백성들이 처음에는 여러 지방 신들을 모셨는데 이집트에서 고생하고 있을 때 야훼 하느님께서 모세를 통해서 이집트에서 가나안 땅으로 출애굽을 통해서 파스카 체험을 하게 하였습니다. 이스라엘 백성이 최초로 야훼 하느님을 경험한 원체험이 이집트를 빠져나온 파스카 사건입니다. 그들은 하느님을 이집트와 홍해 그리고 광야에서 체험했으며, 그들에게 야훼는 해방하는 하느님이십니다. 본래 구약시대에는 왕이 없는 제도인데 이스라엘 백성들이 만들어 달라고 애원해서 하느님께서 왕을 만들어 주었고, 그때부터 전쟁이 시작되었습니다. 이스라엘은 바빌론의 유배 생활을 통해서 고통과 고난의 시기를 보내면서 말씀이 발전하는 계기가 되었고, 그 때 사제계의 문헌이 형성되어 구약성경의 창세기에 첫 번째로 들어갔습니다. 창조의 하느님은 5, 6세기에 바빌론에서 형성되었던 창조 신앙입니다. 그리스도 사건이 당장 창조 신앙의 전제조건이라고 서둘러 말하지는 않습니다. 신약성경은 그리스도를 통해서 하느님에 의해 이스라엘과 계약의 우주적 채워짐이 마침내 실현되었다는 관점에서 그리스도에 대한 신앙을 고백합니다. 신약성경은 결국 그리스도가 창조의 근거이자 의미이며 목표임을 믿어 의심치 않습니다. 그런 점에서 개신교는 성경의 오직 그리스도를 중심으로 창조와 종말도 실현된다고 말합니다. 하느님께서는 지혜와 사랑으로 창조하시고 "무에서" 창조에 대한 신앙을 가능성과 희망이 넘치는 진리로서 증언합니다. 하느님은 질서 있고 선한 세계를 창조하시며, 피조물을 초월하시고 또 거기에 현존하십니다. 하느님은 피조물을 지탱하고 이끌어 가시며 당신의 계획을 실현하십니다. 하느님의 섭리는 당신의 지혜와 사랑으로 모든 피조물을 그들의 궁극적인 목적에까지 이끌어 가시는 배려입니다. "무에서" 창조는 가능성과 희망을 상징하고 자연과학은 진화론적 창조를 이야기합니다. 모두 인정되는 부분이고 "무에서의 창조(엑스 니힐로 크레아치오, ex nihilo creatio)"는 가능성(possibility)과 희망(hope)입니다. 그것은 하느님은 우리를 사랑하시기 때문입니다.

하느님의 천사

천사의 존재는 믿어야 할 진리이고, 천사는 직책의 이름이지 본성의 이름이 아닙니다. 본성의 이름은 영(spirit)이고 직책은 천사이며, 존재로서 영이고 활동으로는 천사입니다(성 아우구스티노). 천사는 하느님의 봉사자이며 전령이고 하느님 말씀을 순히 들어 그 영을 시행하는 능한 자들입니다(시편 102,20). 순수한 영적 피조물인 천사들은 지능과 의지를 갖추고 있고 개별적인 피조물이며 죽지 않는 피조물입니다. 당신의 모든 천사와 함께 계시는 주님은 그리스도(마태 25,31; 콜로 1,16; 히브 1,14)이고, 사람은 일생 어린 시절부터 죽음에 이르기까지 천사들의 비호와 그들의 전구로 도움을 받습니다. 교회는 지상 순례 길에 있는 우리를 돕고 인간을 보호하는 천사들을 공경합니다. 저는 사제이고 직책은 시드니 한인 성당의 주임신부인데 주임은 저의 직무이며 역할이고 사제는 영원히 수행하는 봉사직입니다. 성경에는 하느님이 인간을 죽지 않도록 창조하셨지만 죄 때문에 죽게 되었고 예수님은 우리의 죽음을 없애셨습니다. 유형의 세계는 창조주 하느님으로부터 존재를 받지 않은 것은 없고 모든 피조물은 고유한 선과 완전성을 지니고 있습니다. 하느님은 피조물들이 서로 의지하기를 바라시고 이것은 우주의 아름다움입니다. 인간은 창조 업적의 절정입니다. 인간에게 한편 피조물 안에 새겨진 법칙과 사물들의 본성에서 유래

하는 관계들을 존중하는 것이 바로 모든 지혜의 근원이며 도덕의 기초입니다. 자연과학과 논리로 이해할 수 없지만 하느님께서 모든 것을 창조하셨고, 본래의 내가 되는 것이 신앙입니다. 그래서 하느님께서는 동반자로서 아담에게 하와를 주셨습니다. 혼자 살 수 없는 우리는 성당에서 상처도 받지만 그것은 신앙의 모든 것이 아닙니다. 창조(시작)는 그렇게 열린 시작이요, 마침내 그 끝, 다시 말해 그리스도를 통해 계시된 구원(종말)과 마주서게 됨으로써 제 모습을 갖추게 됩니다. 보시니 좋았다는 창조는 계약의 전제조건으로 이해될 수 있습니다. 삼위일체의 하느님은 세상의 창조주이고 창조가 있으면 종말이 있으며 그 가운데에 예수님이 계십니다.

악마란?

악마는 일종의 악의를 지닌 반대자로서 혹은 하느님을 거스르는 구조적 반영쯤으로 이해하려고 합니다. 그래서 악은 창조된 실체가 아니라 천사가 죄를 지어 악마로 변형된 것입니다. 악의 본질은 자신을 드러내기보다는 자신을 감추는 것이고 베네딕토 16세 교황은 당장 악의 폭력성도 함께 자란다고 말씀하셨습니다. 그래서 악의 속성은 감추고 파괴하며 그러므로 악의 위격이라고 말할 수 없습니다. 따라서 식별되지 않는다는 것이 그리스도교의 전통에 따르면 악의 본래의 모습이고 위력입니다. 악은 차라리 비위격이요, 위격적인 것의 파괴입니다. 우리도 감추고 파괴하려고 행동한다면 '악의 물듦'이기 때문에 진실로 행동해야 합니다. 하느님 앞에서나 다른 이에게나 진실로 대하고 부족한 것은 기도를 드립니다.

생태를 살리시는 하느님

오늘날 창조 교리와 자연과학과의 대화는 최근 몇 년 동안 생태학적으로 치솟은 문제를 통해서 관심을 모았습니다. 이점에서 창조 교리는 특별히 역점을 두어야 할 주제로 부각되었습니다. 하지만 이런 관점에서 시도된 신학적 작업은 최소한 가톨릭교회에서는 아직 이렇다 할 성과는 없습니다. 자연과학적인 영역(세상의 시작, 시간성, 필연성, 우연성 등)에서 비롯하는 수많은 문제점에 대해 신학적인 의견과 설명이 필요합니다. 한편 원죄에 관한 교리는 오늘날 사회심리학적, 나아가 심층심리학적 맥락에서도 논의되고 있습니다. 하지만 최근 프란치스코 교황이 발표한 회칙「찬미 받으소서」(Laudato Si 2015)는 분명히 이 분야에서 괄목할 만한 가톨릭교회의 가르침이라고 할 수 있습니다. 가톨릭은 자연과학과의 대화가 필요하고 삼천 년의 오랜 전통과 역사 안에서 더디게 가지만, 제2차 바티칸공의회의 사목 헌장 36항에서 만물에 부여된 자연법칙과 질서를 존중해야 하며, 자연과학의 고유한 방법을 인정하고 이를 통한 독자적인 진리 탐구에 적극적으로 동의하는 모습을 발견할 수 있습니다.

신약성경에서의 하느님 계시는 "하느님의 나라가 가까이 왔다."고 말합니다. "때가 차서 하느님의 나라가 가까이 왔다. 회개하고 복음을 믿어라"(마르 1,15). 예수님은 유다인들이 생각해 온 종말론적 태도와 근본적으로 구별되고, 예수님이 전하는 하느님 나라의 복된 소식은 '새로움'이고 '현재'라는 가치의 선포입니다. 하느님은 아빠, 아버지이고, 아빠는 어린 자녀만이 부르는 칭호가 아니라 모든 이가 부르는 호칭입니다. 신약의 하느님, 아버지 하느님은 예수님의 하느님을 향한 특별한 호칭입니다. 예수님의 설교와 업적은 하느님의 나라가 이미 구현되어 있다는 것과 하느님과 인간들에 관해 관심을 보여 준 것인데, 착한 사마리아 사람 비유 등으로 나타납니다. 예수님의 하느님은 용서하시는 분, 원수까지도 사랑하시는 은총의 하느님, 자비하신 아빠, 아버지입니다. 예수님의 요구는 회개와 사랑이고 예수 그리스도는 강생하신 하느님의 사랑이며, 하늘에서 내려온 빵이고, 예수님은 성체성사로 일치를 위한 사랑을 드러냈습니다. 그래서인지 사랑은 타인을 위해 자신의 계획과 시간을 내어 주는, 이웃을 자기 자신처럼 사랑하는 것입니다. 그러므로 믿는 이들은 교회 공동체 안에서 충고,

조언, 평가, 판단을 내려놓고 주님이 원하시는 공동체다운 모습으로 살아가면서 회개하도록 초대받았습니다.

바오로의 하느님

바오로 사도는 하느님과 예수 그리스도를 단단히 결속시켜 이해합니다. 우리는 그리스도께서 죽은 이들 가운데에서 되살아나시어 다시는 돌아가시지 않으리라는 것을 압니다. 죽음은 절대 그분 위에 군림하지 못합니다. 그분께서 돌아가신 것은 죄와 관련하여 단 한 번 돌아가신 것이고, 그분께서 사시는 것은 하느님을 위하여 사시는 것입니다(로마 6,9~10). 진정 여러분이 하느님의 자녀이기 때문에, 하느님께서 당신 아드님의 영을 우리 마음 안에 보내주셨습니다. 그 영께서 '아빠 아버지!' 하고 외치고 계십니다(갈라 4,6). 부활한 이로써 예수님은 성부와 영원한 부자 관계를 맺고, 이때 제삼의 존재가 등장하는데 성령이라 불리는 "거룩한 영"입니다. 원칙적으로 성자는 성령과 구별되고 그런데도 간혹 서로 일치하는 모습을 목격하게 됩니다. "주님은 영이십니다"(2코린 3,17).

하느님의 위격성은 인간의 경우와 똑같이 이해되지 않고 단지 유비적인 방식으로만 그 표현과 개념이 유효하게 취급되어야 합니다. 위격성은 일종의 타자(너)로 간주하고 청원 상대로 여기는 의미로 이해됩니다. 의식의 소유라는 인간 실재의 최고 수준을 말하며 하느님 안에도 "자아 상태"를 이루는 하나의 중심이 존재합니다. 자존감, 존중, 존엄이 인격성의 중심 가치이고 우리는 human person, persona이며 위격성은 상대방의 이야기를 들어주는 것입니다. 하느님의 위격성은 내가 청원하는 상대이고 상대방의 이야기를 잘 들어주는 것이 최고의 위격입니다. 하느님의 전지 전능성은 구약에서 하느님의 무제약적 권능이고 주권이며, 신약에서 하느님의 전능과 지존의 등장은 그리스도께서 성부로부터 모든 것을 넘겨받은 권한이었습니다(요한 5,19~22). 하느님의 영원성은 시간성에 예속되지 않고 역사에 늘 현전(現前)하심을 가리킵니다. 그래서 하느님의 이름은 "나는 너희 하느님, 임마누엘, 나는 있는 나다, 나는 백성의 주인이다." 하고 나타납니다. 하느님의 초자연성(세계 초월성)은 우리가 하느님과 직접 마주하게 되는 지복직관(Visio Dei)으로 이루어지며 이것이 신앙의 완성이 됩니다. 하느님의 전능은 예수님과 성령을 통해서 하시고 그 영원성은 계속 관계되는 것입니다. 하느님은 유일한 주님이시며, 네 온 마음으로 네 온 영혼으로 네 온 정신으로 네 온 힘으로 하느님을 사랑해야 한다고 예수님이 친히 확인하십니다. 예수님은 당신이 바로 그 주님이심을 암시하시고, "예수님은 주님이시다."라는 고백은 그리스도교 신앙에만 있는 것입니다. 이는 유일한 하느님에 대한 신앙에 위배되지 않고 또 주님이시며 생명을 주시는 성령께 대한 신앙도 유일하신 하느님에 대한 신앙을 훼손시키지 않습니다. 하느님은 사랑이시고 창조주 하느님, 역사의 하느님, 의로운 하느님, 자비하신 하느님, 아버지 하느님이시며 하느님의 존재는 바로 사랑이십니다(요한 4,16).

지극히 거룩하신 삼위일체 하느님 신앙

그리스도교는 유일신만을 믿는 유다교와 이슬람과 구별이 됩니다. 그리스도교가 다른 종교들과 견주어 가장 구별되는 특징은 삼위일체 하느님을 고백하는 믿음입니다. 그러면 삼위일체 하느님은 네번의 세계 공의회를 통해 신앙교리로 선언되었습니다. 325년 니케아 공의회에서 교회는 성자 예수 그리스도를 그 본성에서 하느님과 똑같다는 동일본체(homo ousios)를 선언했습니다. 381년 콘스탄티노플 공의회에서 교회는 성령의 본성도 하느님과 똑같다는 동일본체(homo ousios)를 선언했습니다.

이제 성경에서 삼위일체 하느님에 대한 설명을 들어보시기 바랍니다. 먼저 복음 말씀을 들어봅시다. 요한이 전한 거룩한 복음입니다.(요한 16,12~15) "그때 예수님께서 제자들에게 말씀하셨다. 내가 너희에게 할 말이 아직도 많지만 너희가 지금은 그것을 감당하지 못한다. 그러나 그분 곧 진리의 영께서 오시면 너희를 모든 진리 안으로 이끌어 주실 것이다. 그분께서는 스스로 이야기하지 않으시고 들으시는 것만 이야기하시며, 또 앞으로 올 일들을 너희에게 알려 주실 것이다. 그분께서 나를 영광스럽게 하실 것이다. 나에게서 받아 너희에게 알려 주실 것이기 때문이다. 아버지께서 가지고 계신 것은 모두 나의 것이다. 그렇기 때문에 성령께서 나에게서 받아 너희에게 알려 주실 것이라고 내가 말하였다."

교회는 지극히 거룩하신 삼위일체 대축일을 기념합니다. 그리스도교 종교를 정의한다면 삼위일체의 종교입니다. 삼위일체가 어떤 뜻일까요? 삼위일체를 많은 예화로 설명하지만 성경과 성전을 중심으로 설명을 하는 것이 그리스도교 삼위일체의 중심을 이루고 있습니다. 삼위일체는 한마디로 이해가 불가능한 신앙이고 성경에서 삼위일체를 정확하게 표현하는 말은 강생의 신비에 나타나며 내용은 하느님께서 성령으로 사람이 되셨다는 것이 삼위일체의 내용입니다.

구약성경에 잠언의 말씀에서 지혜는 예수 그리스도와 성령으로 이해할 수 있는 이중적 가치로써 성령론적 그리스도이고 그리스도론적 성령으로 이해할 수 있습니다. 삼위일체 대축일 기념 미사의 제1독서에 나오는 "사랑받는 아이"는 이 두 가지의 상징으로 나타나는데 물과 구름은 성령을 상징하므로 '지혜'는 예수 그리스도를 나타냅니다. 구약과 신약에서도 삼위일체를 명시적으로 말하지는 않지만 내용은 성경에 다 나와 있습니다. 그래서 타

종교에서 성경에 약한 천주교 신자들을 집중적으로 개종시키려는 경향이 있습니다. 삼위일체가 성경 어디에 나와 있냐고 물으면, 삼위일체가 있는지 없는지도 모르는 천주교 신자들은 대답을 잘 못하면서 개종까지 하게 되는 신자도 있습니다. 삼위일체라는 말은 성경에 나와 있지 않아도 내용은 성경에 다 나와 있고 하느님께서는 세상 창조 때에 삼위일체의 모습으로 창조하셨습니다. 하느님께서는 말씀으로 그리고 성령(바람, 숨, 영)과 함께 창조하신 것입니다.

  구약의 지혜서들은 하느님께서 지혜와 구름과 물이라는 자연의 가치를 통해서 세상을 보존해 가는 것입니다. 구약은 창세기부터 삼위일체가 나오고 신약은 육화에서 삼위일체가 나오며 결국 종말 때에 예수님이 구름을 타고 다시 오시는데 하느님과 함께 성령으로 예수 그리스도가 재림하여 오신다는 성경은 삼위일체의 내용으로 가득합니다. 그러면 성경에서 삼위일체의 가치는 무엇입니까? 그것은 사랑입니다. 그리스도교는 사랑의 종교이기 때문에 모든 가치를 사랑으로 대입하시면 됩니다. 삼위일체가 말하는 사랑의 핵심은 무소유의 사랑이고 이것은 내어놓는 사랑입니다. 아버지가 아버지로 있지 않으시고 인간으로 오신 사건이 무소유의 사랑이고 이 무소유의 사랑은 비움의 사랑입니다. 성당에 단체들도 비울 때 그 가치가 드러나고 소유하려고 하면 사랑은 변질하는 것입니다. 예수님은 하느님의 아들이지만 인간을 위해 십자가에서 모든 것을 내려놓으시고 소유하지 않으시며 생명까지 내어주셨습니다.

성령은 어떤 비움입니까? 구약은 하느님이 주인공이고 신약은 예수님이 주인공인데 성령은 전면에 드러나지 않지만 사랑 중의 사랑이 성령입니다. 사랑은 보이지 않으면서 전면에 드러나지 않고 기도하며 밀어주는 존재가 드러나지 않는 끊임없이 상대방을 위한 사랑입니다. 삼위일체 신비의 사랑은 무소유, 비움, 내어주는 사랑인 부모의 사랑과 같습니다. 그리스도교의 가치인 삼위일체의 사랑 즉 내어주는 사랑을 통해서 공동체가 친교를 이루는 것이고 자신을 위한 소유가 아니라 상대방을 위한 무소유로 살아 갈 때 일치를 이룰 수 있고 모든 구성원은 사랑으로 갈등을 해결할 수 있습니다. 신앙생활도 삼위일체의 사랑을 가지고 봉사, 기도, 활동한다면 그것은 온전히 주님의 사랑에서 왔다는 것을 알 수가 있습니다.

성경에서는 삼위일체의 사랑은 무소유, 비움의 사랑이라고 이야기하지만 4세기 중엽까지 교회는 예수 그리스도와 성령이 하느님이시라고 받아들이기가 힘들었습니다. 특히 유다인들에게는 예수님과 성령이 하느님이시라는 것은 받아들이기가 힘들어서 이단들이 많았습니다. 그런데도 받아들인 이유는 예수 그리스도와 성령이 사랑이기 때문에 하느님이 사랑이시라는 성경의 가치가 이루어진 것입니다. 오늘날 우리들의 신앙은 초기교회와는 달리 쉽게 고백을 합니다. 그리스도교는 사랑의 종교이며 하느님은 아버지의 사랑이시고 예수님은 희생하는 사랑 그리고 성령은 밀어주고 거룩하게 해 주는 사랑이라고 고백합니다. 하지만 경험하지 않은 것을 말로만 고백하면 이념으로만 남습니다. 결코 사랑은 이념이 아니라 희생이고 판단중지이며 자기표현입니다. 이것을 통해서 우리는 친교를 이루고 일치를 이루는 것입니다.

삼위일체 하느님께 드리는 기도, 성호경

우리는 기도할 때마다 성호경을 긋는 데 진정으로 성부와 성자와 성령의 이름으로 기도하는지 아니면 그냥 익숙한 행동과 말로만 하는지 생각해 봅시다. 성령을 잘못 발음하면 제 이름 승룡이 되니 조심하시길 바랍니다. 우리의 몸은 새로운 해가 될 때마다 한 살씩 나이를 먹지만 영혼은 나이를 먹지 않습니다. 외적인 몸의 나이를 두려워하지 마시고 나이가 들지 않는 영혼을 키우시길 바랍니다. 삼위일체의 신비는 영혼을 키우는 신비이고 삶의 내용은 형식이 중요하지만 그 형식은 삶의 내용이 온전히 드러날 때 중요한 것입니다. 여러분이 삼위일체 대축일을 맞으면서 마음이 맑고 따뜻해지기를 기도드립니다. 맑고 따뜻하다는 것은 비움의 사랑이고 무소유의 사랑일 때 가능합니다. 비워서 무소유일 때 마음이 따뜻해지든지 아니면 마음이 따뜻해져서 비우는 것인지는 상관없습니다. 순서가 어떻든 관계없지만 방법의 선택은 여러분의 몫입니다. 여러분이 무소유의 사랑, 비움의 사랑으로 산다면 마음은 맑아지고 깨끗해질 수밖에 없습니다. 많은 것을 가지고 큰 것을 바라면 마음은 각박하고 나눌 것이 없습니다. 무소유와 비움은 양을 말하는 것이 아니라 자신에게 불필요한 것은 갖지 않는 것이 비움의 사랑입니다. 이것은 물질만을 말하는 것이 아니라 지식과 봉사도 마찬가지이고 우리의 활동량과 지식에 대한 사랑도 그렇습니다. 이 세상에 태어나고 주님에게 가는 것은 시작과 마침인데 그것은 내 것이 아닙니다. 이미 받은 것을 잘 맡아서 보존하고 나누면서 살아가는 것이 무소유이고 비움의 사랑입니다. 그 중에 으뜸은 나로 머물지 않고 상대방에게 가는 것(self surrendering, outgoing)이고 삼위일체도 그렇습니다. 하느님은 하느님으로 머물지 않으시며 인간으로 오셨고 또 예수께서는 인간으로 머물지 않으시고 하느님께로 가면서 인간을 위해 십자가를 지셨습니다. 그리고 성령은 성령 자체로 머물지 않고 끊임없이 우리에게 힘을 실어주는(empowering) 은혜를 주십니다.

　삼위일체 대축일 미사의 제2독서에서 바오로 사도는 "우리가 받은 성령을 통하여 하느님의 사랑이 우리 마음에 부어졌기 때문이다."라고 말합니다. 성령을 통해서 마음에 부어진 하느님의 사랑은 무소유의 사랑이고 우리를 행복하게 하는 사랑이며 우리는 나눌 때 행복해질 수밖에 없습니다. 작은 것으로 만족하는 삶과 큰 것으로 욕망을 추구하는 삶 중에 어떤 것이 으뜸일까요? 양의 문제가 아니라 나눔의 문제입니다. 결국 무소유의 삶과 삼위일체 영성의 핵심은 나눔이고 선행입니다. 우리가 이미 받은 것을 내어놓는 삶이고 받은 것을 감사하게 나누는 것입니다. 그 감사의 행위는 오늘날 삼위일체의 신앙을 키우게 된 것이고 우리는 필요에 따라 사는 것이지 욕망을 쫓으며 사는 것이 아니며 이것이 삼위일체 영성의 삶입니다.

하느님이 인간이 되기 위해서 자기 자신을 내려놓은 것처럼 우리도 그런 삶을 살 수 있기 위해서 삼위일체 대축일 미사의 복음에서 "주님께서 너희를 모든 진리 안으로 이끌어 주시고 성령께서 나에게서 받아 너에게 알려 주실 것이다."라고 했습니다. 우리 한국 공동체는 믿음의 은혜와 사랑의 은혜를 많이 받았습니다. 이 두 사랑이 지속해서 풍요롭게 가기 위해서는 믿음과 사랑이 무엇인지 알아야 하고 내 식으로 가지 않으려면 성령께 의탁하면서 도움을 청해야 합니다. 삼위일체 대축일을 맞으면서 여러분이 주님과 함께 살아가는 모습 속에서 늘 성령의 조명을 받기를 기도하겠습니다. 사랑의 종교인 삼위일체가 교회와 가정생활에 중심이 되고 삼위이신 성부, 성자, 성령이 한 하느님이시고 그러한 한 하느님이 구별된 고유의 가치들을 지닙니다. 부부가 둘이지만 하나라는 것처럼 둘은 자유롭지만 하나일 때는 질서와 책임이 있는 것입니다. 교회 안에서의 책임과 자유로운 신앙이 잘 공존하기를 대축일을 맞아 은혜를 내려주시기를 믿으며 한 주간 동안 삼위일체의 신앙이 우리 안에 머무르길 기도합시다. 영광송으로 마칩니다.

Question & Sharing
묻고 나누고

1. 구약에서 하느님은 세상과 인류를 창조하시고, 역사 안에서 백성들과 함께하시며 예언자들을 파견하시어 이스라엘 백성을 당신의 품으로 부르십니다. 구약의 하느님, 야훼 이름의 뜻을 찾아보세요.
2. 해방하시는 하느님이란? 내가 만난 해방의 경험이 있다면 무엇인지 나누어 보세요.
3. 신약에서 예수님이 전하는 하느님 나라의 복된 소식은 '새로남'입니다. 예수님의 설교와 업적이 지금 하느님 나라의 구현에 있고, 하느님과 인간들에 관한 관심을 보여준 것입니다. 복음서에서 그 예들을 각자 한 가지를 찾고 이야기 해보세요.
4. 우리는 유일신이 아니라 삼위일체이신 하느님을 믿습니다. 삼위일체의 내용을 이야기 해보세요.

19강

기도 생활

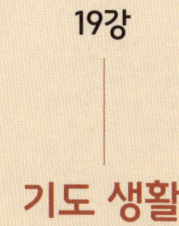

기도원천 3가지

기도실천 3가지

기도=대화

성경이 전하는 사랑을 실천하는 삶이 기도입니다.

친밀한 대화, 기도

　시작 기도는 주님의 기도를 바칩니다. 주님, 오늘 견진을 받는 당신 백성들을 위해 교리 시간을 갖습니다. 제자들이 예수님께 기도를 알려 달라고 했을 때 예수님은 주님의 기도를 통해서 하느님과 제자들을 만나게 해 주셨습니다. 기도는 우리와 하느님과의 친밀감을 이루는 대화입니다. 이 시간 당신께서 함께하셔서 우리의 마음을 열어 주시고 우리의 생각과 마음속의 뜻과 당신의 뜻이 함께 만나게 해 주소서. 우리 주 그리스도를 통하여 비나이다. 아멘.

　인간은 하느님을 찾지만 하느님께서는 먼저 인간을 부르십니다. 그리고 말과 행실을 통해서 마음속에 파고듭니다. 우리가 성당에 오는 것은 하느님을 찾고 만나기 위한 태도와 행위이지만 실제로는 하느님이 먼저 인간을 찾으십니다. 성경과 그리스도교 역사 안에서 하느님은 우리를 찾는 분이고, 우리를 위해서 세상을 주셨습니다. 하느님은 우리를 부르시고 말과 행실을 통해서 우리 마음속에 들어와 계시는 분입니다.

청원기도

"여러분 가운데에 누구든지 지혜가 모자라면 하느님께 청하십시오. 하느님은 모든 사람에게 너그럽게 베푸시고 나무라지 않으시는 분이십니다. 그러면 지혜를 받을 것입니다. 그러나 결코 의심하는 일 없이 믿음을 가지고 청해야 합니다. 의심하는 사람은 바람에 밀려 출렁이는 바다 물결과 같습니다. 그러한 사람은 주님에게서 아무것도 받을 생각을 말아야 합니다. 그는 두 마음을 품은 사람으로 어떠한 길을 걷든 안정을 찾지 못합니다"(야고 1,5~8). 복음에서도 예수님은 청하며 찾고 두드리라고 하십니다. 하느님은 우리보다 우리를 더 잘 알고 계시지만 청하지 않고 두드리기만 한다면 그 기도가 주님께 잘 들릴까 하는 마음이 듭니다. 기도는 우리의 의지와 뜻을 주님께 올리는 것이고 의심 없는 믿음과 성령의 도움이 기도의 단계입니다.

기도는 하느님을 향해 마음을 들어 높이는 것이요, 또한 마땅한 은혜를 하느님께 청하는 것입니다(다마스쿠스의 성 요한 전통 신앙 3,24). 이 사진은 볼리비아의 우유니 소금 사막(Salar De Uyuni)인데 지평선이 어디인지 모를 정도로 경계선이 보이지 않습니다. 이처럼 기도도 하느님이 나에게 그리고 내가 하느님에게 서로가 경계는 있지만 경계를 허물고 만나는 것입니다.

 구약의 기도는 하느님과 인간이 서로에게 하는 호소이고, 상호 간에 맺어지는 계약이 되는 것입니다. 기도는 호소이지 주장하는 것이 아니라 내가 바라는 것을 청하는 것입니다. 청하지 않고 이루어지기를 바랄 수 없고 청원 기도의 첫째 중요한 것은 내가 무엇을 청하는지 아는 것입니다. 아우구스티노 성인은 청하지 않아도 하느님은 주신다고 말했지만, 우는 아이 젖을 준다는 말처럼 내가 청원하는 것을 알고 기도를 해야만 정확한 호소이고 하느님과 나와 맺는 계약이 됩니다.

 아브라함과 야곱의 기도는 하느님의 성실하심을 꾸준히 신뢰하는 것으로, 약속된 승리를 확신하기 위하여 겪어야 하는 신앙의 싸움으로 나타납니다. 기도는 내가 청하고 믿는 것이 중요하고 신앙의 어려움을 가지고 있다면 기도를 통해서 이겨 낼 수 있습니다. 모세의 기도는 당신 백성의 구원을 위해 살아 계시는 하느님의 제안에 대한 응답이고 이는 유일한 중개자 그리스도 예수의 전구(대도, 중보)를 예시합니다. 개신교 형제들은 중보 기도라고 말하고 가톨릭은 전구라고 말합니다. 불빛을 비추는 전구가 아니라 중재한다는 뜻으로 구약의 모든 예언자도 중개자입니다. 모세가 자기 백성을 위해서 하느님께 제안하고 하느님께서 응답하시게 하는 것이 중개자의 역할입니다. "성모 마리아님, 저희를 위해서 빌어 주소서." 하는 기도는 전구하는 기도입니다.

하느님 백성의 기도는 계약의 궤나 성전과 같은 하느님의 거처에서, 목자들, 특히 다윗 왕과 예언자들의 지도 아래 꽃을 피웁니다. 기도는 구원 역사 전반에 걸쳐 드러나고 예언자들은 마음의 회개를 호소합니다. 엘리야와 같이 하느님의 얼굴을 열렬히 찾으며, 백성을 위해 전구했던 예언자도 있습니다. 성경은 하느님 말씀을 알아차리도록 공부하기 위한 목적으로도 존재하지만 기도의 책입니다. 성경을 펼쳐서 나온 말씀을 하루 기도의 주제로 삼고 하루를 말씀대로 실천하려고 애쓴다면 말씀으로 이끌리는 신앙생활을 하는 데 도움이 되리라고 생각합니다.

시편기도, 성경기도

시편은 구약성경에서 기도의 걸작을 이룹니다. 개인적 요소와 공동체적 요소를 보여 주는 시편은 이미 이루어진 하느님의 약속을 기념하며 메시아의 도래를 희망하는 역사의 모든 차원에까지 미칩니다. 시편은 많이 읽을수록 좋고, 시편에는 내가 하고 싶은 호소의 이야기가 탄원으로 다 나옵니다. 나에게 원수 같은 이가 생겼다면 원수를 벌해 달라는 시편 기도를 읽으면서 내가 직접 벌하지 않는 기도로 용서까지 할 수 있는 시간을 가질 수 있습니다. 운동 경기에서 성호를 긋고 경기에 임하는 선수가 있다면 응원해 주시는 하느님을 만나고 감사하는 마음으로 최선을 다할 것이라고 믿습니다. 시편들은 그리스도를 통해서 기도로 바쳐지고, 완성된 시편들은 그리스도의 교회가 드리는 기도의 핵심적이고 불변하는 요소입니다. 시편은 계층과 시대를 초월하여 모든 이가 드리기에 적합한 기도입니다. 시편을 천천히 읽으시면서 익숙해지면 좋은 기도가 될 것입니다.

신약성경에서 기도의 완전한 본보기는 예수님의 자녀다운 기도에서 발견됩니다. 이 사진은 로키산맥에서 그림을 그리는 부부의 모습입니다. 저는 이 부부가 함께 같은 곳을 바라보며 각자의 그림을 그리는 모습에서 기도하는 최고 아름다움을 발견합니다. 남녀 간의 사랑은 서로를 바라보면서 시작하지만 그 사랑이 완성되는 것은 함께 같은 곳을 바라보는 것입니다. 서로의 꿈을 응원하고 지지하면서 함께 가는 길에 예수님을 만나면, 기도는 저절로 될 것이며 예수님 안에서 온전히 드러날 것입니다. 기도할 줄 모른다, 모르겠다, 힘들다고 말하는 교우들을 만나면 성경을 읽으시라고 말씀드리고 싶습니다. 성경은 기도의 책입니다. 그 안에서 만나는 예수님께서 우리에게 기도에 대해서 알려 주십니다.

그리스도를 통해서 기도를 바쳐 완성된 시편들은 그리스도의 교회가 드리는 기도의 핵심적이고 불변하는 요소입니다. 시편은 계층과 시대를 초월하여 모든 이가 드리기에 적합한 기도입니다.

자주 고독 속에서 은밀히 행하신 예수님의 기도에는, 십자가에 이르기까지, 아버지의 뜻을 따르는 사랑으로 충만된 동의와 기도가 받아들여지는 절대적인 확신이 들어 있습니다. 확신은 기도의 중요한 가치이고 생각이 아니라 확신입니다. 생각을 내려놓는 것이 기도의 중요한 방법이고 주님의 기도는 청원 기도입니다. 예수님은 가르침을 통해서 제자들에게 깨끗한 마음과 생생하고 꾸준한 믿음, 그리고 자녀다운 대담성을 가지고 기도할 것을 가르치십니다. 기도할 때 깨끗한 마음과 꾸준한 믿음을 가지고, 대담성은 자녀라는 확신을 가지라는 것입니다. 기도를 배운다는 것은 횟수와 양적으로 많이 하는 것만이 아닙니다. 그런데 우리는 성취 위주로 하는 경향이 있는데 기도의 성취는 주님이 해 주신다고 믿으면 됩니다. 성취보다는 지금 내가 가지고 있는 확신으로 기도하면 하느님은 기꺼이 귀 기울여 들어주실 것입니다.

예수님은 제자들에게 깨어 있으라고 촉구하시며, 당신의 이름으로 아버지께 간청하라고 권고하십니다. 예수님은 당신께 드리는 기도를 친히 들어주십니다. 음료수 자판기에서 음료수를 사려면 정확히 버튼을 눌러야 내가 원하는 음료수를 마실 수 있듯이 여러분이 원하시는 것을 하느님께 청하십시오. Fiat의 응답과 마리아의 노래(Magnificat)에 담겨 있는 동정 마리아의 기도는 믿음을 통한 당신의 전 존재를 아낌없이 바치는 특성을 띕니다.

교회의 기도

성령께서 인도하시는 교회의 기도는 찬양, 청원, 전구, 감사, 찬미입니다. 청원 기도의 목표는 필요한 모든 것을 청하는 것이고, 그 중심에는 용서와 하늘나라에 대한 촉구입니다. 전구는 다른 사람을 위해 성모님과 성인들께 기도를 청원하는 것입니다. 전구 기도는 어떤 한계가 없으며 원수들을 위해서도 기도하는 것입니다. 어느 자매님이 자녀의 성적이 10점 더 오르기를 청하며 기도했는데 그렇게 되어서 아주 기뻤답니다. 그런데 알고 보니 다른 친구들은 모두 20점이 올라서 속상했다는 이야기가 있습니다. 내가 원하는 것을 청하지만 주님의 방법으로 알아서 해 주신다는 것을 믿어야 합니다. 주님의 기도에서 세 가지는 하느님께 바라는 기도로 하느님의 이름과 나라와 뜻이 이루어지기를 청원합니다. 주님의 기도를 하면서 정작 내 이름과 내 뜻이 이루어지기를 원하는 기도를 하는 나를 보기도 합니다. 가정에서도 아버지의 뜻이 잘 이루어지도록 도와주고 지지해야 가정이 화목하고 편안해지듯이 우리도 주님의 기도를 하면서 먼저 하느님의 뜻이 이루어지도록 청한다면 내 뜻과 청원은 주님께 들릴 것입니다.

찬미 기도는 이해관계를 초월한 하느님을 향한 기도이고 하느님이 존재하시기에 찬미와 영광을 드리는 것입니다. "모든 일에 감사하십시오"(1테살 5,18). 상대방에게 존경을 드리는 것이기 때문에 우리는 하느님께 찬양과 찬미를 드리는 것이고, 우리도 가족과 이웃에게 칭찬을 아끼지 말아야 합니다. 성령께서는 살아 있는 성전을 통해 교회 안에서 하느님의 자녀들에게 기도하는 법을 가르치십니다. 이 사진은 칠레의 산티아고에 있는 성모 경당 사진인데 자매님 한 분이 정성스럽게 마음을 모아 기도하고 계시는 사진입니다. 하느님의 말씀, 교회의 전례, 믿음과 희망과 사랑의 덕들은 기도의 원천들입니다. 모든 기도의 원천은 말씀이시고 그래서 성경은 기도의 책이며 교회의 전례도 기도의 원천입니다. 신망애의 3덕은 기도의 원천이고 기도를 많이 할수록 말씀에 귀 기울이고 영향을 받으며 말씀의 맛에 익숙해집니다.

　기도의 길은 성부께 드리는 것이고, 특히 "하느님의 아들이신 주님 예수 그리스도님, 저희 죄인을 불쌍히 여기소서."라고 그분의 거룩한 이름을 부름으로써 예수께 바치는 것입니다. 가정에서 자녀가 원하는 것이 있으면 아버지에게 청하듯이 기도도 성부께 드리는 것이 본질이고 예수님과 성령을 통하여 기도합니다. 예수님과 성령께 드려도 되지만 성부를 향해서 성자를 통하여 성령께 이끌려서 기도를 드리는 것입니다. 우리가 기도할 때 예수님의 이름을 부르면 우리의 머리가 맑아짐을 체험할 수 있고, 청원이 이루어진다는 확신을 가져야 합니다. 그리고 기도는 생각을 내려놓아야 나와 하느님의 관계가 맑아지고 사실 생각이 많으면 기도는 잘되지 않습니다. 우리가 처음 묵주기도를 배울 때 기도문을 잘 외워서 하지 못할까 봐 집중하기 때문에 다른 생각을 할 여유가 없습니다. 그러다가 묵주기도가 익숙해지면 주변의 상황들에 반응하면서 분심이 생기기가 쉽습니다. 기도는 내 생각을 내려놓고 주님이 내 안에서 움직이시는 것이기 때문에 어렵다고 생각이 들어도 여러분이 시도를 해 보시면 좋겠습니다. 그리스어로 "하느님의 아들이신 주님 예수 그리스도님, 우리 죄인을 불쌍히 여기소서."는 "키리에 엘레이손(Kyrie Eleison)"이라고 합니다. 짧게라도 이 기도문을 바치면서 주님과 만나는 기도의 시간을 가지시기 바랍니다.

"성령에 힘입지 않고서는 아무도 '예수님은 주님이시다.' 할 수 없습니다"(1코린 12,3). 교회는 우리에게 그리스도교 기도의 내적 스승이신 성령께 기도할 것을 권유합니다. 성령 활동에 대한 동정 마리아의 유일한 협력으로, 교회는 마리아와 함께, 하느님께서 마리아 안에서 이룩하신 큰일들을 찬양하며, 또한 마리아께 애원과 찬양을 드리기 위해서 즐겨 기도합니다. 마리아는 교회의 표상이고, 우리도 가정에서 어머니를 통해서 아버지께 요청합니다. 그런 마음으로 우리는 마리아께 전구를 드리는 것이 기도의 길입니다.

지상에서 순례하는 교회의 기도

지상에서 순례하는 교회는 기도를 통해서 성인들이 드리는 기도에 결합하며, 교회는 이 성인들에게 전구를 청합니다. 그리스도교의 다양한 영성은 기도의 살아 있는 전통에 참여하여, 영적 생활을 위한 소중한 길잡이가 되고, 그리스도인 가정은 기도를 가르치는 첫 번째 장소가 됩니다. 특히 오늘날 코로나 바이러스 판데믹 시기에는 초기교회처럼 가정이 기도하고 사랑을 실천하는 교회의 역할을 합니다. 영성생활은 우리가 성령 안에서 살아가는 것이고 성령에 이끌려서 살아갔던 많은 성인들의 삶에로 인도되는 삶이며, 성인들의 모범적인 삶을 지금 여기서 실행해가는 것이 영성의 삶입니다. 개신교는 성인들을 인정하지 않고 각자가 하느님과 직접 통하는 신앙을 살아갑니다. 반면에 가톨릭 신자들은 영성의 핵심에 성인들을 두고 그분들의 삶을 본받는 신앙생활을 하고 있습니다. 많은 수도회도 성인들의 삶을 모범으로 빈첸시오, 도미니코, 이냐시오 그리고 우리나라의 백삼 위 성인들의 영성을 본받으며 수도 생활을 해 나가고 있습니다. 그리고 예수님의 영성과 삶은 복음서를 통해서 배웁니다. 세례나 견진 때에 예쁜 세례명을 고르려고 하기보다는 내가 본받고자 하는 성인들의 삶을 잘 살펴보시고 이름을 정하시면 좋겠습니다. 그리고 하루에 가족이 모여 단 10분이라도 함께 기도한다면 그것이 나의 영성을 자라게 하는 밑거름이 될 것입니다.

  기도를 드리기에 적합한 장소는 개인이나 가정의 기도실, 수도원, 순례 성지 들이고, 특히 성당은 본당 공동체가 드리는 전례 기도를 위한 고유한 장소이며, 성체조배를 위해서 가장 알맞은 장소입니다. 성지순례를 가지 않아도 주님은 내 안에 계신다는 것도 맞는 말씀이고, 사제의 강론을 통해서 주님의 말씀을 듣고 만나기 위해서 성당을 갑니다. 그리고 성체조배실은 성전 안에 있는 것이 마땅합니다. 교회는 매일 기도, 성무일도, 주일의 성찬례, 전례주년에 따른 축일에 정기적으로 기도하라고 신자들에게 권장하고 있습니다. 성무일도는 성직자와 수도자들의 기도 생활에 주를 이루고 시간경이라고 하며 시편과 독서 기도로 구성되어 있습니다.

  전통적인 기도 생활의 3가지 형태는 소리기도, 묵상기도, 관상기도로 구성되어 있습니다. 소리 기도는 구송기도로 소리를 내며 하는 기도이고, 묵상기도는 생각으로 하며, 관상기도는 마음으로 합니다. 관상기도는 생각을 내려놓아야 되고, 소리 기도는 경문을 외워 가면서 기도문의 의미를 찾는 것입니다. 여러분도 하나의 기도를 반복하기보다는 다른 기도도 시도해 보시길 바라고 우리가 많이 하는 소리기도 외에도 생각과 마음을 쓰는 기도도 시도해 보시길 권합니다. 기도 생활의 이런 형태들의 공통점은 마음을 가다듬는 것입니다. 몸과 정신이 결합한 인간 본성에 바탕을 두고 있는 소리 기도는 그리스도의 모범에 따라 몸을 마음의 내적인 기도에 일치하게 하는 것입니다. 기도는 몸과 마음 그리고 정신이 하나가 되는 것이고 몸과 생각을 하나가 되게 하는 기관이 마음입니다. 마음은 성당, 그리고 가정과 같은 고요하고 거룩하며 편안한 곳입니다. 우리의 성당과 가정도 마음이 편해야 모두 함께 즐겁게 모이고 마음이 불편하고 불화가 생긴다면 가출하거나 성당을 나오지 않고 쉬는 교우가 생깁니다. 우리는 공동체 안에서 이해하기보다는 쉽게 오해하고 사랑하기보다는 미움이 생기는 일이 생기기도 합니다. 우리의 가정과 성당은 성전과 같은 곳이기 때문에 우리의 마음을 가다듬고 돌보아야 합니다.

묵상기도

묵상기도는 사고력, 검증 의욕을 동원하는 탐색적인 기도입니다. 묵상의 목적은 우리 삶의 현실과 대비시켜 고찰한 주제를 신앙을 통해 우리 것으로 만드는 것입니다. 우리는 각자의 능력들이 있기 때문에 내가 잘하는 능력들을 발휘하고 상상하면서 기도합니다. 나 자신이 욕심이 많거나 성격이 급하다 등 내 행동과 습관들을 바라보면서 성인들의 가르침과 예수님의 말씀을 묵상하면서 나 자신을 볼 수 있다면 그것이 기도가 됩니다. 관상기도의 신비는 단순하게 나타내는 기도입니다. 관상기도는 예수께 신앙의 눈길을 고정시켜, 하느님의 말씀을 경청하고, 말없는 우리 사랑을 나타내는 기도입니다. 관상기도는 우리를 그리스도의 신비에 참여케 하는 것인 만큼, 그리스도의 기도와 합쳐지는 것입니다. 성전은 하느님이고 하느님께 함께하는 것이 관상기도이며 관상기도의 기관은 마음입니다. 묵상기도의 기도 기관은 생각이고, 관상기도는 마음을 통해서 기도하며 구체적인 도구는 우리가 보는 눈입니다. 우리가 시각적으로 보는 눈을 통해서 보는 것이 생각과 마음으로 가고 관상은 나 자신의 내면을 보는 것입니다. 외적으로 보는 것은 내가 하는 것이지만 내면의 나를 보게 하는 것은 하느님이 하시는 일입니다.

  기도는 노력을, 우리 자신과 유혹자의 계략에 맞서는 싸움을 전제로 합니다. 기도의 싸움은 평소에 그리스도의 정신에 따라 행동하기 위해 필요한 "영적 싸움"과 불가분의 관계이고 우리가 기도하듯이 살아가기 때문에 생활 속에서 기도하는 것입니다. 우리가 기도하려고 마음을 먹으면 여러 가지 주위에 다른 일들이 발생하여 기도를 방해하기도 합니다. 마귀는 기도하는 자에게 관심을 가지고 방해한다고 하니 여러분이 기도 중에 분심이 자꾸 생긴다고 하면 자연스러운 일로 생각하시고 그런 사고를 내려놓고 때론 끊어 버리시길 바랍니다. 기도의 싸움에서 우리는 그릇된 견해들, 다양한 시대사조들, 우리가 실패한 경험 등에 대응합니다. 기도의 유익성이나 기도의 기능성에 이르기까지 회의를 느끼게 하는 유혹들에 대해서 우리는 겸손과 신뢰와 인내로써 대처해야 합니다. 마귀의 유혹에 대처하는 방법은 예수님이 하신 대로 우리도 "나가라!" 하는 용기가 필요합니다.

기도하는 데 가장 흔한 어려움은 분심과 마음의 메마름이고 여기에 대한 대책은 신앙과 회개와 깨어 있는 마음입니다. 두 가지 유혹이 기도를 위협하는데 신앙의 부족과 게으름입니다. 게으름은 금욕 정신이 해이해진 데서 기인하며 좌절감에 빠지게 하는 의기소침의 한 형태입니다. 청원이 늘 받아들여지지 않는다는 느낌이 들 때, 자녀다운 신뢰심은 시련을 겪게 됩니다. 우리의 기도가 성령께서 바라시는 것과 일치하는지 복음서를 통해 생각해 보기를 권고합니다. 우리는 늘 분심 중에 기도하지만 기도는 언제나 가능한 것이고 기도는 절대 필요한 일입니다. 기도와 그리스도인의 생활은 분리될 수 없는 것입니다. "끊임없이 기도하십시오"(1테살 5,17).

예수님이 드리신 기도는 사제로서 바치신 기도라고 불려 마땅합니다. 곧 "때가 되어" 예수님이 드리신 기도는 창조와 구원의 경륜 전체를 요약합니다. 이 기도는 "주님의 기도"의 중대한 청원들에 영감을 주고 파스카를 위해서 기도드리는 것입니다. 우리가 주님께 통 큰 기도를 바치면 주님께서는 아주 구체적으로 우리에게 필요한 것을 더 잘 아시고 해 주실 것을 믿는 것이 기도입니다. 영광송으로 마칩니다.

Question & Sharing
묻고 나누고

1. 다마스쿠스의 성 요한이 말씀하신, 기도의 정의를 설명해보세요.
2. 청원기도, 찬미기도란 어떤 기도인지 말씀해보세요.
3. 구송기도, 묵상기도, 관상기도에 대해 설명해보세요.
   그 중 나는 어떤 기도에 익숙한가요?
4. 나의 기도생활에 대해 설계해보세요.

20강

초기 한국 천주교회사 (1770~1875년)

4살에 거제도 유배,
순교자 호남의 사도 유항검의 딸
유섬이 처자
(1793 – 1863년)

성 김대건 안드레아 신부님
(1821 – 1846년)

시작 기도는 성모송을 바칩니다. 오늘 교리는 초기 한국 천주교회(1770~1875)의 약사(略史)를 나누겠습니다. 여러분 가운데, 어떤 분은 가톨릭 신앙을 알고자 처음 성당에 오시는 분도 계시고, 또는 세례를 받고 쉬는 교우분들도 계시는데 어떻게 하면 성당에 계속 나올 수 있을까요? 그 비법은 삶의 변화라고 생각합니다. 교우가 예비자에게 권면을 하고 유튜브 방송을 통해서 신앙 강의를 시청하는 등 여러 방법으로 성당에 와서 세례를 받고 신자가 되어도, 나 자신이 얼마나 삶을 변화시키고 노력하느냐가 나의 신앙생활을 좌우할 것입니다. 항상 화가 많던 사람이 성당을 다니면서 온유해진다든가 자신만을 생각하는 이기적인 사람이 가족과 이웃을 배려한다면 이것은 큰 변화이고 주위에 있는 이들도 그들의 변화를 옆에서 보면서 궁금해할 것입니다. 성당을 다니고 주님을 만나면서 나 자신이 모르게 내가 변했다고 말할 수 있으면 전교는 저절로 될 것입니다. 그리고 그런 변화된 모습은 자신의 의지도 있겠지만 주님의 이끌어 주심이라는 것을 느낄 것이고,

작은 움직임이라도 누군가를 배려하고 희생하는 행동은 기꺼이 할 수 있을 것입니다. 우리가 자신을 챙기고 이기적인 모습을 보이는 것은 사실 다른 이가 나를 챙겨 주거나 돌보아 주지 않기 때문에 나 스스로가 챙기는 것이 근본적인 이유라고 합니다. 신앙생활을 하면서 말씀으로 변화하고 성직자와 교우들의 따뜻한 돌봄으로 사랑을 체험하면서 변화된 삶을 이어 간다면 성당을 다니지 않는 쉬는 교우는 줄어들 것이라고 생각합니다.

한국에서는 초기 교회 때부터 1970년까지 세례 받는 것은 쉬운 일이 아니었고 한 사람 한 사람 착실하고 친절하고 깊이 있는 교리 공부를 통해서 세례를 받았으며 6개월 이상의 시간이 걸려서 세례를 받았습니다. 그러다가 1970년부터 1990년대까지 교회는 급성장했으며, 특히 고 김수환 추기경께서 한국 사회에 많은 영향을 끼치는 행보와 말씀으로 많은 이들이 신자가 되었습니다. 한국 사회는 그 시기에 사회적으로나 정치적으로도 힘든 시기를 보냈는데 한국 가톨릭은 약자와 국민들 편에서 복음을 전했습니다. 1980년대 광주에 있는 어느 개신교 교회 신자들이 "천주교는 시대의 교회다."라고 하면서 대략 70여 명의 신자가 천주교로 개종했다고 합니다. 사회를 위해서 헌신하고 희생하는 천주교회의 모습을 보고 그들은 개종했지만 두 달을 못 넘기고 다시 개신교 교회로 돌아갔다고 합니다. 그것은 우리가 성당에 나오시는 새 교우와 예비신자들에게 어떻게 대하고 있는지를 잘 돌아보고 성찰해 보면 알 수 있습니다. 성당에 천 명의 신자가 있다면 현재 주일미사에 나오시는 교우는 삼분의 일도 안 될 것이고 점점 성당에 신자는 줄고 있는데 그 이유가 무엇인지 우리 모두는 고민해야 합니다.

교회 사명은 개인의 영혼을 구원하는 노력과 인간의 보편적인 구원의 가치에 있고 교회의 본질인 계명을 뛰어넘는 사랑, 곧 박애(博愛)에 있음을 거듭 천명합니다. 오늘날 교회에서는 서구 문화와 그리스도교 신앙이 일치된다는 가설이 허구임을 알게 되었고, 복음과 문화를 구별하여 서구적 가치뿐만 아니라 민족적 가치의 소중함을 강조합니다. 계명은 사랑 때문에 있는 것인데 사랑을 만나지 못하고 사랑이 빠진 계명만을 지키려고 합니다. 성당의 행사도 성당 안의 구성원들만을 위한 행사라면 진정한 교회의 모습인지 되돌아봐야 합니다. 행사를 즐겁게 하는 것도 좋지만 그 안에서 사랑이 드러나고 또 사랑을 체험한다면 행사는 더욱 빛나고 다음 행사 때도 형식적인 모습이 아닌 기쁜 마음으로 동참하리라고 믿습니다. 제가 어릴 때 보좌신부님 사제관에서 다 낡고 해진 신부님의 속옷을 보고 깜짝 놀랐지만 가난한 삶을 사시는 신부님이 존경스러웠습니다. 그분은 안동교구 초대 교구장이셨던 두봉 주교님이십니다.

초기 한국 천주교의 약사

한국 천주교 역사는 서구에서 온 종교이고 뿌리이지만 우리 선조들의 역사와 순교 안에서 자라난 것입니다. 저는 오늘의 강의를 위해서 한국천주교회 역사학자 조광 교수님께서 준비하신 자료[1]를 중심으로 설명을 드릴 것입니다. 교회 창설의 배경을 보면, 실학사상이 발전된 18세기에 천주교 신앙이 전파되었습니다. 유교 경전의 해석을 주희(朱熹, 1130~1200)를 기준으로 삼는 데 반대하고 원초 유학으로 돌아가는 학문 경향이 있었고, 한국 교회가 자발적으로 창설된 배경에는 문화적 분위기와 함께 사회 변동상도 영향이 있었습니다. 원래 조선왕조는 불평등한 신분제를 기반으로 하여 형성된 국가였고 양반과 양인 그리고 노비와 같은 신분에 따른 여러 차별을 당연시했습니다. 이러한 신분제도는 18세기에 이르러 급격히 무너져서 당시 많은 사람은 차별 없는 평등한 사회를 바라고 있었습니다. 우리나라의 실학 태동은 유교가 조선 사회의 정치 이념이고 생활의 가치였지만 아주 경직되어 있었습니다. 주희의 경전 해석에 따른 가치들은 지배 이데올로기와 삶의 기준으로 삼았기 때문에 실학파 학자들은 원시 유학으로 돌아가자는 주장을 했습니다.

---

[1] 평신도 사도직 모임 CLC주최로 서강대학교에서 오랫동안 진행했던 평신도 신학강의인 목요신학강좌에서 실시된 자료입니다.

1770~1784년 교회 창설의 과정은 서학이 조선왕조에 한문 천주교 서적으로 전래된 이후, 18세기 후반 천주교 신앙을 실천해 보려던 시도로 나타났습니다. 홍유한은 1770년 천주교 서적을 읽고 감동되어, 교리서에 있는 대로 날짜를 7일씩 계산하여 일곱째 날을 주일로 삼아 기도에 전념했습니다. 그는 고기를 먹지 않고 매일 소재를 지켰고 금욕 생활과 기도 생활을 하며 교회 서적에서 강조하는 불쌍한 사람들에게 도움을 주며 즐겼습니다. 그는 세례를 받지 않았지만 책을 통해 터득한 천주교 신앙을 혼자서 실천해 나갔습니다. 소재는 금요일에 금육하는 것이고 대재는 단식하는 것을 말하며 이것은 이웃 사랑을 실천하기 위해서입니다. 그래서 사순 시기에 단식하고 모아서 이웃을 위해 나눔을 하는 카리타스(caritas)를 실천하는 것입니다. 이것이 흐려진다면 다이어트하는 형식적인 단식이 될 뿐입니다.

천주교 교리의 깊은 연구가 시도되었고 기호 남인 계통과 학문 전통에는 성호학파에 속했던 학자들이 있었습니다. 남인 중에 신서파가 천주교를 받아들인 실학파의 뿌리가 되는데 그중에 기호 남인 계통인 성호 이익(1681~1763)의 학문을 연구하던 권철신(1736~1801), 정약전(1758~1816) 등 지식인들이 1777년 어느 날 서울 부근 주어사에 모여 유교 경전을 강학하고 있었습니다. 뒤늦게 이벽(1758~1786)도 합류했습니다. 『천주실의』, 『칠극』 등 서학

서에 언급된 내용도 검토하게 되었고 이들의 천주교 신앙을 하고자 하는 결심들은 교회 창설 과정을 이해하는 데 중요한 전제가 됩니다. 이벽의 동료 이승훈(1756~1801)은 부연사의 일원으로 중국 북경에 가게 되었고 선교사를 만나 교리를 배우고 베드로라는 이름으로 세례를 받고 천주교 책들과 성물을 가지고 귀국했는데 1784년 봄철이었습니다.

  신앙을 실천하는 공동체 모임 형성은 1784년 음력 9월에 이루어졌는데, 이승훈은 서울의 수표교 부근에 있던 이벽의 집에서 사도 요한이라는 이름으로 이벽에게 세례를 주었습니다. 여기에서 한국 교회의 출발점이 마련되었습니다. 한국 교회의 출발은 대략 20대 후반의 연령에 속했던 청년 지식층들의 노력으로 선교사의 직접적인 도움 없이 이루어졌습니다. 그 후 교회는 신분과 연령, 성별을 뛰어넘어 확산하여 갔습니다. 이 과정에서 서울 명례방에 있던 김범우의 집에도 함께 모여 신앙을 실천하는 공동체의 모임이 형성되었습니다. 초기 한국 천주교회의 시작은 젊은 청년들로 시작되었는데 지금의 우리 교회의 모습은 청년들이 줄고 있는 현실이라서 안타까운 마음입니다.

초기 신자 공동체

  1784~1801년 초기의 신앙 공동체에는 교회 창설 직후, 복음

선교에 앞장섰던 인물들이 있었는데 그들은 이승훈, 이벽, 권철신이었습니다. 권철신의 제자 이존창(1752~1801)은 충청도 내포 지방에서 복음 선교를 하였고, 유항검(1756~1801)은 전주에서 신앙을 전파해 갔습니다. 교회에 대한 탄압이 있었지만 교회 지도자들은 조직을 구성해 나가는데, 1786년 가성직제도 또는 가성무 집행 제도를 설정하여 신앙생활을 하였습니다. 1789년까지 이 제도는 계속되었고 조상 제사를 거부했던 윤지충(1759~1791)과 권상연(1750~1791)은 순교했습니다. 유항검은 전라도 지방의 부자였고 충청도의 이존창은 한국 교회의 증거적인 삶을 살았던 인물입니다. 그 당시에는 성직자가 없었기 때문에 가성무 집행 제도가 이루어졌습니다.

한편 북경의 주교는 조선 신도들의 요청을 받아들여 1794년에 주문모 신부(1752~1801)를 파견하였고, 주 신부는 신도들과 전교 활동을 하여 조선 교회는 크게 발전할 수 있었고 신도의 숫자가 1만 명에 이르게 되었습니다. 윤유일, 최인길, 지황 같은 신도들이 희생되었고, 강완숙 골롬바(1760~1801) 여성 회장을 비롯한 신도들의 보호로 주문모 신부는 계속 전교할 수 있었습니다. 1801년에 주 신부와 골롬바 회장은 순교로 돌아가셨는데 골롬바 회장은 주 신부를 숨겨 주고 도우며 전교하다가 순교하였습니다. 명도회는 신심 단체 조직으로 서로 교리를 익히고 자선 활동을 하며 이웃에게 복음을 전파하였습니다. 순교한 명도회의 초대 회장 정약종(1760~1801)은 순수 한글의 『주교 요지』라는 교리서를 저술하였고 최창현(1754~1801)은 총회장으로 활동하며 초기 교회의 조직과 발전에 초석을 놓고 있었습니다. 강완숙과 윤점혜(1776~1801)는 천주교 신앙을 실천하기 위한 여성 결사 운동을 전개했고, 그들은 그 당시 교회에서 '여회장'으로 불렸습니다. 그 밖에 지방의 교회에도 '회장'이 임명되었고, 이들은 주문모 신부가 교회 조직을 정비하고 강화하기 위해서 임명했습니다. 신앙생활에 중요한 것은 카리타스, 자선을 실천하고 이웃에게 복음을 전파하는 사명 그리고 우리가 사는 지구를 살리는 일입니다. 네 가지로 말하자면 1) 지구 살리기 2) 자선 활동 3) 이웃에게 복음 전파 4) 가족 중심적인 삶입니다.

초기 교회의 박해

1801~1831년의 초기 교회에 대한 박해는, 1784년 교회가 세워진 후 신도의 수는 천 명이 되었고 10년 후에는 대략 4천 명의 신도가 신앙을 실천하였습니다. 주문모 신부가 입국 후 교세는 1800년에 대략 1만 명이 되었고, 1801년에 주문모 신부는 박해로 순교하였습니다. 교회의 지도자인 신도들도 순교하였고 교회의 총회장 최창현(1754~1801), 명도회 회장 정약종, 충청도와 전

라도 신앙 공동체의 지도자였던 이존창과 유항검이 이때 순교하였으며 강완숙, 이순이(1781~1801) 등 여성 신도들도 있었습니다. 이 박해에서 배교 선언을 했던 이승훈, 김건순, 이희영 같은 인물들에게 사형이 선고되었으나 정약용을 비롯하여 배교를 선언했던 대부분 신도는 사형을 면하고 귀향을 떠나거나, 즉시 방면되었습니다. 박해는 크게 4번 있었는데 신해박해(1791), 신유박해(1801), 기해박해(1839), 병인박해(1866)입니다. 이존창은 충청도의 대표적인 순교자로서 배교했다는 이유로 성인이 되지 못했지만 그는 말보다 중요한 증거의 삶을 보여 준 인물입니다. 루도비코로 세례를 받은 이존창은 충청도 천안군 여사울의 농민 출신으로 권일신에게 교리를 배워 입교하였습니다. 그는 복음을 널리 전하고 신부 영입을 위해서 애쓰며 마침내 주문모 신부를 맞아들일 수 있었으며 김대건 신부의 집안도 그의 전교로 입교하였습니다. 그는 박해 때 붙잡혀 배교한다고 말하고 풀려나오면 다시 열심히 전교하며 신앙을 지켰던 인물이지만 겉으로 드러났던 그의 배교 선언으로 시복 시성에 올리지 못한다는 안타까움이 있습니다.

박해가 끝난 후 신도들은 다시 교회의 재건을 위하여 노력하였습니다. 교회 재건에 힘쓴 당시의 신도 중에는 순교자 정약종의 아들인 정하상(1795~1839)이 있었고 귀양 살던 정약용도 1811년 이후 교회 재건 운동에 참여하고 있었습니다. 교회 재건 운동을 꾸준히 하며 중국인 여항덕 신부를 맞아 조선에서 헌신적으로 선교하였습니다. 정약용의 사상은 그리스도교의 성령론의 가치와 같고 '신독'(愼獨: 홀로 있을 때도 도리에 어긋남이 없이 언행을 삼감)은 내가 사람들 앞에 있든 홀로 있든 하느님 앞에 있는 것처럼 있는 그대로 투명해야 한다는 것입니다. 내 안에는 성령이 비추는 맑은 빛이 있다는 정약용의 영명성은 성령론과 같습니다. 조선교구는 1831년 북경교구 관할권을 벗어나 설정되었습니다. 파리 외방 전교회 소속 선교사 브뤼기에르(1792~1835) 주교는 제1대 교구장이 되었으나 조선의 새로운 사목지를 눈앞에 두고 중국 땅에서 병을 얻어 선종하였습니다. 1839년 다시 박해가 일어나 앵베르(1796~1839) 주교를 비롯한 3인의 프랑스 선교사들을 체포하여 처행했습니다. 조선에 들어온 파리 외방 전교회 선교사들은 조선인 성직자를 양성하기 위해 김대건(1821~1846), 최양업(1821~1861) 등을 선발하여 중국의 마카오에서 신학 공부를 하게 했습니다. 김대건 신부는 피의 순교자로서 베드로 사도로 비유되고 최양업 신부는 땀의 순교자로서 바오로 사도로 비유됩니다.

교회 창설 직후부터 조정에서는 천주교 신앙을 금지했습니다. 따라서 신도들은 조정의 탄압을 각오하면서 자신의 신앙을 실천해서, 신심 생활을 계속해 갔습니다. 그런데 신앙생활의 원천이 되었던 것은 교회 서적에 대한 독서였고 민중을 위해서 한글로 교리서를 번역해 갔습니다. 교리서의 번역에 가장 앞장섰던 인물은 최창현이었고 중인 출신인 그는 일반 신도들이 어려운 한문 교리서는 읽을 수 없음을 파악하고, 한문 교리서를 한국어로 번역하는 작업에 착수하였습니다. 신앙생활은 스스로 일어서는 것이 중요하고 대부모는 도우미 역할을 하는 것입니다. 사제인 저를 통해서 도움을 받겠지만 독서를 통해서 신앙을 알고 배워 가는 것은 우리 각자가 해 나가야 합니다.

한글 번역의 신앙서적과 기도의 신앙생활

당시 신도들 사이에서 널리 읽히고 있었던 책으로는 『성경 직해 광익』을 들 수 있는데, 이 서적에는 매 주일과 주요 축일 때 읽는 성경이 간추려져 있었고, 여기에 부분적으로 발췌되어 수록된 4복음서의 1/3에 해당하는 분량이 실려 있었습니다. 또한 당시의 교회에서는 『성교 일과』, 『천주 성교 공과』를 비롯한 기도서들이 번역되어 신도들에게 읽히고 있었고, 기도는 신도들에게 중요한 일과의 하나였으며 영적 활동을 뜻하는 것이었습니다. 그들은 매일 아침저녁에 기도를 드리도록 가르침을 받았으며, 교회 창설 초기부터 삼종경과 묵주의 기도까지 바쳐지고 있었습니다. 초기 교회는 성경, 교부, 기도에 대한 것이 주를 이루었고 기도는 우리가 매일 섭취하는 음식처럼 신앙인으로 사는 우리에게 중요합니다. 기도는 배워야 하고 안 보이는 신앙은 더 체계적으로 배워야 흔들림 없이 신앙생활을 할 수 있습니다. 저희 본당도 강완숙 골롬바 기도의 집을 시작하면서 피정, 기도, 영적 상담을 하고 있으며, 그곳에서 영적 목마름을 채워 가고 성숙한 신앙인으로 나아가길 바랍니다.

한국의 초기 신도들은 천주십계를 기도처럼 외우며, 매일매일 자신의 생활을 점검해 나갔습니다. 한국 초기 교회 신도들의 이러한 기도 생활은 성사의 은총을 받기 어려웠고, 성직자를 만날 기회가 드물었던 당시 사회에서 신자들의 신앙생활을 지속시켜 주는 원동력이 되었습니다. 또한 박해 시대의 교회에서는 성녀 아가타, 성녀 빅토리아와 같은 로마 시대 순교자들의 전기를 읽으며 신앙을 증언할 용기를 길러 갔으며, 한편 성녀 데레사와 같은 성인전을 통하여 종교적 열정을 본받고자 자신을 불태우고 있었습니다. 우리도 저녁기도 때 하루의 생각, 말, 행동, 사건, 사람을 바라보며 판단하지 말고, 누군가를 미워한다면 미워하는 나를 바라보는 내가 되어야 합니다. 관상기도는 객관적으로 나를 바라보고 성찰하는 것이며 기도의 시작입니다.

초기 한국 신도들의 신앙생활은 여러 종류의 묵상 서적을 가지고 있었으며, 예수의 수난을 묵상하고, 예수성심에 관한 깊은 신심을 가지고 살아가려고 힘썼습니다. 그들은 윤지충을 비롯한 한국 순교자들의 기록을 소중히 간직하며 순교자들을 자신의 모범으로 삼고자 하였습니다. 1801년에 순교한 이순이 누갈다의 애절한 편지를 필사하여 서로 돌려보기도 하였고, 이처럼 한국 초기 교회의 신도들은 성모 신심, 예수성심, 순교자 신심들을 특별히 가지고 있었습니다. 이러한 신심은 박해의 고통을 이기게 하여 주었고, 죽음의 두려움을 극복하고 순교자가 될 수 있는 용기를 주었습니다. 누갈다 요한 부부는 동정 부부로 살면서 신앙을 지켜 나갔던 순교자였습니다.

한편 박해 시대의 신자들은 조선이 가지고 있던 정신문화의 유산과 자신의 신앙을 조화롭게 해석할 수 있었습니다. 다시 말해서 당시 사회에서 가장 존중되던 가치는 충효였고, 이를 실천하기 위해서는 사육신이나 심청이 같이 죽을 수도 있음을 강조해 왔습니다. 이 충효는 유교적 가치일 뿐만 아니라 불교적이고 무교적인 가치이기도 했고 박해 시대의 신도들에게 미사에 참여한다는 것은 특별한 은혜에 속하는 일이었습니다. 그들은 보통 신도들에게 베푼 세례를 받고 동료 교우들의 격려를 받으며 신앙생활을 시작했던 것입니다. 또한 그들은 축일과 대축일이면 신도들이 공동으로 바치는 공소예절과 같은 전례 생활에 참여했고 박해 시대의 교우들이 한데 모여 기도를 바친다는 것은 매우 위험한 일이었고, 때에 따라서는 죽음까지 각오해야 했습니다. 선조들의 희생적인 신앙생활로 지금의 신앙생활을 하는 우리는 매일 미사에 참여할 수 있는 은총을 누리고 있습니다.

그러나 주일과 축일이면 신도들은 공동의 집회를 비밀리에 열고 있었으며, 여기에 참여하는 신도들의 숫자도 해를 거듭할수록 증가해 갔습니다. 한국 초기 교회의 신도들은 주일과 대축일뿐만 아니라 일반 축일에도 수시로 모여 공동의 기도를 드렸습니다. 그리고 이러한 집회에 참여하지 못한 신도들은 대송으로 성로신공(십자가의 길)을 하거나, 주님의 기도 66번 또는 성모송 99번을 바쳤습니다. 이처럼 박해 시대의 신도들은 기도 중심의 신앙생활을 했고 현세의 가치를 거부하고 내세에 대한 간절한 소망을 지니고 있기도 했습니다. 오늘날 주일미사에 참례하지 못하면 주모경 33번 같은 구전 전통이 있지만, 지금은 우선으로 "묵주기도, 성서 봉독, 선행 등으로 그 의무를 대신할 수 있다."라고 사목 지침서 제74조 4항에서 말합니다.

교우촌

박해 시대의 선조들은 자신의 신앙생활을 유지하기 위하여 서로들 모여 살며 교우촌을 형성했습니다. 충청도 배론, 전라도 차돌배이, 경상도 산나무골 등은 신도들이 교우촌을 이루고 있던 대표적인 장소였습니다. 신도들은 박해를 피해 자유롭게 신앙을 실천하기 위해 깊은 산속으로 들어가 화전을 일구거나 옹기를 굽고 생활해 나갔습니다. 그들의 생활은 매우 구차하였으나 신앙을 실천하는 기쁨을 누리고 있었고 하지만 모든 신도가 다 교우촌에 살았던 것은 아니었습니다. 신도들 가운데 일부는 서울을 비롯한 도시에 살면서 은밀히 신앙을 실천하고 있었습니다. 그 당시에 화전민과 옹기장이들은 대부분 천주교 신자였습니다.

  신앙과 사회의식은 교회 창설 초기부터 신도들의 인간관을 새롭게 규정하고 있었습니다. 그들은 모든 인간이 하느님의 모상에 따라 태어난 존귀한 존재라는 가르침에 감격했고 그들은 인간의 마음에 하느님이 부여해 준 '마음법'(양심법)의 소중함을 알게 되었습니다. 모든 사람은 '사람 된 위', 즉 인격을 가지고 있는 존재임을 확인했습니다. 신도들의 신앙 공동체 안에는 신분의 귀천이 없었고 양인이나 노비, 백정들도 양반과 함께 서로 '신앙의 벗(교우)'으로 부르며 평등하게 지냈습니다. 남성과 여성, 남편과 여편이 상하 수직적 관계가 아닌 수평적 관계임을 알았고, 서로가 존중되어야 함이 강조되었습니다. 신분 차이가 심했던 시대에 신앙인으로서 서로를 형제, 자매라고 호칭하면서 살았던 선조들의 모습인데 지금의 시대를 살아가는 우리는 제도에도 없는 상하 수직적 관계를 우리 스스로 만들어서 살고 있지 않은지 생각해 보아야 합니다.

1790년 영세 입교한 백정 출신 보령의 황일광(1795~1802)은 입교 후 자신이 교우들로부터 받은 평등한 대우에 감격했으며 자신은 지상천국에 살고 있다고 고백하기도 했습니다. 내포출신 양반 유군명 등과 같은 신도들은 천주교에서 '인간 평등'을 가르치는 것으로 해석해서 영세 직후 자신이 거느리고 있던 노비들을 해방시켜 주기까지 했습니다. 우리나라 사노비 해방이 1894년 갑오경장 때이니 유군명은 이보다 100년 앞서 실행하였습니다. 그래서 천주교 신앙은 종교적 복음이면서 사회적 복음으로 인식되었습니다. 교우들은 1852년 이래 성영회를 조직하여 고아들을 위탁 양육시키고 있었고 그들은 자신의 중요함을 터득한 조건 없는 사랑의 실천자였습니다. 황일광은 자신이 사는 곳도 천국이고 죽어서 가는 곳도 천국이라는 고백을 하며 제2차 바티칸공의회의 신앙에 대한 깊은 신학적 성찰이 담긴 증언을 선포하는 그런 고백을 그 당시에 했던 것이고, 유군명의 안토니오 성인을 공경하며 자신이 소유한 노비들을 해방시키는 용기 있는 실천은 주님을 만나지 않으면 할 수 없는 결심이었을 것입니다. 오늘날의 조건 없는 사랑을 실천하려면 먼저 정확한 심의회가 필요하고 전문성을 가진 사회복지사, 의사, 회계사 등으로 구성된 이들로 공정하게 필요한 부분들을 도와야 합니다.

천주교 신앙과 문화전통

　천주교 신앙과 종교 문화의 전통에서 초기 교회의 신도들은 사상으로부터 적지 않은 영향을 받으며 자신의 신앙을 키워 갔습니다. 그들은 충효와 같은 전통적 가치를 하느님을 섬기는 데에 적용했으며 당시 조선 땅의 문화는 불교나 도교, 민간 신앙 등 여러 종교 문화 전통을 가지고 있었습니다. 이 종교 문화 전통에서 논하는 천당이나 지옥, 무소유나 해탈, 무위나 행원 등의 개념은 초기 교회의 신도들이 자신의 교리를 이해하는 데에도 배경적 사상으로 작용했습니다. 물론 그들은 전통적 종교와 자신의 신앙을 뚜렷이 구별했지만, 그들의 신앙 안에는 '해원'(解冤, 망자풀이, 죽은 사람의 혼을 위로하고 저승으로 잘 인도하기 위해 불려지는 무가)을 비롯한 전통 사상적 요소가 발견되고 있기 때문입니다.

　박해 시대의 신도들은 여기에서 하느님을 대군 대부로 섬기는 충효의 영성을 개발시켰습니다. 그들은 섬김의 생활을 통해서 사주구령(주를 받들고 자신의 영혼을 구함)의 영성을 실천했습니다. 그들은 미래를 준비하는 믿음살이와 살림살이를 통해서 종말론적 영성을 표현했습니다. 가톨릭은 모델이 있어야 영성 생활이 가능하고 신자들은 성인들의 삶을 본받는 삶을 살고자 합니다. 그래서 영성에 모범이 되는 도미니코, 베네딕토, 이냐시오, 프란치스코 성인 등의 삶을 본받고자 형성된 수도원들이 있습니다. 우리 천주교회 선조들도 힘든 박해 시대 때 믿음과 생활이 일치하는 삶을 살고자 했습니다.

한국 천주교회가 세워진 이후 100여 년 동안은 박해 시대로 불릴 만큼 교회에 혹독한 탄압이 계속되고 있었습니다. 천주교는 성리학에서 강조되던 양반의 신분적 특권을 부인하고 있었고, 당시 풍습과 달리 여성의 역할을 강조하였고, 조상에 대한 제사마저 거부하였습니다. 유학자들이 제사를 강조했던 까닭은 제사를 조상에 대한 효도로 해석한 결과였고 동시에 이는 "충효가 일맥이다."라고 보았던 당시의 시속이나, "효자 집안에서 충신이 나온다."는 속담에서처럼 양반 중심의 정치 문화 체계를 옹호하기 위해서였습니다. 당시의 신도들은 하느님을 왕보다 더 높임으로써 가장 높은 존재로 생각하던 왕의 지위를 하느님 아래다 놓았습니다. 그런데 종교와 양심은 국가의 권위에 예속되는 것임에도 불구하고 이 법을 어기며 계속해서 신앙을 실천하고 있었습니다.

박해발생과 교회의 책임문제

박해 발생의 교회 책임의 문제로는 당시의 사회에서는 관리들의 부패가 만연되어 있었습니다. 부패한 관리들은 천주교 신도들을 체포한 후 그 재산을 자신의 소유로 삼고자 하였고, 박해 시대 신도들은 조정이나 관리로부터 박해를 당했을 뿐만 아니라 집안의 형제, 친척과 이웃들로부터도 박해를 당했습니다. 천주교 박해는 조선왕조의 독특한 정치 문화와 가족제도 때문에 더욱 심화하여 갔습니다. 한편, 박해가 일어난 데에는 당시 교회의 책임도 일부는 있는데 그 이유는 동양에 천주교가 선교되던 초기와 달리 교회는 18세기에 들어와서 동양의 문화를 이해하는 데 너무나도 인색하였기 때문입니다. 그래서 동양의 미풍양속에 속하는 조상 제사마저도 미신으로 간주하였고, 물론 당시의 제사를 보장하는 방법으로 시행되기도 했습니다. 그러나 동양 문화권에 속한 대부분의 사람은 조상에 대해 효도하는 마음을 표현하기 위해 제사를 지내는 것으로 생각하고 있었습니다. 사대부의 아들인 이벽은 집안의 박해로 굶겨 죽여 아사로 죽음을 맞았고 성인으로 인정받지 못했습니다. 미사도 제사를 지내는 것인데 그 당시 바티칸의 몰이해로 우리나라의 풍습을 이해받지 못한 안타까움이 있습니다.

박해 시대의 정부 당국은 천주교 신앙 행위를 범죄로 규정했습니다. 100여 년에 걸쳐서 간헐적으로 진행되었던 박해에서 몇 명의 신도들이 체포되었고 얼마나 많은 신도가 자신의 신앙을 유지했을지를 자세히 알 수 없습니다. 그러나 1866년에 발생하여 수년 동안 지속하였던 박해의 과정에서 서울의 좌우 포도청에 체포되었던 신도들에 관한 기록을 분석하여 이에 관한 이해의 단서를 얻을 수 있습니다. 당시에 작성된 '포도청 등록'에는 전국에서 체포 압송해 온 408명의 신도에 관한 기록이 남아 있고 이들 가운데 취조 과정에서 시종일관 자신의 신앙을 관철했던 신자들은 35%에 이르고 있었습니다. 반면 심문 과정에서 배교를 선언한 신자는 체포된 사람들 가운데 51%에 달했고 순교와 배교의 여부가 미상인 기록도 적지 않았습니다. 그러나 이 기록에 근거하여 생각해 볼 때 적지 않은 사람들이 죽음을 각오하고 자신의 신앙을 증언하고 있었습니다. 이 신앙고백을 통해서 죽임을 당한 신도들을 우리는 순교자라고 합니다. 일본의 신학자인 엔도 슈사쿠가 17세기 일본의 역사적 사실과 기록에 기반해 창작한 역사소설인 『침묵』은 배교와 신앙의 의미를 다룬 소설로 유명합니다.

순교개념과 의미

  순교의 개념과 의미에서 광의의 개념은 자신의 신앙에 대한 증언 행위 모두를 순교로 규정하고 그리스어 martyreo는 '증언하다,' '증거하다'와 같은 의미입니다. 협의의 개념은 세 가지 충족 조건이 있는데 순교자는 실제로 죽임을 당해야 하고, 그 죽음이 신앙을 반대하는 사람들에 의해 초래되어야 하며, 진리를 옹호하기 위해서 이 죽음을 자발적으로 받아들인 사람으로 제한되고 있습니다. 박해 시대의 교회사에서 무수한 광의의 순교자들이 존재해 왔으나 이들 가운데 대략 1,800명 이상에 이르는 협의의 순교자들이 우선 주목됩니다. 한국 교회사의 박해 시대에 등장하는 순교자들은 대부분 자신의 신앙에 대한 자부심과 확신 때문에 죽음을 받아들였습니다. 물론 박해 시대에 처형된 신자들 가운데에는 신앙과의 관계보다는 현실 정치적 문제로 인하여 목숨을 잃은 경우도 있었습니다. 이와 같은 일부의 경우를 제외하고, 대다수의 신도는 자신의 신앙을 고백하고 증거하기 위해서 죽음을 자발적으로 받아들였으며, 이와 같은 순교는 초자연적 측면이 있기 때문에 가능했습니다. 그러나 이들의 순교는 이성적 차원에서의 합리적 해석도 가능합니다.

신도들은 평상시에도 복음을 고백하고 증거하는 생활을 해 왔고, 복음의 가르침에 따라 인간의 존엄성을 확인했습니다. 이 신앙고백은 하느님을 통한 자기 존재의 확인이었습니다. 그들은 성사 생활을 철저히 하고자 했고, 인간을 존중하고 이웃 사랑을 실천하면서 믿음살이와 살림살이를 일치시켜 왔습니다. 그들은 삶의 현장에서도 그리고 죽음의 마당에서도 줄기차게 복음을 증언해 주었습니다. 이처럼 그들의 순교는 신앙을 증언하던 평소의 생활에서 얻어진 하나의 결과였습니다. 복음을 증언하며 죽음도 마다하지 아니하였던 그들의 마지막 행동은 광신주의와는 거리가 먼 매우 논리적 현상이었습니다. 순교자들의 신앙 실천과 순교는 자의식 여부와는 상관없이 당시의 사상과 체제에 대한 도전이었습니다. 그들의 순교는 하느님을 통한 자기 존재의 확인이었고, 조선왕조가 자행했던 전근대적 사상 통제와 신분제적 사회질서에 대한 저항이었습니다. 그들의 죽음은 인간의 양심과 인격에 대한 위대한 깨달음의 표현이기도 했습니다. 신분제적 질서 안에 매몰되어 있던 개인의 존엄성과 가치에 대한 발견이었습니다.

순교자 죽음의 의미는 우리 역사의 발전 과정에서 출현했던 사상과 양심의 자유에 대한 갈망의 결과였습니다. 그들은 신앙과 사상의 자유를 얻기 위한 전선에서 산화한 전사자이기도 했습니다. 그들의 순교는 단순히 신앙적 행위였을 뿐만 아니라 사회적, 역사적 행위였고 우리 역사에서 중요한 의미를 던져 주게 되었습니다. 이 역사적 행위를 한 박해 시대의 신도들은 오늘날의 우리처럼 극히 평범한 사람들이었습니다. 그들도 굶주림과 추위를 알았고, 고문의 고통을 느꼈던 사람이었으며 만남의 기쁨과 헤어짐의 서러움을 가지고 있던 평범한 사람들이었습니다. 그들은 결코 영웅은 아니었습니다. 그러나 그들 중 상당수는 하느님의 말씀이 가르치는 바에 따라 평범한 생활을 기쁘게 해 나갔으며, 깨달은 진리를 끝까지 지키고자 했던 아름다운 사람들이었습니다. 그들은 죽음의 어려움에 부닥쳤을 때 실망과 희망을 번갈아 가지며 고뇌하기도 하였지만 참다운 생명의 길, 희망의 길을 걷고자 했던 사람들이었습니다. 평범한 이 사람들이 실천했던 이러한 일들은 오늘날의 평범한 우리에게도 용기를 주는 것입니다. 순교자들을 비신화화하고 역사화함으로써 순교에 대한 올바른 이해가 가능할 것입니다.

오랜 박해의 상처들

오랜 박해로 말미암은 우리 교회사에서 나타난 부정적 측면은 박해에 시달린 일부 신도들 가운데에는 이 세상의 가치를 낮게 평가하고 내세에만 안주해 보려는 도피적 신앙 태도를 갖기도 했습니다. 또한 박해의 여파로 일부 신도들은 복음화에 대한 자신의 책임을 의식하고 실천하기보다는, 이를 성직자에게만 맡기려는 피동적 모습을 간혹 드러냈습니다. 그리고 계속되는 박해 때문에 철저한 신앙 교육이 어려워지자 일부 신자들은 샤머니즘에서 흔히 볼 수 있는 개인주의적이며 현세 구복적(초자연적 현상으로 복을 얻는) 신앙의 유혹에 빠지기도 했습니다. 이런 경향은 천주교 신앙이 민중 종교의 일환으로 전개되는 과정에서 직면하게 된 부정적 현상이었습니다. 양반 지식인이 탈락하고 민중이 교회의 중심을 이룬 이후 박해 시대에 드러나는 이 같은 문제들이 한국 교회사의 주류를 이룬 것은 결코 아니었습니다. 오늘날 신앙인 자세의 문제는 신앙의 자유를 얻은 다음에도 계속 남아 있게 되었습니다. 그러므로 우리 교회는 이 병폐를 극복하기 위해 오늘날에도 계속 노력해 나가야 하고, 우리는 하느님의 백성이며 구원의 성사인 교회의 일원입니다. 우리는 하느님 나라의 완성을 향해 길을 걷는 지상의 순례자로서 항상 겸허하게 우리 자신을 돌아보고 그침 없이 반성해 나가야 합니다. 우리는 자신을 반성하기 위하여 우리 신앙의 선조들이 보여 준 모든 행동을 계속해서 숙고해 나가야 합니다.

교회의 진로와 민족의 수난(1876~1945)에서 사회의 변화와 교회의 선교 정책(1876~1910)은 개항과 조선 사회 신앙의 자유 획득 운동으로 1882년에 교회 창립 100년 만에 신앙의 자유를 묵시적으로 용인하였습니다. 개항기 선교와 정교 분리 정책이 있었습니다. 문호 개방기의 교회(1876~1910)는 교회의 성장, 교안의 발생, 신앙생활의 전개가 이루어졌습니다. 식민지 시대의 교회(1910~1945)는 식민지 시대의 조선, 식민통치와 선교 정책, 식민지하의 교회 상황, 전시체제와 교회가 있습니다. 천주교와 타 사상의 만남(1876~1945)은 천주교와 전통 종교, 천주교와 개신교, 천주교와 공산주의, 천주교와 신사참배가 있습니다. 교회와 민족주의 운동(1876~1945)은 민족운동에 대한 입장, 비폭력적 민족주의 운동, 국권 회복 운동이 있습니다. 한국 교회와 현대사회(1945~1999)에서 분단 시대의 출현과 교회(1945~1953)는 해방과 분단 체제의 성립,

해방 공간의 교회, 분단 정권하의 교회, 한국전쟁과 교회가 있습니다. 한국 교회의 성장(1953~1962)은 전후 사회와 민주주의의 방향, 남한 교회의 전재극복, 교회와 정치권력이 있습니다. 한국 교회의 쇄신(1962~1984)은 근대화와 사회변동, 교계제도의 설정과 교회의 쇄신, 한국 가톨릭 문화의 특성, 정의 구현 운동의 전개가 있습니다. 현대 교회의 좌표(1984~1999)는 현대사회의 전개, 신도 성직자 수도자, 현대 교회사의 진행 방향, 북한의 신도 공동체, 한국 현대 교회사의 과제가 있습니다. 영광송으로 마칩니다.

Question & Sharing
묻고 나누고

1. 소위 냉담을 하지 않고 신앙생활을 꾸준히 하는 방법이 있을까요? 각자 진지하게 그 방법을 나누어 보세요.
2. 서울과 내포 그리고 호남 전라도에서 천주교를 전파하는 데 중심이 되었던 인물들을 찾아보세요.
3. 1784-1801년 초기 신앙 공동체의 삶을 이야기 해보세요.
4. 1801-1831년 초기 교회의 박해시기에 대한 삶을 이야기 해보세요.
5. 천주교가 학자중심의 교회에서 백성의 교회로 거듭나는 데는 한문 서학 책들의 한글 번역이 큰 몫을 했습니다. 그 때 번역된 서적들을 찾아보세요.
6. 초기 한국 신도들의 신앙생활에서 신심이 매우 활발했습니다. 어떤 신심들이 있었는지 찾아보고 그 이야기를 나누어 보세요.
7. 박해시대의 신앙생활에 대해 이야기 해보세요.
8. 순교의 개념과 의미를 찾아보세요. 순교자 죽음의 가치와 의미를 찾아보고 오늘날 순교신앙을 어떻게 실현할지 서로 이야기 해보세요.

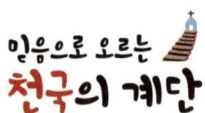

초판 1쇄	2021년 1월 15일
지은이	곽승룡
펴낸이	전갑수
펴낸곳	기쁜소식
등록일	1989년 12월 8일
등록번호	제1-983호

02880 서울 성북구 성북로5길 44 (성북동1가)
☎ 02·762·1194-5 FAX 02·741·7673
E-mail : goodnews1989@hanmail.net

가격 25,000원

ⓒ 곽승룡, 2021
ISBN 978-89-6661-238-3 03230

이 책은 저작권법에 의해 한국 내에서 독점적인 권리를 갖는
저작물이므로 무단전재와 무단복제를 금합니다.